Xiandai Qiche Gailun

现代汽车概论

(第三版)

方遒 周水庭 主编

任恒山 主审

人民交通出版社

内 容 提 要

《现代汽车概论(第三版)》是一本介绍汽车基本构造、基本原理、使用方法、运用和维护等基础知识的专业书。

全书共分11章,主要内容包括:国内外汽车工业的发展概况、现代汽车的发展趋势、汽车的基本结构、汽车的性能及其分析、汽车运用、汽车电气与电控系统、车身造型、新能源汽车简介、汽车的正确使用与维修等。

本书可供汽车服务工程、汽车营销、汽车公估等专业本科、大专院校师生、汽车驾驶及维护人员、汽车行业其他有关人员阅读,也可作为汽车服务工程及非汽车专业选修课的教材。

图书在版编目(CIP)数据

现代汽车概论 / 方遒,周水庭主编. —3版. —北京:人民交通出版社,2013.6
ISBN 978-7-114-10367-4

Ⅰ.①现… Ⅱ.①方…②周… Ⅲ.①汽车—概论 Ⅳ.①U46

中国版本图书馆 CIP 数据核字(2013)第 207394 号

书　　名：	现代汽车概论(第三版)
著 作 者：	方遒　周水庭
责任编辑：	夏　犇
出版发行：	人民交通出版社股份有限公司
地　　址：	(100011)北京市朝阳区安定门外外馆斜街3号
网　　址：	http://www.ccpress.com.cn
销售电话：	(010) 59757973
总 经 销：	人民交通出版社股份有限公司发行部
经　　销：	各地新华书店
印　　刷：	北京市密东印刷有限公司
开　　本：	787×1092　1/16
印　　张：	13.75
字　　数：	350千
版　　次：	2005年2月　第1版 2009年9月　第2版 2013年6月　第3版
印　　次：	2017年6月　第3次印刷　累计11次印刷
书　　号：	ISBN 978-7-114-10367-4
定　　价：	28.00元

(有印刷、装订质量问题的图书由本社负责调换)

前言

汽车自1886年问世以来,已有120多年的历史。120多年来,人类社会发生了翻天覆地的变化,汽车以及汽车工业也随着社会进步和发展发生了巨大的变化。汽车已成为人们生活中不可缺少的一部分,对社会生活、国民经济的发展产生了极大的影响。

汽车是集机械、电子、电力、通信与信息等技术于一体的新技术含量较高的机电产品,汽车的使用性能,以及正确使用、维护、修理和售后服务等越来越受到人们的重视。

本书一方面考虑到有关专业人员需求,另一方面考虑到非汽车专业人员以及广大汽车消费者和爱好者的需要,在内容编写上尽量做到基础知识和专业知识广泛,具有针对性和普及性,同时对专业知识介绍又不过于深奥和难懂。汽车结构十分复杂,在叙述上尽量做到深入浅出、通俗易懂、图文并茂。在进行汽车性能分析上只是泛泛而谈,便于不同层次、不同专业的读者阅读和理解。

本书自2005年第一版出版以来,深受广大读者们的喜爱,已连续四次重印,总数超过万册。为了更好地满足读者的需求,本书增加了许多新知识和新内容,同时删除了一些陈旧的信息,使内容的完整性和适应性更好。

本书由厦门理工学院方遒、周水庭担任主编,向铁明、刘平担任副主编。该书第1章、第2章及第11章由方遒编写,第5章及第10章由刘平编写,第7、8章由向铁民编写,第6章由周水庭编写,第3章由易了、许建民编写,第4章由袁志群编写,第9章由许建民编写。全书由厦门理工学院汽车专家任恒山教授主审。

本书可供汽车专业及汽车服务工程专业师生阅读和参考,也可作为非汽车专业本科生选修课教材。

本书编者们对本书所参阅和引用文献资料的作者表示诚挚的谢意!

由于编者水平有限,错误和疏漏之处在所难免,望广大读者批评、指正。

编　者
2012年10月28日

目 录
Mulu

第1章 汽车及汽车服务业发展概况 ………………………………………………… 1
  1.1 汽车的定义与分类 …………………………………………………………… 1
  1.2 汽车发展概述 ………………………………………………………………… 4

第2章 汽车总体构造及行驶原理 ………………………………………………… 9
  2.1 汽车的总体构造 ……………………………………………………………… 9
  2.2 汽车的行驶原理 ……………………………………………………………… 11

第3章 发动机、底盘、车身的基本结构、工作原理及主要功用 ……………… 12
  3.1 发动机的总体结构、组成及工作原理 ……………………………………… 12
  3.2 底盘的总体结构、组成及主要功用 ………………………………………… 27
  3.3 车身结构与车身造型 ………………………………………………………… 45

第4章 汽车性能及分析 …………………………………………………………… 52
  4.1 汽车动力性 …………………………………………………………………… 52
  4.2 汽车燃油经济性 ……………………………………………………………… 55
  4.3 汽车制动性 …………………………………………………………………… 56
  4.4 汽车操纵稳定性 ……………………………………………………………… 58
  4.5 汽车平顺性 …………………………………………………………………… 59
  4.6 汽车通过性 …………………………………………………………………… 59
  4.7 汽车安全性 …………………………………………………………………… 60
  4.8 汽车可靠性 …………………………………………………………………… 61
  4.9 汽车耐久性 …………………………………………………………………… 62

第5章 汽车设计、制造技术 ……………………………………………………… 64
  5.1 汽车设计简介 ………………………………………………………………… 64
  5.2 汽车现代制造技术简介 ……………………………………………………… 74
  5.3 汽车试验与检测 ……………………………………………………………… 83

第6章 新能源汽车 ………………………………………………………………… 90
  6.1 新能源汽车概述 ……………………………………………………………… 90
  6.2 几种典型新能源汽车简介 …………………………………………………… 92

第7章 汽车的使用与维护 ………………………………………………………… 104
  7.1 汽车的购买常识 ……………………………………………………………… 104
  7.2 汽车的使用常识 ……………………………………………………………… 113

7.3 汽车的维护基本知识 120

第8章 汽车修理、检测与故障排除 123
8.1 汽车修理基本知识 123
8.2 汽车检测简介 127
8.3 汽车常见故障及排除 141

第9章 汽车金融、保险、物流及汽车营销 148
9.1 汽车金融 148
9.2 汽车保险 152
9.3 汽车物流 156
9.4 汽车营销 160

第10章 汽车文化 166
10.1 汽车展览 166
10.2 汽车竞赛 167
10.3 汽车名人、汽车品牌 171

第11章 汽车电气与电控系统 180
11.1 汽车电气与电控系统概况 180
11.2 汽车电子控制系统简介 187
11.3 汽车总线技术简介 207
11.4 汽车电控系统的故障诊断 211

参考文献 214

第1章 汽车及汽车服务业发展概况

汽车自问世以来,已有120多年的历史。汽车结构、性能发生了很大的变化,现代汽车正向智能化、电子自动化、节能和环保化、整车轻量化以及高品质、高安全性等方向发展。汽车工业的发展也呈现集团化、国际化、专业化和产、供、销及售后服务一体化的趋势。我国的汽车工业更是日新月异,对国民经济的发展影响巨大。

1.1 汽车的定义与分类

1.1.1 汽车的定义

汽车一般是指不用轨道、不用架线、自带动力装置驱动的轮式车辆。

1.1.2 汽车的分类

1. 按用途分类

1)轿车

按发动机排量分类:

(1)微型轿车:排量≤1.0L。

(2)普通轿车:排量为1.0~1.6L。

(3)中级轿车:排量为1.6~2.5L。

(4)中高级轿车:排量为2.5~4.0L。

(5)高级轿车:排量为4.0L以上。

轿车的座位数(含汽车驾驶人的座位)应在9座以下,超过9座的为客车。

2)客车

(1)按其总长度分类:

①微型客车:总长度不超过3.5m。

②轻型客车:总长度为3.5~7m。

③中型客车:总长度为7~10m。

④大型客车:总长度为10~12m。

⑤特大型客车:总长度为12m以上。

(2)按其用途分类:城市客车(公共汽车)、长途客车、旅行客车、游览客车、双层客车、铰接客车、卧铺客车。

3) 载货汽车

(1) 按其总质量分类：

①微型载货汽车：汽车总质量不超过1.8t。

②轻型载货汽车：汽车总质量为1.8~6.0t。

③中型载货汽车：汽车总质量为6.0~14.0t。

④重型载货汽车：汽车总质量为14.0t以上。

(2) 按驾驶室的外形和结构分类：

①长头载货汽车，如 CA141，EQ1090。

②平头载货汽车，如 BJ130。

③短头载货汽车，如 IVECO（依维柯）。

4) 专用（特种）汽车

(1) 专用轿车：如检阅车、指挥车、运动车、由轿车改装的车。

(2) 专用客车：如囚车、监察车。

(3) 专用货车：如自卸车、保温冷藏车。

(4) 特种作业车：如消防车、洒水车、高空作业车。

5) 越野汽车

越野汽车指全轮（四轮）驱动，主要用于非公路条件下载运人员或货物的汽车；

6) 工矿自卸汽车

工矿自卸汽车指用于工地、矿区运输并能自卸的汽车。

7) 农用汽车

农用汽车指用于农村运输、汽车总质量为1.0t以下、$v_{max} \leqslant 50km/h$的车辆。

8) 牵引汽车和汽车列车

牵引汽车指专用于牵引（拖拉）各种挂车的车辆。由牵引车与挂车共同组成的车列，称汽车列车，它又可分为半挂车、全挂车、汽车列车。

2. 按动力装置种类及所用燃料分类

按动力装置种类及所用燃料不同可分为电动汽车、太阳能汽车、汽油车、柴油车、内燃机和蓄电池混合动力汽车等。

3. 按标准分类

按国家标准 GB/T 9417—1988《汽车产品型号编制规则》将汽车分为载货汽车、越野汽车、自卸汽车、牵引汽车、专用汽车、客车、轿车、挂车等9类。按 GB/T 15098—1994《机动车辆及挂车分类》将机动车分为 M、N、O、G、L 共5类。按国家质量监督检验检疫总局发布的 GB/T 3730.1—2001《汽车和挂车类型的术语和定义》的规定，汽车分为乘用车和商用车两大类。其中乘用车分为11类，商用车分为15类，详见表1-1。

1.1.3 汽车产品型号编制规则

按照 GB 9417—1988《汽车产品型号编制规则》，汽车产品型号由企业名称代号、汽车类别代号、主参数代号、产品序号、企业自定代号五部分组成。

汽车分类 表1-1

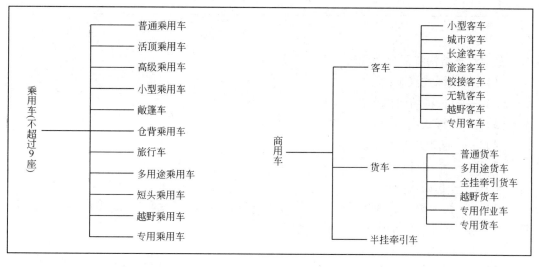

1. 企业名称代号

企业名称代号用汉语拼音字母表示,如 BJ、CA、EQ 等。

2. 汽车类别代号

汽车类别代号用数字表示。如:

1——载货汽车。

2——越野汽车。

3——自卸汽车。

4——牵引汽车。

5——专用汽车。

6——客车。

7——轿车。

9——半挂车及专用半挂车。

3. 主参数代号

(1) 1~5 类及半挂车以汽车总质量为主参数代号。

(2) 客车以汽车的总长度(单位为 m)为主参数代号。

(3) 轿车以发动机排量为主参数代号。

4. 产品序号

0——第一代产品;1——第二代产品……

5. 企业自定代号

企业自定代号是在同一种汽车结构略有变化而需要区别时采用。例如:汽油机与柴油机、单排座与双排座、长轴距与短轴距等。

例如:EQ1090 表示东风汽车公司生产的载货汽车,EQ 为企业名称代号,1 表示载货汽车,09 表示总质量为 9t(实际值为 9310kg),0 表示第一代产品。

6. 专用汽车分类代号

专用汽车产品型号同前,只增加"专用汽车分类代号"。

| 企业名称代号 | 汽车类别代号 | 主参数代号 | 专用汽车分类代号 | 企业自定代号 |

专用汽车结构特征分类代号：

(1) X——厢式汽车；

(2) T——特种结构汽车；

(3) G——罐式汽车；

(4) J——起重举升汽车；

(5) Z——专用自卸车；

(6) C——仓栅式汽车。

1997年，我国颁布了道路车辆识别代号的标准，该标准将汽车厂家、生产年份、车辆一般特征、生产国别等如何识别作了明确确定。

其主要内容有：

(1) GB/T 16735—1997《道路车辆　车辆识别代号(VIN)位置与固定》。

(2) GB/T 16736—1997《道路车辆　车辆识别代号(VIN)内容与构成》。

(3) GB/T 16737—1997《道路车辆　世界制造厂识别代号(WMI)》。

(4) GB/T 16738—1997《道路车辆　世界零件制造厂识别代号(WPMI)》。

1.2　汽车发展概述

1.2.1　汽车发展概况

自1886年第一辆汽车问世以来，至今已有120多年的历史。120多年来人类社会发生了很大的变化，汽车随着社会的不断变化也发生了很大的变化。

早期的汽车同马车差异不大，主要是将发动机作为动力代替马的作用。图1-1就是1886年德国人卡尔·本茨研制的第一辆汽车。该车发动机为单缸1.1马力，最高车速为13~16km/h，三轮汽车。

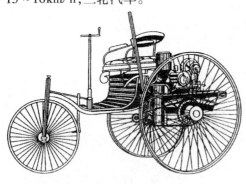

图1-1　最早的汽车

1894年开始采用橡胶充气轮胎。橡胶充气轮胎的采用使汽车的乘坐舒适性大大提高，汽车的车速也随之提高，汽车的结构也因此而发生了根本的变化。例如：1908年美国福特汽车公司生产的"T"型轿车就与马拉车完全不同了。"T"型轿车是最早生产的轿车，它具有现代轿车的基本结构和最基本的使用性能。

1927年在美国西部建成了全球最早的高速公路。高速公路的建成，极大地推动了美国汽车和汽车工业的发展。汽车结构在不断改进和完善、汽车性能在不断地提高，人们对汽车的需求也越来越大。人们普遍认为：汽车促进了公路的发展，而公路的发展又促进了汽车和汽车工业的进步和发展。如今，汽车已进入人类社会的各个领域，工业、农业、商业等各行各业都与汽车有着密切的关系，汽车已成为人们日常不可缺少的一部分。

随着人类社会的不断进步和发展,特别是科学技术的不断进步和发展,汽车的科技含量越来越高,汽车已成为名副其实的高科技机电产品。

1.2.2 现代汽车的发展趋势

现代汽车随着社会的不断进步而进步,其技术含量随着社会科学技术的不断提高而提高。21世纪的汽车将向智能化、安全化、环保化、能源多元化、信息化、轻量化等方向发展。

1. 智能化

汽车的智能化是现代汽车的发展趋势之一。智能化集中表现在汽车的自动控制能力、自动操纵能力和信息化程度等方面。

汽车上的全球卫星定位系统(GPS系统),能显示汽车的所处位置、距目的地的距离和道路状态及最佳行驶线路,并提示方向。查询沿途的酒店、加油站、修理站、车站、码头等处的有关信息,并具有防盗、报警功能。

汽车上的驾驶人分神监视系统,通过人与车的通信系统,当驾驶人处于疲劳或其他不正常状态时,例如打瞌睡、醉酒等能及时向驾驶人发出警示,严重时会自行减速或停车。

当汽车即将与障碍物碰撞时,智能防碰撞系统可使车辆减速并停车,从而避免碰撞的发生。

智能巡航控制系统(ACC系统)是一种自动控制汽车行驶速度的系统,驾驶人不必脚踏加速踏板。

智能驾驶系统更是集中地体现了汽车的智能化程度,它相当于机器人,通过安装在车前、后保险杠上及车身两侧的红外线摄像系统对汽车前、后、左、右一定区域进行不停地扫描和监视,通过计算机对这些传来的信号进行计算和分析,结合路面信息,通过操纵控制系统对汽车实行操纵和控制,实现汽车的无人驾驶。

除此以外,智能轮胎、智能安全气囊、智能风窗玻璃、智能空调、智能前照灯、汽车"黑匣子"等在汽车上也开始采用,随着性能的不断完善及成本的不断下降,这些智能系统和零部件在汽车上的采用将越来越普遍。

自动控制技术在汽车上的应用越来越多,如发动机的电控系统、自动调节的主动悬架、车门锁的遥控系统等,也是智能化发展的重要特征。

2. 环保与节能

目前,全球汽车的保有量有7亿多辆,汽车尾气排放对大气的污染十分严重,在城市中除了空气污染以外,汽车噪声也是主要污染之一。全球汽车每年所消耗的燃油也十分惊人,因此环保与节能一直受到人们的高度重视。新能源汽车的研制呈多元化发展趋势。醇燃料汽车、气体燃料汽车、锂电池汽车等都在研制中。

世界各国政府对汽车环保和节能都提出了较高的要求。环保车、节能车的研制已成为热潮。汽车行业对此投入了大量的人力、物力。例如瑞典政府和企业近几年用于环保汽车技术研究的投资达2亿多美元。日本政府在环保与节能方面提出了四大目标:一是开发并推广百公里油耗为2L的轿车;二是在2025年前将废气排放量降低到2000年的10%;三是实现报废车的回收率达到100%;四是2025年前汽车噪声污染程度要降低到2000年的50%。

为了减少汽车对大气的污染,我国也采取了相应的措施。自1999年颁布了GB 14761—1999

《汽车排放污染物限值及测试方法》开始,对汽车的尾气排放提出了严格的要求,没有达标的汽车不能生产、销售和上路行驶。自2007年7月1日起实施"国Ⅳ"标准。从2010年开始其要求将与国际同步。

为了达到环保和节能的目标,各种各样的节能汽车、电动汽车在不断地研制和完善。目前,氢燃料电池电动汽车最引人注目。美国研制的氢动3号氢燃料电池电动车已有100多辆投入运营。太阳能汽车一直是人们心目中理想的新能源汽车,目前国内外正在研制中。

3. 安全性

行车的安全性是十分重要的,提高汽车行驶安全性一直是人们研究的重要课题。

汽车的安全性可分为主动安全性和被动安全性。主动安全性是指汽车车身具有事先预防发生安全事故的能力。被动安全性是指当汽车发生安全事故时,使汽车和人所受到的损伤降低到最小程度的能力。

目前,提高主动安全性的主要措施和办法主要是采用电子控制的自动防碰撞系统和发生事故前的警示系统,以及防止车轮拖动而产生侧滑的防抱死装置和防滑装置。今后,各种警示和防滑系统将会越来越完善。

提高被动安全性的办法比较多,主要有各种智能型安全气囊、安全气垫以及在汽车车身结构设计上采取的各种措施等。

4. 汽车的轻量化

汽车的轻量化是指在满足汽车使用功能的前提下,使汽车的质量轻、布置紧凑,汽车的面积利用率高,从而使汽车的体积小。无疑这对提高汽车的动力性、燃油经济性和行驶稳定性以及节约材料和能源都有好处。因此,如何提高汽车的轻量化程度是汽车的发展趋势之一。

为了提高汽车的轻量化程度,在用材上一方面采用轻质材料,如铝镁合金材料以及工程塑料等代替钢材;另一方面开发新材料,如新型高强度钢板,新型复合材料,使新材料在汽车应用中所占比例不断提高。国外轿车上轻金属材料、非金属材料以及新研制的材料占汽车总质量的比率逐年提高。以车身为例,近几年来,除钢板以外的材料已占车身总质量的40%左右。

汽车设计技术的提高,也使汽车的轻量化程度大大提高。在设计时,减轻发动机等主要部件的质量,汽车底盘各系统的合理匹配,改善车身造型降低风阻、整车合理布置,使汽车小型化、轻型化等,已成为设计时的重要原则和发展趋势。

5. 使用性及多功能化

提高汽车的使用性能,一直是汽车行业追求的目标。在汽车的使用性能上,汽车制造者们总是尽一切能力满足使用者的要求。从动力性、燃油经济性、操纵稳定性,到乘坐的舒适性,无不尽其所能。特别是燃油经济性,一直是汽车行业最重视的最下力气想要改善的性能。美国、日本等国家将这一性能指标作为重要目标进行技术攻关,力争使普通轿车的百公里油耗降至3L。现在多功能汽车的研制也在不断发展,这不仅仅是满足人们"行"的需要,还能满足人们对食、住的要求,例如,欧美流行的房车。

1.2.3 汽车工业的发展概况

1. 国外汽车工业的发展概况

国外汽车工业发展较早、较快,其中尤以美国、德国和日本最为突出。

美国福特汽车公司成立于1903年,是世界上最早的汽车公司。通用汽车公司成立于

1908年。福特公司成立后不久,即开始生产"T"型轿车,并于1913年建成了世界上第一条轿车生产(装配)流水线。流水线的建成,使美国的汽车生产水平大大提高,1914年美国汽车年产量达到30万辆。

1908~1929年是美国汽车工业发展最快的时期,其年产量由初期不足20万辆猛增至1929年的534万辆,以后发展速度开始减慢,但仍在发展中。20世纪70年代末,年产量达到1000万辆,居世界第一位。近20年来,发展速度进一步减慢,汽车年产量一直保持在1100万~1200万辆的水平。许多年前汽车工业就已成为美国经济的三大支柱之一。

德国的汽车工业自1886年世界上第一辆汽车问世后,汽车厂家如雨后春笋般涌现出来。1886~1908年,先后有53家汽车厂家,从业员工达12万多人。汽车厂家虽多,但规模都比较小。1938年至20世纪50年代初,德国汽车年产量一直停滞在30万辆左右。

从20世纪50年代中期至70年代中期,德国的汽车工业发展迅速,在20年的时间里,年产量达到近500万辆。20世纪70年代末,发展速度明显减慢,至今其年产量仍然处在600万辆左右,但产品的质量和汽车的性能都在不断提高。

日本的汽车工业起步较晚,但发展速度较快。20世纪30年代开始生产汽车,30~40年代,汽车年产量仅为4万~5万辆。由于受第二次世界大战的影响,40年代产量只有6000辆。在此阶段,汽车工业发展缓慢。

日本汽车工业的发展期是从20世纪60年代初期开始。1955~1960年,年产量由几万辆发展到50万辆。在日本实行"国民收入倍增计划"期间(1961~1971年),汽车的发展速度是惊人的,1961年年产量超过意大利,1964年超过法国,1967年超过德国,1969年达到467万辆,1982年首次突破1000万辆,居世界第一位,并保持了10年世界第一的位置。但1993年至2005年,其年产量一直停滞在1000万~1100万辆,并一直屈居美国之后,保持世界第二,2006年再次超过美国,重返世界第一,2009年被中国超过,现居第二。

由于日本汽车工业的迅速崛起,日本的经济飞跃前进,虽然国土面积较小,资源又不丰富,但经济实力却居世界前列,其中汽车工业功不可没。在日本经济三大支柱产业中,汽车工业就是其中之一,其生产的汽车,以价廉物美而打入美国和欧洲市场。

纵观汽车工业的发展和变化,特别是近几年的发展和变化,汽车工业发展的主要特点是:汽车公司的集团化和国际化,生产的全球化和专业化,以及销售及售后服务系统的一体化等程度越来越高。

汽车公司的集团化和国际化一方面表现在发达国家的汽车工业仅由3~5个汽车集团组成,如美国为2.5个,日本、德国为5~6个;另一方面表现在产值和产量上,全球最大的汽车公司——美国通用汽车公司,2011年的汽车销售量达903万辆,德国大众汽车公司和日本丰田汽车公司的销售量分别为815万辆和790万辆,位居第二位和第三位。全球10大汽车公司均为国际性的跨国集团,它们的年产量和年销量占全球汽车总产量和总销售量的75%~80%,其集团化和国际化的程度可见一斑。

为了提高汽车产品的质量,降低成本,取得最大的经济效益和市场,采用先进的自动化程度相当高的专业化生产方式,是当今汽车工业的发展趋势。全球采购、全球销售和全球售后服务体系更是赢得市场和取得最大效益的最好手段。目前全球采购、全球生产方式使汽车生产的专业化程度越来越高。

2. 我国汽车工业的发展概况

我国汽车工业起步较晚,自1953年7月15日破土动工,至1956年7月第一辆汽车下线,结束了我国不能自行生产汽车的历史。经过半个多世纪的努力,我国汽车工业已经初步形成了具有较强实力的、对国民经济 GDP 贡献最大的五大支柱产业之一,特别是行业的经济效益在利润最高的行业中,仅排在石油天然气行业之后,居第二位。

纵观我国的汽车工业发展史,可以简单地描述为:萌芽于 20 世纪 50 年代,徘徊在 60~70 年代,发展壮大在改革开放年代。

20 世纪 60~70 年代我国汽车工业处于徘徊状态,年产量一直停留在几万辆的水平,而此时正是世界许多国家汽车工业大发展的时期。直至 1978 年以后,我国实行了改革开放的政策,汽车工业开始进入高速发展的阶段。20 世纪 80 年代初,年产量由几万辆上升为几十万辆。20 世纪 90 年代初,上升为 100 多万辆,进入 21 世纪后,发展速度更是惊人,2007 年突破 800 万辆,2009 年超过 1350 万辆,年产量居世界第一位,成为世界汽车生产大国。2011 年起,我国汽车保有量超过 1 亿辆。

但由于受到多种条件的限制,我国汽车工业一直没有很好地融入"国际汽车社会"环境中去,我国汽车工业的水平、汽车产品的质量、使用性能等同国外发达国家相比较,差距还比较大。

1.2.4 我国汽车服务业的发展概况

我国汽车服务起源于 20 世纪 50 年代的汽车维修服务,其发展可以归纳为以下几个阶段:

(1)1956~1978 年,我国单一的"计划经济",在这种经济体制下,汽车服务业发展缓慢。

(2)1978~1984 年,我国实行以计划经济为主,市场调节为辅的经济运行体制,在这种体制下,汽车服务业起步发展。

(3)1985~1993 年,我国进入市场经济体制的建设时期,这个阶段是汽车服务业的发展阶段。

(4)1994~2001 年,是我国汽车服务业全面形成与发展并与国际接轨的准备阶段。

(5)2002 年至今,我国正式加入世界贸易组织以后,是我国汽车服务业向深度和广度发展并与国际接轨的阶段。

由于快速发展的时间短,与国际接轨的深度和广度受到一些限制,我国汽车服务业目前还存在许多不足的地方。如行业基础薄弱、服务理念落后、制度法规不健全、市场秩序较混乱,特别是维修行业的"三乱"现象较严重。

汽车服务业的发展开始呈现如下趋势:服务一站式、集团连锁化、管理规范化、营销差异化、发展多元化。

复习思考题

1. 汽车及汽车服务业的发展趋势有哪些?
2. 汽车按用途分类有哪些?
3. 商用车有哪些?
4. 汽车类别代号用数字表示,分别是什么?

第2章 汽车总体构造及行驶原理

汽车结构复杂、零部件数以万计。概括地讲,汽车由发动机、底盘、车身和电气及电子设备四部分组成。发动机是汽车的动力源,底盘是汽车的"基础",车身是汽车的"上层建筑",电气及电子设备是汽车新技术的象征。

汽车在行驶过程中,发动机产生的动力通过底盘传给车轮,使车轮转动,从而产生驱动力。从力学的观点看,驱动力是路面作用于汽车推动汽车前进的外力,当驱动力等于车轮滚动阻力、空气阻力、坡度阻力之和时,汽车等速行驶;当驱动力大于三者之和时,汽车加速行驶,反之,汽车减速行驶。

2.1 汽车的总体构造

2.1.1 汽车的总体构造

汽车的总体构造如图 2-1 所示。

其中发动机是汽车的动力装置,其结构将在第 3 章中叙述。

汽车车身即汽车的外壳,是驾驶人的工作场所,也是装载货物的场所,也是乘员活动的场所。

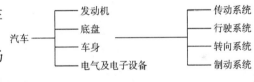

图 2-1 汽车的总体构造

对载货汽车而言,车身指的是驾驶舱和车箱。对客车、轿车而言,车身由汽车前、后围,顶棚,左、右侧围,地板车身附件等组成,它们形成乘员(包括驾驶人)乘坐空间。

其他车辆的车身部分指的是整车去掉发动机、底盘和电气及电子设备,形成载人、装载场地的那一部分。

汽车电气及电子设备是指汽车的电源(蓄电池),及所有的电气、电子装备及连接线束等。

汽车底盘是汽车的主要部分之一,它由 4 个系统组成,其中:

(1) 传动系统——是将发动机的动力传递给车轮,使车轮转动,满足行驶要求的系统。一般由离合器、变速器(分动器)、万向转动装置、驱动桥等部分组成。

(2) 行驶系统——是汽车的承载和行驶部分。一般由车架、车桥、悬架车轮等部分组成。

(3) 转向系统——是使汽车保持直线行驶或按驾驶人给它的方向实现曲线(转向)运动的系统。一般由转向器、转向盘、转向传动装置等组成。对于动力转向系统来说,还包括动力系统等。

（4）制动系统——是制约汽车运动的系统。一般由制动器和将力传递给制动器的制动驱动机构组成。

典型载货汽车的总体构造如图2-2所示。

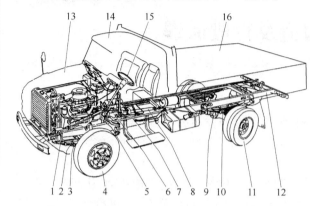

图2-2　典型载货汽车的总体构造

1-发动机；2-前轴；3-前悬架；4-转向车轮；5-离合器；6-变速器；7-驻车制动器；8-传动轴；9-驱动桥；10-后悬架；11-驱动车轮；12-车架；13-车前钣金制件；14-驾驶室；15-转向盘；16-车箱

2.1.2　汽车的主要尺寸和主要参数

1. 汽车的主要尺寸

汽车的主要尺寸有：外部尺寸（总长、总高、总宽）、前悬长、后悬长、轴距、前轮距、后轮距、接近角、离去角、最小离地间隙等，如图2-3所示。

2. 汽车的主要参数

1) 汽车的质量参数

汽车的质量参数包括：整车整备质量、载质量、总质量、汽车轴荷、汽车质量系数等5个参数。

整车整备质量：俗称自重，是指汽车装满燃油、润滑油和冷却液，并装备完好、不载人、不装货时汽车的质量。

载质量（或载客量）：是指汽车额定的载货质量或额定的载人数量。

总质量：总质量＝整车整备质量＋载质量。

轴荷：是指汽车静止时前、后轴所承受的载荷。

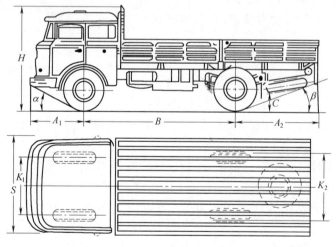

图2-3　汽车常用结构参数

H-总高；S-总宽；A_1-前悬长；B-轴距；A_2-后悬长；C-最小离地间隙；α-接近角；β-离去角；K_1、K_2-前、后轮距

质量系数：是指汽车的载货质量与汽车自重之比。它是衡量汽车技术水平的重要参数，也是衡量汽车设计、制造水平的重要指标。

2) 汽车的基本性能参数

汽车的基本性能参数包括：汽车的动力性、燃油经济性、乘坐舒适性、操纵稳定性、通过性(机动性)、制动性等,详见第8章。

2.2 汽车的行驶原理

1. 汽车的牵引力

汽车的牵引力是推动汽车前进(行驶)的动力。当发动机工作时,发动机所产生的动力经过汽车传动系统传给车轮,使车轮产生转动。车轮转动时产生对地面的纵向作用力 F,地面也会给车轮产生方向相反、大小与 F 相等(在附着条件允许的范围内)的反作用力 F_1,该力推动汽车前进,称牵引力,如图2-4所示。由此可见,发动机所产生的动力越大,汽车的牵引力就越大。

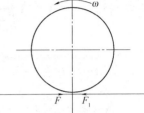

图2-4 汽车的牵引力

2. 汽车的行驶阻力

汽车在行驶过程中受到的阻力有:滚动阻力、空气阻力、坡度阻力、加速阻力。

(1) 滚动阻力:车轮与路面之间所产生的阻力(P_1)。

(2) 空气阻力:空气对汽车所产生的阻碍汽车前进的力(P_2)。

(3) 坡度阻力:汽车上坡时由汽车重力所引起的下滑力(P_3)。

(4) 加速阻力:汽车加速时所产生的阻力(P_4)。

3. 汽车的附着力

汽车的附着力是指汽车车轮抓附在路面上不滑动的能力,其大小等于车轮的附着质量(或称车轮所受载荷)与路面的附着系数的乘积。该数值限制了汽车的牵引力最大值,附着力大,附着能力强,汽车的使用性能才能提高。

4. 汽车的行驶原理

汽车行驶的条件是:牵引力大于或等于行驶阻力。

(1) 当 $F_1 = P_1 + P_2 + P_3$ 时,汽车等速行驶。

(2) 当 $F_1 > P_1 + P_2 + P_3$ 时,汽车加速行驶。

(3) 当 $F_1 < P_1 + P_2 + P_3$ 时,汽车减速行驶。

汽车的主要尺寸和主要参数有哪些?

第3章 发动机、底盘、车身的基本结构、工作原理及主要功用

汽车整车结构十分复杂,零部件数以万计,汽车整车包括发动机、底盘、车身和电气及电子设备四大部分,其中发动机由机体组、曲柄连杆机构等八部分组成,底盘由动力传动系统、转向系统、制动系统、行使系统等四部分组成,车身结构、造型是汽车设计的重要内容。

3.1 发动机的总体结构、组成及工作原理

汽车发动机是汽车四大组成部分之一,是汽车的动力源。它由机体组及曲柄连杆机构、配气机构、燃油供给系统、点火系统、润滑系统、冷却系统、起动系统等组成。汽车发动机的电子控制元件与装置越来越多,其技术含量也越来越高。现代汽车发动机正朝着节能环保的方向发展。

3.1.1 发动机概述

发动机是将某一种形式的能量转化为机械能的机器。将燃料燃烧所产生的热能转化为机械能的装置称为热力发动机,简称热机,内燃机是热机的一种。

汽车所用发动机属于内燃机,发动机是汽车的动力源。

发动机有许多分类方法:

(1)按燃料不同分类,可分为液体燃料发动机(汽油机、柴油机等)和气体燃料发动机(如天然气发动机、液化石油气发动机等)。

(2)按行程不同分类,可分为四冲程发动机和二冲程发动机。

(3)按点火方式不同分类,可分为压燃式发动机和点燃式发动机。

1. 发动机的工作原理

发动机的工作原理就是将可燃混合气燃烧,燃烧后产生大量的热能,通过曲柄连杆机构将热能转换成机械能。

工作过程如下:

如图3-1所示,活塞由上止点开始,向下运动,进气门开启,排气门关闭,混合气不断地从进气门进入汽缸,活塞下行至下止点时停止。此行程称为进气行程。

活塞由下止点向上运动,进气门关闭,排气门仍然关闭,可燃混合气被压缩。此行程称为压缩行程。

当活塞向上运动到接近上止点时,火花塞将可燃混合气点燃,气体迅速燃烧并膨胀,形

成高温、高压,使活塞迅速从上止点向下运动,直至下止点。此行程称为膨胀行程或做功行程。

活塞由下止点向上运动,进气门继续关闭,而排气门开启。燃烧后的废气经排气门排出。此行程称为排气行程。

由以上可知:活塞往复四次,即曲轴旋转了两圈,完成了四个行程的工作,所以称为四冲程发动机。

二冲程发动机即为曲轴旋转一周,活塞完成两个行程,实现一个工作循环。

柴油发动机使用的是柴油,混合气体不需要点火,当被压缩到一定程度后自动燃烧。

2. 发动机的总体构造

由发动机的工作原理和工作过程可知,发动机由八部分组成(柴油机无点火系统),即机体组、曲柄连杆机构、配气机构、燃油供给系统、点火系统、润滑系统、冷却系统、起动系统,如图3-2所示。

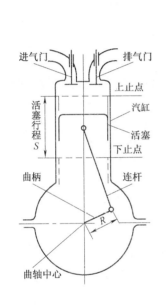

图3-1 发动机工作过程

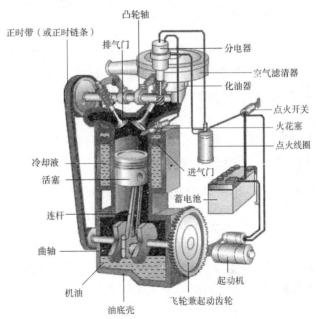

图3-2 单缸四冲程汽油机结构示意图

3. 发动机主要性能指标

1) 发动机的工作容积、排量和压缩比

如图3-3所示,发动机的工作容积是指活塞运动时,从上止点移至下止点所扫过的汽缸容积称为发动机的工作容积。

发动机的排量是指发动机各汽缸工作容积的总和,单位一般用升(L)。

压缩比是指汽缸总容积与燃烧室容积之比。

2) 发动机主要性能指标

发动机主要性能指标有动力性指标、经济性指标和运转性能指标。其中,动力性指标指有效转矩和有效功率,经济性指标指燃油消耗率,运转性能指标主要指排气品质等。

发动机的有效转矩是指发动机通过飞轮向外输出的转矩。

发动机的有效功率也是指通过飞轮输出的功率,它表示发动机在单位时间内对外做功的能力。两者的关系式如下:

$$P_e = (M_e \cdot n)/9550$$

式中：P_e——有效功率，kW；
　　　M_e——有效转矩，N·m；
　　　n——发动机转速，r/min。

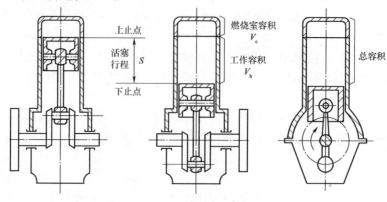

图 3-3　发动机容积示意图

发动机的燃油消耗率是指发动机每发出 1kW 的功率，运转 1h 所消耗的油量，单位为 g/(kW·h)。

发动机的排气品质主要通过对氮氧化合物（NO_x）、碳氢化合物（HC）和一氧化碳（CO）以及排放颗粒等有害排放物的控制来实现，其限制指标单位通常为 g/km。

3.1.2　发动机各主要总成的组成及工作原理

1. 机体组与曲柄连杆机构

1）机体组

机体组由汽缸体、汽缸盖、汽缸垫、油底壳四部分组成，其构造如图 3-4 所示。

汽缸体是发动机各机构、各系统的装配基础件。按具体结构形式可分为一般式、龙门式和隧道式。按汽缸冷却方式分为冷却液冷却式（水冷）和空气冷却式（风冷）。汽车发动机上采用较多的是水冷式。

汽缸盖与活塞顶部共同形成燃烧室。

汽缸垫在汽缸盖和汽缸体之间，起密封的作用。

油底壳用于储存机油并与汽缸体形成一个整体。

2）曲柄连杆机构

曲柄连杆机构由活塞连杆组和曲轴飞轮组构成。其中，活塞连杆组包括活塞、活塞环、活塞销、连杆等，曲轴飞轮组包括曲轴、飞轮、带轮、正时齿轮等，如图 3-5 和图 3-6 所示。

活塞的作用就是将汽缸的压力通过活塞销传给连杆，使曲轴旋转。

活塞销和连杆均起力的传递作用。

活塞环分为气环和油环。它们的作用是：气环保证活塞与汽缸壁之间的密封，同时将活塞顶部的热量传导给汽缸壁，再由冷却液带走；油环的作用是用来刮除汽缸壁上多余的机油，并在汽缸壁上形成薄的油膜，起润滑作用，同时也起一定的密封作用。

曲轴的作用是传递力，同时将连杆的往复运动变为曲轴的旋转运动输出。

飞轮是一个转动惯量很大的带齿圈的圆盘,起吸收能量和释放能量的作用。

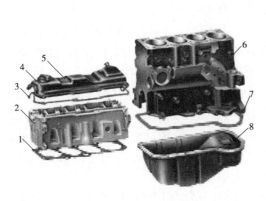
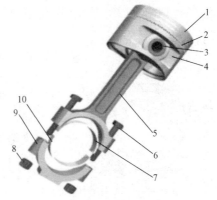

图 3-4 机体组结构图
1-汽缸垫;2-汽缸盖;3-衬垫;4-压条;5-汽缸盖罩;6-汽缸体;7-油底壳衬垫;8-油底壳

图 3-5 活塞连杆组
1-气环;2-油环;3-活塞销;4-活塞;5-连杆;6-连杆螺栓;7-上连杆轴瓦;8-连杆螺母;9-连杆盖;10-下连杆轴瓦

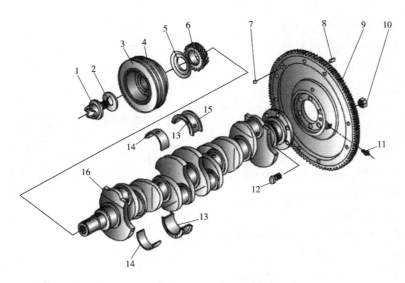

图 3-6 曲轴飞轮组
1-起动爪;2-锁紧垫圈;3-扭转减振器总成;4-带轮;5-挡油片;6-正时齿轮;7-一、六缸上止点记号用钢球;8-离合器定位销;9-飞轮与齿圈;10-螺母;11-润滑脂嘴;12-飞轮螺栓;13-中间主轴瓦;14-主轴承上、下轴瓦;15-止推片;16-曲轴

2. 配气机构

配气机构就是及时准确地开启和关闭进、排气门,及时地排入可燃混合气和及时有效地排出废气。

1) 配气相位和配气正时

配气相位是指进排气门自开始开启到关闭终了时曲轴所转过的角度,理论的配气相位应为180°。

配气相位影响发动机的进、排气情况,从而影响发动机的动力性和经济性。由于转速快,为了满足进气充足、排气彻底的要求,进排气门均采用早开启、晚关闭的办法。

配气正时就是控制进排气门实际的开启时刻,通常用相对于上下止点曲拐位置的曲轴转角的环形图来表示,称为配气正时图,如图3-7所示。图中 α、β、γ、δ 分别称为进气提前角、进气延迟角、排气提前角和排气延迟角。

2)配气机构的结构

配气机构由气门组、气门传动组组成,其结构如图3-8所示。

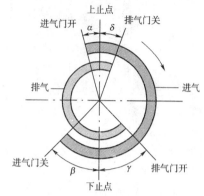

图3-7 配气正时图

气门组包括气门、气门导管、气门弹簧、锁片等,气门传动组包括凸轮轴及驱动装置、挺柱、推杆、摇臂等。

气门组的作用就是保证汽缸的密封。

气门传动组的作用就是保证气门准确、及时地开启。其工作过程为:发动机工作时,曲轴产生旋转,通过飞轮使凸轮轴旋转。凸轮轴通过挺杆、推杆、摇臂等使气门开启或关闭。曲轴与凸轮轴的相互运动关系决定了配气相位的大小。

一般发动机采用每缸两个气门,即一个进气门和一个排气门的结构。但为提高充气效率,在很多新型汽车发动机上多采用每缸四气门的结构,即两个进气门和两个排气门。

3. 燃油供给系统

1)燃油供给系统的功用和分类

燃油供给系统的功用是根据发动机运转工况的需要,向发动机提供一定数量、清洁、雾化良好的燃油,并与一定数量的空气混合形成可燃混合气,供入汽缸,使之在临近压缩终了时点火燃烧而膨胀做功。还应将燃烧产物——废气排入大气中。同时,燃油系统还需要储存相当数量的汽油,以保证汽车有相当远的续驶里程。

燃油供给系统按燃油种类的不同,分为汽油供给系统和柴油供给系统。

汽油供给系统根据工作原理分为化油器式燃油供给系统和汽油电子喷射系统。由于化油器式燃油供给系统对混合气质量分配不够理想,已无法满足当今对发动机燃油经济性和排放性能的要求,现代汽油机上均采用电子喷射系统。

柴油供给系统按控制系统也分为机械控制喷射系统和电子控制喷射系统,本节仅介绍现代轿车上常用的电控柴油喷射系统。

2)燃油供给系统的组成及工作原理

燃油供给系统一般由燃油供给装置、空气供给装置、控制装置、废气排出装置组成。

燃油供给装置包括油箱、燃油滤清器、油泵、油管、喷油器等,用来完成燃油的储存、输送和清洁的任务。

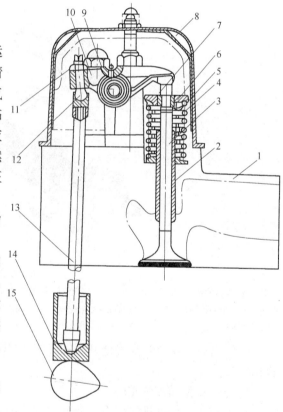

图3-8 气门顶置式配气机构

1-汽缸盖;2-气门导管;3-气门;4-气门主弹簧;5-气门副弹簧;6-气门弹簧座;7-锁片;8-气门室罩;9-摇臂;10-摇臂轴;11-锁紧螺母;12-调整螺钉;13-推杆;14-挺柱;15-凸轮轴

空气供给装置包括空气滤清器、进气管、空气流量计、节气门总成等,用于供入一定数量的空气。节气门与加速踏板相连,节气门开度不同,进入汽缸内的空气数量也不同。空气流量计用于计量进入汽缸的空气量。

控制装置包括电控单元、各种传感器、控制阀,用于根据发动机的工况控制喷入系统的燃油量。

废气排出系统包括排气管、消声器等,用于排出燃烧后的废气。

3) 可燃混合气的形成

发动机的不同工况对混合气的浓度和数量提出了不同的要求。

可燃混合气中空气与燃油的比例称为可燃混合气成分或可燃混合气浓度,通常用过量空气系数和空燃比表示。

(1) 过量空气系数 φ_a,即燃烧 1kg 燃油实际供给的空气质量与完全燃烧 1kg 燃油的空气质量之比,即

$$\varphi_a = \frac{燃烧 1kg 燃料实际供给的空气量}{1kg 燃料完全燃烧所需的空气量}$$

由上式可知:$\varphi_a > 1$ 时为稀混合气,$\varphi_a < 1$ 时为浓混合气,$\varphi_a = 1$ 时为理想混合气。

(2) 空燃比 α,即可燃混合气中空气质量与燃油质量之比,即

$$\alpha = \frac{空气质量}{燃油质量}$$

按照化学反应方程式的当量关系,可求出 1kg 汽油完全燃烧所需空气质量约为 14.7kg。显然 $\alpha = 14.7$ 的可燃混合气为理论混合气,$\alpha < 14.7$ 的可燃混合气为浓混合气,$\alpha > 14.7$ 的可燃混合气为稀混合气。空燃比 $\alpha = 14.7$ 称为理论空燃比。

试验证明:燃烧 $\varphi_a = 1.05 \sim 1.15$ 的可燃混合气,燃油消耗率最低,故称之为经济混合气;当 $\varphi_a = 0.85 \sim 0.95$ 时,发动机有效功率最大,故称之为功率混合气。混合气过浓或过稀都不能着火燃烧。一般情况下,混合气浓到 $\varphi_a = 0.4 \sim 0.5$ 或稀到 $\varphi_a = 1.3 \sim 1.4$ 火焰便不能传播。可见,可燃混合气成分直接影响发动机的性能及发动机能否正常运转。

随着汽车行驶速度和牵引功率的不断变化,汽车发动机的转速和负荷也在很大范围内频繁变动,为适应发动机工况的这种变化,可燃混合气成分应该随发动机转速和负荷作相应的调整。

因此,现代汽车的燃油供给系统应满足在发动机的各种不同工况下,对混合气成分的不同要求。如在发动机冷起动、怠速、大负荷、中等负荷工况下,提供不同浓度的混合气,以适应在这些工况下发动机对混合气的特殊要求,并且能够根据发动机的转速和负荷情况变化作实时的调整,如发动机转速或负荷增加,喷油量能作实时调整。

4) 汽油电控喷射系统

(1) 汽油电控喷射系统的组成及工作原理。汽油电控喷射系统是利用各种传感器感应采集的信号送入一个电控单元(ECU)中,根据发动机各种工况的实际要求来控制喷油量,其典型组成如图 3-9 所示。

整个电控喷射系统可分为燃油供给、空气供给与电路控制三部分。

① 燃油供给。燃油从燃油箱经过电动汽油泵以约 0.25MPa 的压力流经燃油滤清器,滤去杂质后,进入燃油分配管(又称燃油轨)。在分配管的后端有一个压力调节器,它使喷射压力保持恒定。过量的压力油将通过此压力调节器无损失地返回油箱,调节后的 0.25MPa

的压力油,将通过燃油分配管分送到各喷射器,接受电控单元的指令控制。燃油喷至进气门的上方,当进气门打开时,才将燃油与空气同时吸入汽缸中。

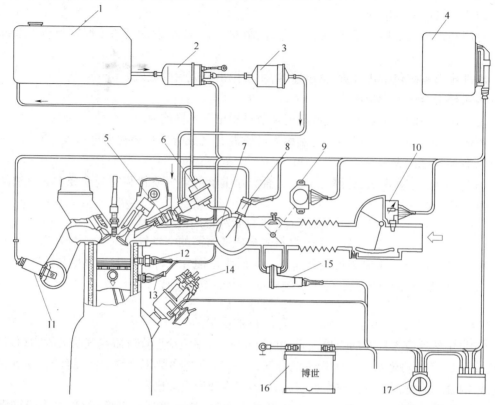

图 3-9 汽油电控喷射系统

1-燃油箱;2-汽油泵;3-滤清器;4-电控单元;5-喷油器;6-燃油压力调节器;7-进气总管;8-冷起动阀;9-节气门开关;10-空气流量计;11-氧传感器;12-温度时间开关;13-温度传感器;14-分电器;15-辅助空气调节器;16-蓄电池;17-点火开关

②空气供给。空气经过空气滤清器,滤去空气中的尘埃等杂质后,流经空气流量传感器,经过计量后,空气流沿着节气门通道流入进气管,再分别供给到各个汽缸中。汽车行驶时,空气流量是由驾驶人通过加速踏板操纵节气门控制的。

③电路控制。电控单元通过电路接收的输入信号有:发动机转速、吸入起动信号、节气门开度、冷却液温度、吸入空气的温度等。上述各个信号输入电控单元后,经过综合判断与计算,由控制单元确定喷油地开启时间,便指令喷油器喷油。

(2)喷油器的结构与功用。喷油器是喷油系统中最重要的部件,它安装在进气道内进气门口的上方。每个汽缸上装有一个喷油器。喷油器的结构如图 3-10 所示。

喷油器是由电磁阀操纵的,电控单元发出的指令可将喷油器头部的针阀打开,把准确配剂的一定量的燃油喷入进气门前,与进气歧管内吸入的空气混合后进入汽缸内。

5)柴油电控喷射系统

为了改善传统柴油机运转性能和降低燃油消耗率,同时也为了满足日趋严格的柴油机排放标准的需要,柴油电控喷射系统应运而生。

(1)柴油电控喷射系统的组成。柴油机电控喷射系统由传感器、ECU(控制单元)和执行机构三部分组成。其任务是对喷油系统进行电子控制,实现对喷油量、喷油定时、喷油规律和喷油压力等随运行工况的实时控制。

其中，传感器的作用是实时检测柴油机与汽车的运行状态，以及驾驶人的操作意向和操作量等信息，并将其输入电控单元，该系统的输入信号有转速、加速踏板位置、进气温度、进气压力、冷却液温度、车速等。

电控单元的核心是计算机，它与系统中储存的软件一起负责信息的采集、处理、计算和执行程序，并将运行结果作为控制指令输出到执行器。例如，电控单元根据加速踏板位置和转速信号，首先算出基本供油量和供油时刻；然后根据进气温度、进气压力、冷却液温度及起动信号，进行修正；再按供油量调节套筒位置传感器信号进行反馈修正后，确定最佳供油量和供油时刻。因此不论汽车是低温起动、加速或是在高原行驶，系统都能精确地确定柴油机运转时的最佳供油量和供油时刻。

执行器的功用是按照电控单元输送来的控制指令，调节供油量和供油定时，以达到调节柴油机运行状态的目的。

(2) 美国 CaterPillar 公司 HEUI 柴油电控喷射系统。如图 3-11 所示，HEUI 系统是一种双管路的共轨式柴油电控喷射系统。燃油在喷射前一直保持低压状态，系统利用发动机机油作为燃油增压的工作介质来实现燃油的喷射压力。高压机油泵将一路机油以 4～23MPa 的高压送入电控液压式喷油器中，推动增压活塞压缩燃油，实现高压喷射。

该系统的控制功能还包括：燃油喷射控制、进气控制、起动控制、故障自诊断、失效保护和应急备用，同时还具有与其他控制系统进行数据传输的功能。HEUI 系统的喷油量控制采用了"压力控制"方式，通过由传感器、ECU 和执行元件等组成的控制系统，对循环喷油量、喷油正时、喷油速率和喷油压力进行控制。

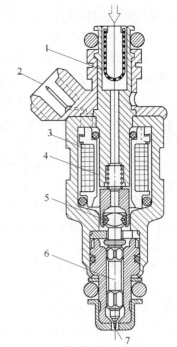

图 3-10 喷油器的结构
1-燃油滤网；2-电接头；3-电磁线圈；4-弹簧；5-衔铁；6-针阀；7-轴针

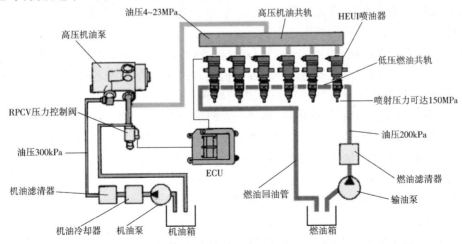

图 3-11 HEUI 柴油电控喷射系统示意图

4. 点火系统

汽油机汽缸内的可燃混合气压缩后经火花塞产生火花而点燃进行燃烧。点火系统的功用就是保证汽油机在规定的时间里准确地产生较强的火花而点燃混合气。

1) 点火系统的类型

点火系统按其组成和产生高压电方式的不同可分为传统蓄电池点火系统、电子点火系统、微机点火系统和磁电机点火系统。

传统蓄电池点火系统以蓄电池和发电机为电源,借点火线圈和断电气的作用,将电源提供的6V、12V或24V的低压直流电转变为高压电,再通过分电气分配到各缸火花塞,使火花塞两电极之间产生电火花,点燃可燃混合气。由于存在产生的高压电比较低、高速时工作不可靠、使用过程中需经常检查和维护等缺点,目前正在逐渐被电子点火系统和微机控制点火系统所取代。

电子点火系统以蓄电池和发电机为电源,借点火线圈和由半导体器件(晶体管)组成的点火控制器将电源提供的低压电转变为高压电,再通过分电气分配到各缸火花塞,产生电火花,点燃混合气。与传统点火系统相比具有点火可靠、使用方便等优点,是目前国内外汽车上广泛采用的点火系统。详细介绍见第11章汽车电子电气。

微机控制点火系统也以蓄电池和发电机为电源,借点火线圈将电源提供的低压电转变为高压电,再由分电气将高压电分配到各缸火花塞,并由微机控制系统根据各种传感器提供的反映发动机工况的信息,发出点火控制信号,控制点火时刻,点燃可燃混合气。它还可以取消分电气,由微机控制系统直接将高压电分配给各缸。微机控制点火系是目前最新型的点火系统,可以有效地提高发动机的动力性、经济性,减少排气污染,已广泛应用于各种中、高级轿车中。

2) 点火提前

理论上,当活塞上升到上止点时,开始点火,使可燃混合气燃烧。而实际情况并非如此,应该提前点火。提前点火的迟或早用点火提前角表示。点火提前角的含义为:点火时曲轴的曲拐位置与活塞上升到上止点时曲拐的位置之间的夹角。

若点火提前角过大,即点火过早,则当气体的压力达到很大值时,活塞还在继续上升,气体压力方向与活塞运动方向相反,导致有效功率减小,发动机的功率也减小。

若点火提前角过小时,点火过迟,则混合气一面燃烧而活塞也一面从上止点往下运动,导致气体压力下降,发动机的功率减小。

能使发动机获得最佳动力性、经济性和最佳排放性能的点火提前角,称为最佳点火提前角。发动机工作时,最佳点火提前角随着发动机的转速和混合气燃烧速度的变化而变化。

例如,随着发动机转速升高,单位时间内曲轴转过的转角变大,如果混合气燃烧速度不变,应适当增大点火提前角,否则燃烧会延续到做功行程,使发动机的动力性、经济性下降。但是当发动机转速达到一定值以后,由于燃烧室内的温度和压力提高,扰流增强,燃烧速度加快,点火提前角增大的幅度应减慢,并非呈线性关系。

3) 微机控制点火系统

微机控制的点火系统,取消了传统的机械式点火提前调节装置,由微机控制点火系统随发动机工况的变化自动调节点火提前角,使发动机在任何工况下均在最佳的点火时刻点火。

微机控制点火系统一般由传感器、微机控制器和点火控制器、点火线圈等组成。

图3-12所示是微机控制点火系统的组成框图。用于不同车型的微机控制点火系统各组成部分的结构不同,但它们的工作原理是类似的。

微机控制点火系统的组成如图3-13所示。其工作过程如下:

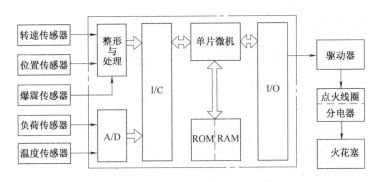

图 3-12 微机控制点火系统组成框图

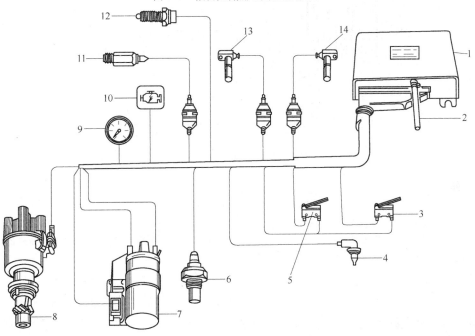

图 3-13 微机控制点火系统的组成

1-微机控制器;2-增压传感器连接管;3-全负荷开关;4-进气温度传感器;5-怠速及超速燃油阻断开关;6-冷却液温度传感器;7-点火线圈;8-霍尔分电气;9-速度表;10-故障灯;11-爆震传感器;12-制动开关;13-发动机转速传感器;14-点火基准传感器

发动机工作期间,各传感器分别将每一瞬间的发动机转速、负荷、冷却液温度、节气门状态以及是否发生爆震等与发动机工况有关的信号,经接口电路输入微机控制器。控制器根据发动机转速和负荷信号,按存储器中存储的程序以及与点火提前角等有关的数据,计算出与该工况对应的最佳点火提前角等,并根据冷却液温度加以修正。最后根据计算结果和点火基准信号,在最佳的时刻向点火控制电路和点火线圈发出控制信号,点燃混合气。在发动机工作期间,如果发生爆震,爆震传感器输出的电压信号输入微机控制器,控制器将点火时刻适当推迟;爆震消除后再将点火点逐渐移回到最佳点,实现了点火提前角的闭环控制。

5. 润滑系统

由于发动机的转速高,各运动副的运动件表面产生剧烈的摩擦和大量的热,因此,润滑系统的功用是将一定数量、洁净的机油输送到全部传动件的摩擦表面,实现润滑、冷却、清洁、密封和缓冲。

润滑系统由机油泵、机油滤清器(包括粗滤器和精滤器)、集滤器等主要部件组成,如图

3-14 所示。高性能大功率的发动机润滑系统还包括机油冷却器。

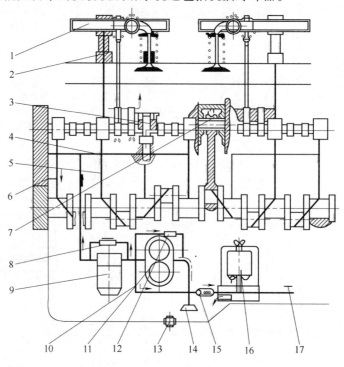

图 3-14 发动机润滑系统示意图

1-摇臂轴;2-上油道;3-机油泵;4-主油道;5-横向油道;6-喷油嘴;7-连杆小头油道;8-机油粗滤器旁通阀;9-机油粗滤器;10-油管;11-机油泵;12-限压阀;13-磁性放油螺塞;14-固定式集滤器;15-机油细滤器进油限压阀;16-机油细滤器;17-阀门(可接机油散热器)

发动机的润滑油路为:机油泵由发动机带动,将机油经过集滤器过滤后以一定的压力分两路输出。其中,一路机油经粗滤器通过主油路分别润滑曲轴主轴颈和连杆轴颈、凸轮轴轴颈,最后流入油底壳;另一路经限压阀、细滤器流入油底壳。汽缸壁、活塞、活塞销等依靠曲轴旋转时飞溅的机油进行润滑。

6. 冷却系统

发动机工作时,由于燃料的燃烧产生大量的热,致使发动机的温度变高。过高的温度将使零件尺寸变大,零件间的间隙变小,影响发动机的正常工作,同时影响正常的润滑。发动机的工作温度通常为 90～95℃。过冷的温度则会使空气与燃油的混合困难,燃烧不充分,功率下降。

冷却系统的功用是使发动机在所有工况下都保持在适当的温度范围内,既要防止发动机过热,也要防止发动机过冷。

发动机的冷却系统有水冷和风冷两种,水冷即利用冷却液强制循环冷却,风冷即利用空气冷却。汽车上大多采用水冷方式,小部分柴油车采用风冷。

水冷式冷却系统如图 3-15 所示,由水泵、散热器、冷却风扇、节温器、补偿水箱、发动机机体及汽缸盖中的水套等组成。

其中,节温器是控制冷却液流动路径的阀门。它根据冷却液温度,将冷却液的流动路径在小循环和大循环之间切换。

当发动机温度较低时,从水泵来的冷却液经分水管、水套、出水口流回到水泵。由于节温器主阀门关闭,冷却液不能流入散热器,只能从节温器的副阀门流入水泵,此循环称作小循环。由于冷却液不通过散热器,所以冷却液的温度不会下降,还会提高,使之满足发动机的工作要求。

当发动机的温度较高时,节温器阀门开启,水泵将冷却液由散热器吸入,加压后经分水管流入汽缸水套,冷却汽缸后再从上部流回到散热器,此循环称作大循环。通过此大循环,可保持发动机在所需的温度下工作。

7. 起动系统

1) 概述

汽车由静止到运动,发动机必须有一外力来转动曲轴,才能进入工作循环,进入工作状态。从开始转动曲轴到发动机进入工作状态这一过程称作发动机起动。发动机的起动方式大多采用电动机起动,少数采用手摇起动。

起动系统包括起动机、起动操纵机构和离合机构。

起动机的功用就是将电能转变为旋转的动能。

起动操纵机构的功用就是将起动机与起动踏板或起动开关、发动机飞轮连接起来,使发动机飞轮旋转,从而使曲轴转动。

离合机构的功用就是只有起动时才与发动机连接,当发动机开始工作后起动机与飞轮分离,起动机处于不转动状态。

2) 主要部件介绍

(1) 起动机。汽车上普遍采用的是串激式直流电动机。汽油发动机的起动机功率一般在1.5kW以下,电压为12V。柴油机的起动机功率较大,大的起动机超过5kW,电压为24V。

(2) 操纵机构。起动系操纵机构又称控制机构,用于控制起动机主电路的通、断和离合器中驱动齿轮的移出和退回,分为直接操纵式和电磁操纵式两种。前者用于短距离操纵,检修方便,且不消耗电能。但驾驶人的劳动强度大,所以目前已很少应用。

电磁操纵式控制机构,俗称电磁开关,其使用方便,工作可靠,并适合远距离操纵,所以目前应用广泛。

电磁操纵式控制机构的结构如图3-16所示。

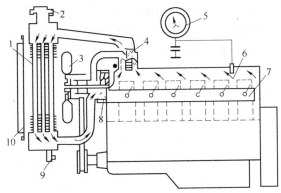

图3-15 强制水冷却系统示意图
1-散热器;2-散热器盖;3-风扇;4-节温器;5-冷却液温度表;6-水套;7-分水管;8-水泵;9-散热器放水开关;10-百叶窗

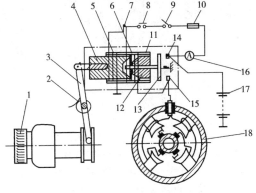

图3-16 电磁操纵式控制机构结构示意图
1-单向离合器;2-复位弹簧;3-拨叉;4-活动铁芯;5-保持线圈;6-吸拉线圈;7-接线柱;8-起动按钮;9-总开关;10-熔断器;11-黄铜套;12-挡铁;13-接触盘;14、15-主接线柱;16-电流表;17-蓄电池;18-电动机

起动发动机时,接通总开关9,按下起动按钮8,吸拉线圈6和保持线圈5的电路被接通,其电流通路为:蓄电池正极→主接线柱14→电流表16→总开关9→起动按钮8→接线柱7→吸拉线圈6(及保持线圈5)→主接线柱15→电动机18→搭铁→蓄电池负极及保持线圈5。这时吸拉线圈和保持线圈的电磁力方向相同,互相叠加,使活动铁芯4很容易克服复位弹簧2的弹力右行,使驱动齿轮与飞轮齿圈可靠啮合。同时,主开关接通,起动机带动曲轴旋转而起动发动机。

发动机起动后,在松开起动按钮的瞬间,吸拉线圈和保持线圈是串联关系,两线圈所产生的磁通方向相反,互相抵消,于是活动铁芯在复位弹簧的作用下迅速复位,使驱动齿轮退出啮合,接触盘在其右端小弹簧的作用下脱离接触,主开关断开,切断了起动机的主电路,起动机停止运转。

3.1.3 现代汽车发动机的发展趋势

汽车工业蓬勃发展造成的能源紧张、环境污染等问题日益严重。为了应对上述问题,新技术不断地被运用到汽车发动机中,现代汽车发动机正朝着节能环保的方向发展。

1. 新技术在汽油机上的应用

1)可变气门正时(VVT:Variable Valve Timing)

可变气门正时系统可以根据发动机的转速,调整进排气门的开启和关闭时间以及气门升程,以使发动机在各种工况下都能获得最佳的配气正时,性能达到优化。该系统可以提高燃油经济性,减少废气排放,提高低速转矩,改善发动机瞬态性能。

图3-17为本田公司的可变气门正时机构(VTEC),它分别采用了两套凸轮和摇臂机构,分别在高速和低速下控制配气正时。

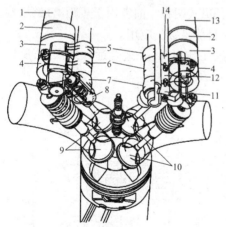

图3-17 本田VTEC可变配气定时机构组成
1-进气凸轮轴;2-第一低速凸轮;3-高速凸轮;4-第二低速凸轮;5-第一摇臂;6-中间摇臂;7-第二摇臂;8-空动弹簧;9-进气门;10-排气门;11-液压活塞A;12-液压活塞B;13-排气凸轮轴;14-限位活塞

2)可变压缩比(SVC:Saab Variable Compression)

汽油机在大负荷时容易发生爆震,这容易造成机体损坏,同时发动机的动力性、经济性以及排放特性都会恶化。汽油机压缩比越高,负荷越大,越容易产生爆震。可变压缩比发动机以改变压缩比来控制发动机的燃油消耗量。在发动机小负荷时采用高压缩比以节约燃油;在发动机大负荷时采用低压缩比,以避免爆震。

3)稀薄燃烧技术(Lean Burn)

所谓稀薄燃烧是指空燃比大于理论空燃比14.7时的燃烧。但在实际使用中为保证各缸不失火,混合气不能太稀,其空燃比的稀限为17:1,所以将空燃比大于17的燃烧视为稀薄燃烧。它可以使燃料的燃烧更加完全,可以提高热效率,改善燃油经济性,同时有效地降低汽油机的有害排放物。汽油机稀薄燃烧包括进气道喷射稀燃系统(PFI:High Pressure Injection)、直接喷射稀燃系统(GDI:Gasoline Direct Injection)和均质混合气压燃系统(HCCI:Homogeneous Charge Compression Ignition)。

(1)进气道喷射稀燃系统(PFI)。为了保证稀燃汽油机可靠点火,汽油机在点火瞬间火花塞周围必须形成易于点燃的空燃比为12.0～13.5的混合气。这就要求混合气在汽缸内非均质分布。而要实现混合气的非均质分布,必须使混合气在汽缸内分层。混合气分层主要依靠气流的运动结合适时的喷油实现。进气道喷射稀燃系统根据进气流在汽缸内的流动形式不同,可分为涡流分层和滚流分层两种。

(2)直接喷射稀燃系统(GDI)。汽油机直接喷射稀燃系统与进气道喷射稀燃系统不同,它是将燃油直接喷射到燃烧室而不是在进气歧管喷射,喷射压力高达12MPa。日本三菱汽车公司开发的发动机,是利用缸内滚流实现稀燃的典型直喷发动机。当发动机在小负荷时,燃油在压缩行程后期喷向活塞曲顶,碰撞到曲顶壁面后反弹向火花塞,只在火花塞附近形成较浓的混合气,实现了汽缸内由浓到稀的滚流分层,形成了滚流分层稀燃模式。当发动机大负荷时,燃油在压缩行程初期喷入缸内,形成了均质稀燃模式。

(3)均质混合气压燃系统(HCCI)。它通过提高压缩比、采用废气再循环、进气加温和增压等手段提高缸内混合气的温度和压力,促使混合气进行压缩自燃,在缸内形成多点火核,有效维持了着火燃烧的稳定性,并减少了火焰传播距离和燃烧持续期。它与传统柴油机燃烧方式的不同在于:传统柴油机在着火时刻燃油还没有完全蒸发混合,进行的是扩散燃烧方式,燃烧速率主要受燃油蒸发及与空气混合速率的影响,而进行HCCI燃烧的混合气在着火以前已经均匀混合,进行的是预混燃烧模式,它的燃烧速率只与本身的化学反应动力学有关。

4)多气门技术(Multi-Valve)

多气门发动机是指每一个汽缸的气门数目超过两个。其主要有三种形式,即两个进气门和一个排气门的三气门式;两个进气门和两个排气门的四气门式;三个进气门和两个排气门的五气门式。采用多气门技术可以提高发动机充气效率,改善燃烧,提高发动机功率。因而不论是汽油发动机还是柴油发动机均采用该种技术。图3-18展示了一种五气门发动机的气门布置形式。

5)可变进气歧管(VIM:variable intake manifold)

可变进气歧管是指进气歧管的长度可根据转速变化进行调整,从而调整进气行程长度。使得发动机在高速下,进气歧管短而粗,进气量大,提高发动机的输出功率;低速下,进气歧管细而长,增加进气的气流速度和压强,汽油可以更好地雾化,燃烧更充分,提高输出转矩。因此可

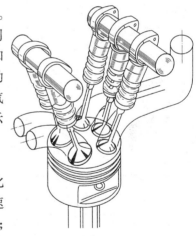

图3-18 五气门发动机气门布置图

变进气歧管在发动机高速和低速时都能提供最佳配气,得到更高的进气效率。图3-19所示为宝马N62发动机可变进气歧管结构图,它利用一个带有漏斗形通气孔的转子,将其转动到不同的位置来实现不同的进气行程长度。

6)电子节气门(ETC:Electronic throttle control)

电子节气门是指节气门不直接由加速踏板控制,而是由一个电子节气门控制系统来精确控制其开度。

驾驶人操纵加速踏板,控制单元首先根据当前的工作模式、加速踏板位置、加速踏板移动量和变化率解析驾驶人意图,计算出对发动机转矩的基本需求,得到相应的节气门转角的

基本期望值。然后再根据各种传感器信号如发动机转速、挡位、节气门位置、空调能耗等,由此计算出整车所需求的全部转矩,得到节气门的最佳开度,通过驱动控制电动机使节气门达到最佳的开度位置。节气门位置传感器则把节气门的开度信号反馈给节气门控制单元,形成闭环的位置控制。

a)短进气行程　　　　　　　　b)长进气行程

图 3-19　宝马 N62 发动机可变进气歧管结构图

采用电子节气门控制系统,不但可以提高燃油经济性、减少排放,同时,系统响应迅速,可获得满意的操控性能。

2. 新技术在柴油机上的应用

1)废气涡轮增压与中冷技术(Turbocharger and intercooler)

废气涡轮增压与中冷技术是使发动机轻量化、提高输出功率的有效措施,也是现代柴油机的代表性技术,其在汽油机中的应用也越来越广泛。

废气涡轮增压系统的工作原理如图 3-20 所示,利用发动机排出的具有较高温度和压力的废气推动涡轮机高速旋转,从而带动安装在同一根轴上的离心式压气机,增大发动机的进气压力和密度,从而增加发动机的进气量。应用涡轮增压技术可以提高发动机的功率、降低发动机油耗,降低噪声和废气排放。

增压系统的中冷器的目的是冷却压气机出口的气体,可以进一步提高进气密度;同时,降低进气温度,从而还有利于降低发动机的氮氧化物 NO_x 排放。

2)废气再循环技术(EGR:Exhaust Gas Recirculation)

图 3-20　废气涡轮增压系统的工作原理

废气再循环技术是把一定数量的废气引入发动机的进气系统,使发动机可燃混合气中惰性气体(H_2O、N_2 和 CO_2)的比例增加。由于这些惰性气体有较高比热容,使经再循环废气稀释的混合气的比热容增高,致使发动机最高燃烧温度下降。同时,这种稀释作用也降低了混合气中氧气的浓度,因而破坏了 NO_x 的生成条件,从而有效抑制了 NO_x 的生成。柴油机和汽油机上均有采用废气再循环技术。

3)柴油机直喷技术(Direct Injection)

柴油燃烧系统主要有两种,即直接喷射式和分隔式。

直接喷射式柴油机燃烧系统将燃油直接喷入汽缸内的燃烧室,它具有燃烧效率高、无节流损失、燃油消耗低、起动性能好等优点。采用直喷式轿车柴油机可使其燃油消耗率比分隔式低 15%~20%,因此直接喷射式柴油机是发展趋势。

4)高压共轨燃油喷射技术和多次喷射技术(CRDI:Common Rail Direct Injection;CRMI:

Common Rail Multiple Injection）

高压共轨燃油喷射技术是指在高压油泵、压力传感器和 ECU 组成的闭环系统中,将喷射压力的产生和喷射过程彼此完全分开的一种供油方式,即由高压油泵把高压燃油输送到公共供油管,通过对公共供油管内的油压实现精确控制,使高压油管压力大小与发动机的转速无关,可以大幅度减小柴油发动机供油压力因发动机转速的变化,因此也就减少了传统柴油发动机的缺陷。

高压共轨燃油喷射还可使柴油雾化效果更好,实现油气的良好混合,大幅度地降低柴油机的颗粒排放。现有的喷油系统喷油压力可以达到 200MPa。

在高压共轨技术的基础上,还可以实现燃油多次喷射技术。它将单循环内的喷油过程分成预喷、主喷和后喷三个过程。通过预喷可以优化燃烧环境,事先将缸内温度进行预热,减少了因温度剧烈波动带来的振动,实现柔和燃烧;同时通过提前消耗部分氧气,破坏了氮氧化物生成的高压富氧环境。而通过后喷射,则可降低炭烟和颗粒物的生成,提升排放水平。

3.2 底盘的总体结构、组成及主要功用

汽车底盘是汽车四大组成部分之一,是整车的"基础"。汽车底盘由传动系统、行驶系统、转向系统和制动系统四部分组成。传动系统主要由离合器、变速器、万向传动装置和驱动桥组成;行驶系统由车架、车桥、车轮、悬架组成;转向系统由转向器和转向传动装置组成;制动系统由制动器和制动传动装置组成。汽车使用性能的好坏主要取决于汽车底盘。

3.2.1 传动系统的组成及主要总成的基本功用

1. 传动系统的形式及组成

1）传动系统的主要形式

传动系统的主要形式有机械式、液力式、液力-机械式和电传动。

机械式传动的主要优点:结构简单、工作可靠、传动效率高且比较稳定,是汽车上应用最为广泛的一种传动系统。

液力式传动的主要优点:可以实现无级变速,避免传动系统的扭转振动和冲击,简化变速操纵,但传动效率较低,因此在汽车上单独采用液力式传动系统的不多,往往采用液力-机械式传动系统,以克服机械式和液力式各自的不足。

电传动的主要优点是克服了传递大功率时传动系统质量大、体积大的缺点,可实现大速比变化范围的要求,广泛应用于重型载货汽车和矿用自卸车上。

2）机械式传动系统的基本组成

机械式传动系统由离合器、变速器、万向传动装置、主减速器、差速器、半轴、桥壳等组成,如图 3-21 所示。

3）传动系统主要总成的基本功用

(1) 离合器的主要功用。离合器的主要功用是:传递或切断发动机的动力;使发动机与传动系统逐渐接合,保证汽车平稳起步;使汽车换挡平顺、柔和;限制所传递的转矩,防止传动系统零件过载。

(2) 变速器的主要功用。变速器的主要功用是:降低转速、增加转矩;改变旋转方向和

暂时切断动力;扩大驱动轮的转矩和转速的变化范围,适应汽车行驶的需要;将动力输出。

(3)万向传动装置的主要功用。万向传动装置的主要功用是:将变速器的动力可靠地传递给驱动桥;实现变角度的转轴之间的动力传递。

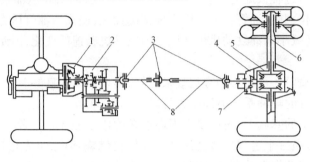

图3-21 机械式传动系统的组成及布置示意图
1-离合器;2-变速器;3-万向节;4-驱动桥;5-差速器;6-半轴;7-主减速器;8-传动轴

(4)主减速器的主要功用。主减速器的主要功用是:进一步降低发动机的转速、增大转矩;改变发动机转矩的传递方向。

(5)差速器的主要功用。差速器的主要功用是:使汽车左、右车轮能以不同的转速旋转,即"差速"作用;使左右车轮所得到的转矩不相等,提高汽车的通过性。

(6)半轴的主要功用。半轴的主要功用是:将主减速器传来的动力传递给车轮;防止传动系统其他零件过载。

(7)桥壳的主要功用。桥壳的主要功用是:承载和提供安装其他零件所需位置,并起到保护主减速器、差速器、半轴的作用。

2.传动系统主要总成的结构及工作原理
1)离合器的种类、基本组成及工作原理
(1)离合器的种类。按传递转矩的方式来分,离合器的种类有摩擦式离合器、液力式离合器、电磁式离合器。按从动盘的数目或压紧弹簧来分,离合器的种类有单盘离合器、双盘离合器、螺旋弹簧离合器、膜片弹簧离合器等。

(2)离合器的基本组成。汽车上普遍采用的是摩擦式离合器,它主要由主动部分、从动部分、压紧装置和操纵机构四部分组成。

①主动部分主要由飞轮、离合器盖、压盘等组成。
②从动部分主要由从动盘、从动轴(变速器第一轴)等组成。
③压紧装置由压紧弹簧或膜片弹簧等组成。
④操纵机构有机械式和液压式两种。机械式操纵机构主要由离合器踏板、分离杠杆、分离轴承等组成。液压式操纵机构则还包括液压系统。

(3)离合器的工作原理及工作过程。离合器的工作原理及工作过程如图3-22所示。

汽车在行驶过程中,离合器处于接合状态,离合器中的从动盘在压紧弹簧的压力作用下,使发动机的飞轮、从动盘、从动盘毂三者紧紧地连接在一起,通过它们之间摩擦力的作用,将发动机的动力传递给从动轴(即变速器的主动轴)。离合器所产生的最大静摩擦力矩即为离合器所能传递的最大转矩,当发动机的转矩大于摩擦力矩时,离合器中带摩擦片的从动盘与飞轮将会出现"打滑"现象,限制了传动系统所接受的转矩,防止超载。

当驾驶人踩下离合器踏板时,从动盘毂压缩压紧弹簧向右轴向移动,使飞轮与从动盘脱开。这样,飞轮就不能将动力传递给从动盘,以实现切断动力的作用。

液压式操纵机构的结构如图3-23所示。

2)机械式变速器的组成与工作原理

(1)机械式变速器的基本组成。如图3-24所示,机械变速器主要由第一轴、第二轴、中间轴、齿轮、轴承、同步器、壳体、操纵机构等组成。

操纵机构由变速杆、换挡轴、拨块、拨叉轴、拨叉、安全装置等组成。手动操纵式变速器靠驾驶人操纵变速杆,经过一系列连接机构,通过拨叉左右移动变速器第二轴上的接合套或滑移齿轮,使之与选定的齿轮啮合或推出啮合,从而完成选挡、换挡或退到空挡的工作。

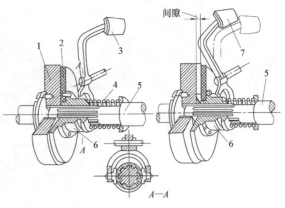

图 3-22 离合器工作原理图
1-飞轮;2-从动盘;3、7-踏板;4-压紧弹簧;5-从动轴;6-从动盘毂

(2)机械式变速器的工作原理。如图3-24所示,若将变速杆放在一挡位置,发动机的动力经离合器传至第一轴,第一轴1经过齿轮2和23将动力传递给中间轴15。由于挂一挡时换挡机构使滑动齿轮12向左轴方向移动,与齿轮18啮合,因此动力经齿轮18与12传递给第二轴,由第二轴输出。动力传递路线为:1→2→23→15→18→12→14。

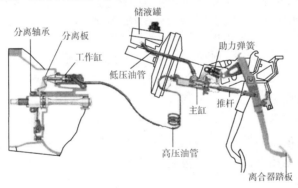

图 3-23 桑塔纳2000型轿车离合器液压操纵机构示意图

挂二挡时,动力传递路线为:1→2→23→15→20→11→14。

挂五挡时,动力传递路线为:即第一轴与第二轴同时一起转动,传动比不发生变化。

挂空挡时,中间轴上的齿轮不与第二轴上的齿轮相啮合,所以动力不能传给第二轴。

各挡的传动比为:$i = Z_从/Z_主$,式中$Z_从$为所有从动齿轮齿数的连乘积,$Z_主$为所有主动齿轮齿数的连乘积。

(3)变速器操纵机构的安全装置。操纵机构的安全装置包括自锁、互锁和倒挡锁装置等。

汽车在行驶过程中有较大的振动,常常会造成齿轮(或接合齿圈)不能以全齿宽啮合或变速器的变速杆从某一挡位中脱开。为了使变速杆固定在所换的挡位上,在操纵机构中设置了自锁装置。自锁装置由自锁弹簧和自锁钢球组成。

为了防止在换挡时变速器同时挂入两个挡位而产生运动干涉,在操纵机构中设置了互锁装置。互锁装置由互锁钢球和顶销组成。

为了防止误挂入倒挡,操纵机构中设置了倒挡锁装置,它由倒挡锁销、弹簧组成。驾驶人必须使用较大的力使变速杆的下端压缩弹簧,才能挂入倒挡。

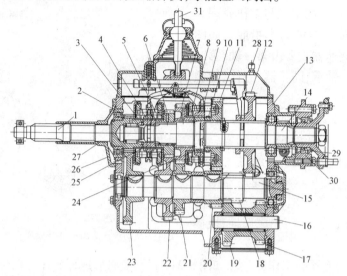

图 3-24 载货汽车的变速器结构图

1-第一轴;2-第一轴常啮合传动齿轮;3-第一轴齿轮接合齿圈;4、9-接合套;5-四挡齿轮接合齿圈;6-第二轴四挡齿轮;7-第二轴三挡齿轮;8-三挡齿轮接合齿圈;10-二挡齿轮接合齿圈;11-第二轴二挡齿轮;12-第二轴一、倒挡滑动齿轮;13-变速器壳体;14-第二轴;15-中间轴;16-倒挡轴;17、19-倒挡中间齿轮;18-中间轴一、倒挡齿轮;20-中间轴二挡齿轮;21-中间轴三挡齿轮;22-中间轴四挡齿轮;23-中间轴常啮合传动齿轮;24、25-花键毂;26-第一轴轴承盖;27-轴承盖回油螺纹;28-通气塞;29-车速里程表传动齿轮;30-中央制动器底座;31-变速杆

(4)同步器。为了换挡迅速、顺利、无冲击,在变速器中设有同步器。

同步器的作用就是使接合套与被接合的齿轮迅速"同步",即迅速达到转速相同,进而迅速地实现无冲击地啮合,以及阻止两者在达到同步之前即接合的结构。

同步器都是利用摩擦原理实现同步的,可以分为常压式、惯性式、自动增力式等形式。现代汽车上应用广泛的是惯性式同步器,它可以从结构上保证接合套与待接合的花键齿圈在达到同步之前不可能接触,以免产生齿间冲击和噪声。根据摩擦锁止元件的不同,惯性式同步器分为锁销式和锁环式两种。

锁销式同步器的基本结构如图 3-25 所示。其工作原理为:换挡时,拨动变速杆,接合套 5 受到拨叉的轴向推力作用向左移动,通过定位销 4 带动摩擦锥环 3 向左移动,使之与对应的摩擦锥盘 2 的锥面相接触。此时在摩擦锥环 3 上产生两个力矩,一是锥面上的摩擦力矩(即惯性力矩),一是锁止面上的拨环力矩。在惯性力矩的作用下接合套与接合齿圈迅速"同步",同步后接合套在拨环力矩的作用下,迅速地左移与齿圈进入啮合状态,实现挂挡。

3)自动变速器的组成与工作原理

自动变速器即自动操纵式变速器。它可根据发动机负荷和车速等工况的变化自动变换传动系统的传动比,以使汽车获得良好的动力性和燃油经济性,并且有效地减少发动机排放污染,以及显著提高车辆的操纵轻便性、行驶安全性和乘坐舒适性。

(1)自动变速器的分类。自动变速器按传动比分为有级式、无级式,有级式是指在机械式变速器的基础上实现自动控制的变速器,无级式包括电力传动式、液力传动式以及金属带式无级自动变速器。

自动变速器按控制方式分为液控式、电控式。液控式自动变速器将节气门开度和车速等参数转变成液压信号,在换挡点控制换挡阀进行换挡。电控式自动变速器将节气门开度和车速等参数转变成电信号,输入电控单元(ECU),电控单元按照设定的换挡规律控制换挡。

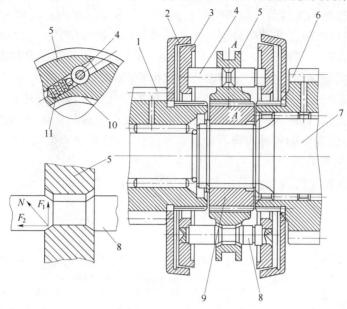

图 3-25 锁销式同步器结构图

1-第一轴齿轮;2-摩擦锥盘;3-摩擦锥环;4-定位销;5-接合套;6-第二轴四挡齿轮;7-第二轴;8-锁销;9-花键毂;10-钢球;11-弹簧

(2)液力-机械式自动变速器的组成及主要功用。汽车上常用的自动变速器是液力-机械式自动变速器。它主要由液力传动系统、机械式齿轮变速系统、液控式操纵系统组成。

液力传动系统利用液体动能来传递动力,在一定范围内无级地改变传动比,并具有离合作用。现代轿车常采用液力变矩器,它由主动件泵轮、从动件涡轮和导轮机构组成。

机械式齿轮变速系统用来进一步增大转矩,并有级地改变传动比,实现挡位变换,多采用行星齿轮变速器,行星齿轮机构由太阳轮、齿圈、行星架和行星轮组成。

液控式操纵系统用来根据发动机负荷和车辆速度的变化,控制变速器自动地换入不同挡位工作。它由动力源、执行装置、控制装置和换挡品质控制装置以及滤清冷却系统等构成。动力源液压泵提供压力油。执行装置包括换挡离合器、制动器及单向离合器等换挡执行元件。控制装置和换挡品质控制装置是由主油路系统、换挡信号系统、换挡阀系统和控制阀系统组成。

液力-机械式自动变速器结构如图 3-26 所示。

(3)液力-机械式自动变速器的工作原理。液力变矩器工作时,发动机动力直接输入泵轮,储存于环形内腔中的液体除了随泵轮绕着变矩器轴圆周运动,还在泵轮与涡轮叶片间循环流动,将转矩从泵轮传给涡轮。

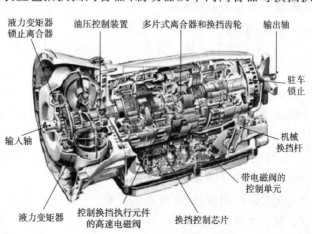

图 3-26 液力机械式自动变速器的结构

导轮机构的反作用力使变矩器能随着涡轮的转速不同而改变输出转矩的大小,可在一定范围内自动地、无级地改变转矩比和传动比。

液力变矩器输出轴连接着行星齿轮变速机构。在单排行星齿轮机构的太阳轮、齿圈和行星架这三个元件中,可任选两个分别作为主动件和从动件而使另一元件固定不动,则整个轮系即以一定的传动比传递动力。变换不同的元件作为主、从动件或固定件,可获得不同的传动比。为了获得较多的挡数,可采用多排行星齿轮机构。

液控式操纵系统是一个液压控制系统,将发动机节气门开度和车速在换挡信号系统中转换为液压油压力信号,进入换挡阀系统控制各阀门工作位置的切换,从而使来自液压泵的液压油,推动执行装置中的各种离合器和制动器,使变速器自动地换入各个挡位。

4) 万向传动装置的组成及分类

(1) 万向传动装置的组成。万向传动装置由万向节和传动轴两部分组成,如图3-27所示。

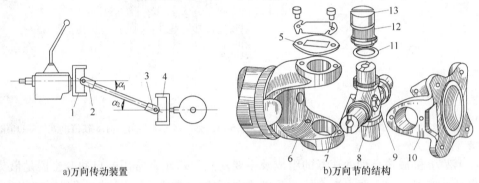

a) 万向传动装置　　b) 万向节的结构

图 3-27　万向传动装置示意及结构图

1、4-万向节;2、3-传动轴;5-轴承盖;6、10-万向节叉;7-油嘴;8-十字轴;9-安全阀;11-油封;12-滚针;13-套筒

(2) 万向节的分类。万向节按其在扭转方向上是否有明显的弹性可分为刚性万向节和挠性万向节。

刚性万向节是靠零件的铰链式连接传递动力的,可分为不等速万向节(十字轴式)、准等速万向节(双联式、三销轴式)和等速万向节(球笼式、球叉式等)。挠性万向节的结构特点是其传力组件采用夹布橡胶盘、橡胶块、橡胶环等弹性组件,一般用于夹角较小(3°~5°)的两轴间和有微量轴向位移的传动场合。

5) 驱动桥的组成及工作原理

(1) 驱动桥的组成。驱动桥由主减速器、差速器、半轴和驱动桥壳等部分组成,结构示意图如图3-28所示。图3-29为某载货汽车的驱动桥结构图。

(2) 驱动桥的工作过程。驱动桥的工作过程如图3-28所示,动力由万向传动装置传至主减速器的小齿轮,小齿轮和大齿轮啮合,并通过差速器将动力传给半轴,半轴与轮毂用螺栓连接,动力即传至车轮。

(3) 主减速器的组成及机构形式。主减速器的结构形式有:单级、双级、双速、轮边减速四种。其结构简图如图3-30、图3-31、图3-32所示。主减速器的传动比:(以单级为例)传动比 i_0 = 大齿轮的齿数/小齿轮的齿数,一般 $i_0 = 3 \sim 7$。当要求较大的传动比时,单级不能保证足够的离地间隙,需要由两对齿轮传递的双级主减速器。

(4) 差速器的结构及工作原理。常见的普通圆锥行星齿轮式差速器的结构如图3-33所示。差速器壳 5 用螺栓或铆钉与主减速器从动齿轮相连接,与另一半差速器壳 1 用螺栓连接。十字行星齿轮轴 8 的四个轴颈上装有四个行星齿轮 4,其两侧各与一半轴齿轮 3 相啮合。

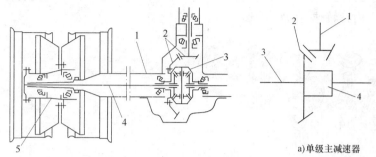
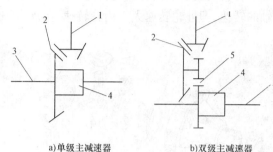

图 3-28 非断开式驱动桥示意图
1-驱动桥壳;2-主减速器;3-差速器;4-半轴;
5-轮毂

图 3-29 单级和双级主减速器结构简图
1-主动小齿轮;2-大齿轮;3-半轴;4-d 差速器;5-圆柱齿轮副

图 3-30 载货汽车驱动桥结构图

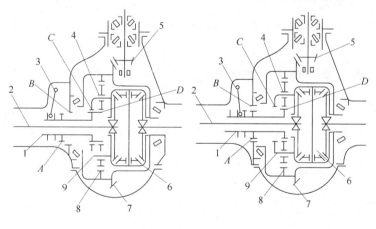
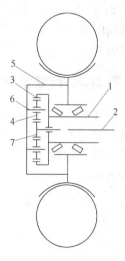

a)高速挡单级传动   b)低速挡双级传动

图 3-31 双速主减速器结构简图
1-接合套;2-半轴;3-拨叉;4-行星齿轮;5-主动锥齿轮;6-差速器;7-从动锥齿轮;
8-齿圈;9-行星架

图 3-32 轮边减速器结构简图
1-半轴套管;2-半轴;3-齿圈;4-行星齿轮;5-行星架;6-行星齿轮轴;
7-中心齿轮

差速器的工作原理如图 3-34 所示。

当汽车直线行驶时,行星齿轮不自转,整个差速器与大齿轮以及半轴一起转动,此时左右车轮的转速相等。

当汽车转向时，左右车轮的阻力发生变化，行星齿轮绕其自身的轴线转动。这样，左右半轴的转速为大齿轮的转速与行星齿轮转速的合成。外侧车轮半轴的转速将大于内侧车轮半轴的转速，即外轮转速大于内轮转速，实现"差速"。

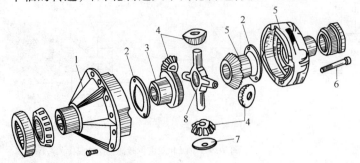 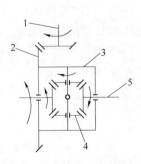

图 3-33　差速器零件分解图
1、5-差速器壳；2-半轴齿轮推力垫片；3-半轴齿轮；4-行星齿轮；6-螺栓；7-行星齿轮球面垫片；8-行星齿轮轴（十字轴）

图 3-34　差速器工作原理图
1-小齿轮；2-大齿轮；3-差速器；4-行星齿轮；5-半轴

普通圆锥行星齿轮式差速器的结构特点，决定了其只能在驱动轮间平均分配驱动转矩。当汽车一侧车轮行驶在附着系数较低的路面上时，即使另一侧车轮与路面间的附着力较大，但由于转矩平均分配的特性，路面也只能对该侧半轴作用很小的反作用转矩，而无法实现按需分配，这在很大程度上影响了汽车的通过性。

为解决这一问题，常采用限滑差速器。常用的限滑差速器有摩擦片式限滑差速器、利用液体黏性摩擦特性的黏性限滑差速器，以及驾驶人可以主动控制的主动控制式限滑差速器。它们的工作原理具有共同点：在一侧驱动轮滑转时，限滑差速器可将差速器左右两部分连接而不起差速作用，从而使大部分转矩甚至全部转矩传给不滑转的驱动轮，以充分利用这一侧驱动轮的附着力而产生足够的驱动力，使汽车能继续行驶，提高了汽车行驶安全性、稳定性和动力性。

3.2.2　行驶系统的组成及主要总成的基本功用

1. 行驶系统的组成及功用

行驶系统一般由车架、悬架、车桥、车轮四部分组成，如图 3-35 所示。车轮 4、5 分别支撑着车桥 3 和 6，车桥又通过弹性悬架 2、7 与车架 1 相连。车架是整个汽车的基体，它将汽车的各相关总成连接成一个整体，构成汽车的装配基础。

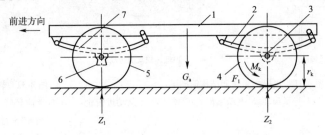

图 3-35　行驶系统的组成及部分受力情况
1-车架；2-后悬架；3-驱动桥；4、5-车轮；6-从动桥；7-前悬架

行驶系统的主要功用是：

(1) 接受由发动机通过传动系统传来的转矩(动力),并通过驱动轮与地面之间产生的附着作用,产生驱动力,以保证整车正常行驶。

(2) 承载整车质量,并传递车身(或车架)与路面之间的各种反力及其所形成的力矩。

(3) 起减振、缓和路面冲击力的作用。

(4) 与转向系统配合工作,使汽车有正确的行驶方向。

2. 行驶系统主要总成的结构及工作原理

1) 车架的形式与结构

车架一般由纵梁和横梁组成。其形式主要有边梁式、中梁式(或称脊梁式)和综合式三种车架,边梁式车架的结构如图3-36所示,中梁式车架的结构如图3-37所示。

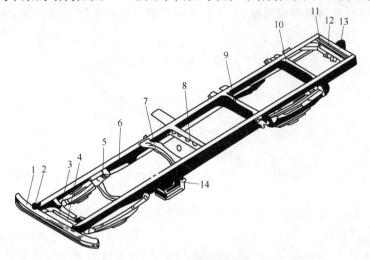

图3-36 边梁式车架结构图

1-保险杠;2-挂钩;3-前横梁;4-发动机的悬置横梁;5-发动机后悬置右(左)支架和横梁;6-纵梁;7-驾驶室后悬置横梁;8-第四横梁;9-后钢板弹簧前支架横梁;10-后钢板弹簧后支架横梁;11-角撑横梁组件;12-后横梁;13-拖钩部件;14-蓄电池托架

2) 悬架的种类、结构及主要功用

(1) 悬架的组成及主要功用。悬架是将车轴(或车轮)、车架(或车身)弹性连接起来的一种装置。悬架一般由弹性元件、减振器、导向机构等三部分组成,有些汽车为了提高抗侧倾能力,还设置有横向稳定器。悬架的结构示意图如图3-38所示。

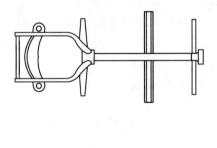

图3-37 中梁式车架结构图

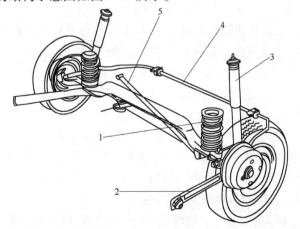

图3-38 悬架结构示意图

1-弹性元件;2-纵向推力杆;3-减振器;4-横向稳定器;5-横向推力杆

悬架各部分的作用：

①弹性元件：起缓和路面冲击力的作用。

②导向机构：起传递车身与路面之间作用力的作用，并使车轮有正确的运动规律。

③减振器：起减振作用。

④横向稳定器：起增加汽车的横向角刚度，提高汽车抗侧倾能力的作用。

（2）悬架的分类及主要结构形式。悬架可以分为非独立悬架和独立悬架两大类。非独立悬架的结构特点是两侧的车轮由一根整体式车桥连接。当一侧车轮因路面不平而发生跳动时，必然引起另一侧车轮在汽车横向平面内摆动。而独立悬架的结构特点是车桥作成断开的，两侧车轮可以单独地通过弹性悬架与车架（或车身）连接，单独跳动，互不影响。

非独立悬架包括钢板弹簧悬架、少片变截面钢板弹簧悬架等，如图3-39所示。

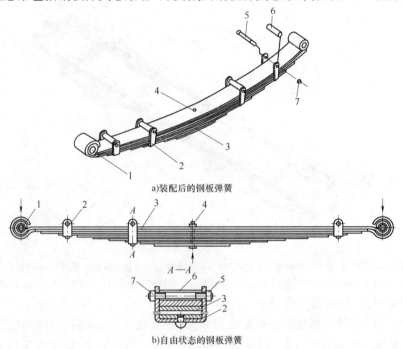

图3-39 钢板弹簧结构图

1-卷耳；2-弹簧夹；3-钢板弹簧；4-中心螺栓；5-螺栓；6-套管；7-螺母

独立悬架的种类很多，包括车轮在汽车横向平面内摆动的横臂式独立悬架、车轮在汽车纵向平面内摆动的纵臂式独立悬架、车轮沿主销移动的烛式悬架和麦弗逊式悬架等，如图3-40所示。根据弹簧元件分类还有扭杆悬架、油气悬架和空气悬架等，如图3-41所示。

（3）悬架的弹性元件。悬架的弹性元件主要有钢板弹簧、螺旋弹簧、扭杆弹簧、气体弹簧和橡胶弹簧。

（4）减振器如图3-42所示。其减振原理是：当车轮受到路面冲击力的作用时，减振器被压缩、活塞3左移（即下行），油腔的油压升高，油液通过流通阀8流入右腔（即上腔）。筒式部分油液推开压缩阀6流回储油缸。由于这些阀对油液的节流作用以及油液的黏结造成运动阻力，即减振器的阻尼力，起减振的作用。

（5）电控悬架。传统悬架的刚度和阻尼是按经验和优化设计的方法确定的，这些参数在汽车的行驶过程中，是无法进行调节的，使汽车的平顺性和乘坐舒适性受到一定程度的影响。而现代汽车采用的电控悬架的刚度和阻尼特性是根据汽车的行驶条件进行动态自适应调节,使悬架始终处于最佳减振状态。电控悬架包括主动悬架和半主动悬架两大类。

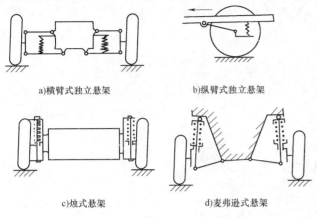

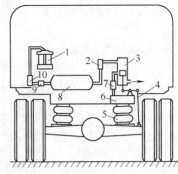

图3-41 空气弹簧非独立悬架示意图
1-压气机;2、7-空气滤清器;3-车身高度控制阀;4-控制杆;5-空气弹簧;6-储气罐;8-储气筒;9-压力调节器;10-油水分离器

图3-40 几种基本类型的独立悬架示意图

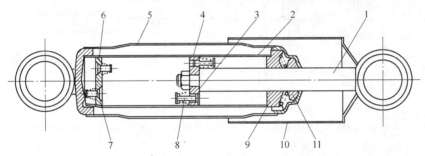

图3-42 双向作用筒式减振器结构图
1-活塞杆;2-工作缸筒;3-活塞;4-伸张阀;5-储油缸筒;6-压缩阀;7-补偿阀;8-流通阀;9-导向座;10-防尘罩;11-油封

主动悬架根据汽车的运动状态和路面状况,适时地调节悬架的刚度和阻尼。它是在传统悬架系统中附加一个可控制作用力的装置而成。该装置由执行机构、测量系统、反馈控制系统和能源系统四部分组成。半主动悬架不考虑改变悬架的刚度,只考虑改变悬架的阻尼力,因此半主动悬架是由无动力源且可控的只有阻尼元件组成的悬架,工作时几乎不消耗车辆动力,还能获得与主动悬架相近似的性能,故有较好的应用前景。可以较大幅度地提高汽车的行驶平顺性和操纵稳定性。

3) 转向桥与车轮

(1) 转向桥。转向桥的结构很复杂,一般主要由前轴、转向节两大部分组成,如图3-43所示。

转向桥的作用除了承受汽车的质量以外,还通过与转向梯形结构的连接利用转向节使左右车轮转动,实现汽车的转向。

转向桥在保证汽车转向功能的同时,应使转向轮有自动回正作用,以保证汽车稳定的直线行驶功能。这是由转向轮的定位参数来保证实现的:

①主销内倾角 β(图3-44)。其主要作用是当车轮偏转时,汽车的重力使其产生稳定回正力矩,提高汽车行驶稳定性。

②主销后倾角 γ(图3-45)。其主要作用是当汽车受到侧向力的作用车轮产生偏转时,由于地面反作用力的作用而形成回正力矩,使车轮回正并保持正确的运动。

③车轮外倾角 α（图3-44）。其主要作用是产生外倾推力，提高车轮与路面的附着性能。

④车轮前束 δ（图3-46）。其主要作用是"中和"因车轮外倾所引起的车轮"向外跑"的作用，使汽车保持直线行驶。两轮前边缘距离 B 小于后边缘距离 A，A 与 B 之差称为车轮前束值 δ。

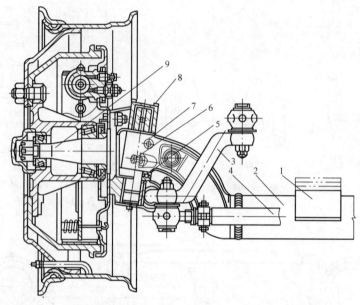

图3-43 北京BJ1040型汽车转向桥结构图
1-钢板弹簧座；2-前轴；3-转向节臂；4-转向横拉杆；5-推力轴承；6-车轮转角限位螺钉；7-拳形部分；8-主销；9-转向节

图3-44 主销内倾角和车轮外倾角　　　　图3-45 主销后倾角

（2）车轮与轮胎。车轮是介于轮胎与车轴之间承受负荷的旋转组件，它由轮毂、轮辋、轮辐三部分组成，辐条式车轮结构如图3-47所示。

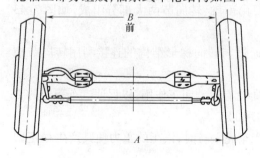

图3-46 车轮前束

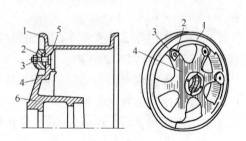

图3-47 辐条式车轮结构图
1-轴辋；2-衬块；-3-螺栓；4-辐条；5-配合锥面；6-轮毂

轮胎是安装在轮辋上的充有气体的橡胶组件。根据胎体中帘线的排列方向，轮胎可分为普通斜交轮胎、带束斜交胎和子午线轮胎。由于子午轮胎接地面积大，附着性能、散热性能、缓冲性能以及负荷能力均优于斜交齿轮，因此在轿车上已普遍采用。

轮胎的外表花纹有普通花纹、混合花纹和越野花纹，如图3-48所示。

汽车上常用的轮胎是低压胎。空气压力一般在0.15～0.45MPa之间。低压胎规格标记方法常用$B-d$表示。其中B表示轮胎断面宽度，d表示轮辋直径，单位均为in（英寸）。

　a）普通花纹　　b）普通花纹　　c）混合花纹　　d）越野花纹　　e）越野花纹

图3-48　轮胎花纹

3.2.3　转向系统的结构及工作原理

转向系统的主要功用是保持汽车直线行驶或按照驾驶人给定的行驶方向转向，实现稳定的曲线行驶。按转向能源的不同，转向系统可分为机械转向系统和动力转向系统两大类。

1. 机械转向系统

1）机械转向系统的组成及工作原理

机械转向系统以驾驶人的体力作为转向能源，其中所有传力件都是机械的。机械转向系统由转向操纵机构、转向器、转向传动机构三部分组成。

转向操纵机构包括转向盘1、转向轴2、转向万向节3和转向传动轴4等。除转向器之外，其余均属于转向传动机构。

图3-49所示转向系统是与非独立悬架配合使用的，其工作过程为：转向时，驾驶人转动转向盘1，通过转向轴2、转向万向节3、转向传动轴4、转向器5，使转向摇臂6转动，转向摇臂带动转向直拉杆7进而带动转向节臂8转动，即转向节连同左前轮转向。左前轮绕主销转动时通过梯形机构使右转向节13转动，即右前轮转向，实现汽车的转向行驶。

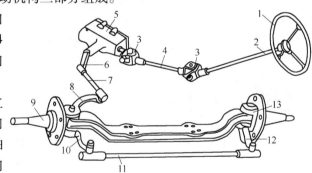

图3-49　机械转向系统示意图

1-转向盘；2-转向轴；3-转向万向节；4-转向传动轴；5-转向器；6-转向摇臂；7-转向直拉杆；8-转向节臂；9-左转向节；10、12-梯形臂；11-转向横拉杆；13-右转向节

2）转向器的形式、结构及工作原理

转向器的形式主要有循环球式、齿轮齿条式、蜗杆曲柄指销式三种，结构如图3-50所示。

工作过程（以循环球式转向器为例）：转向盘转动时，通过万向传动装置使转向螺杆23转动，转向螺杆23使套在其上并与之啮合的转向螺母3转动；转向螺母3旋转时将沿转向螺杆23轴向移动并带动与之相啮合的齿扇转动；齿扇转动时则齿扇轴14转动即摇臂轴

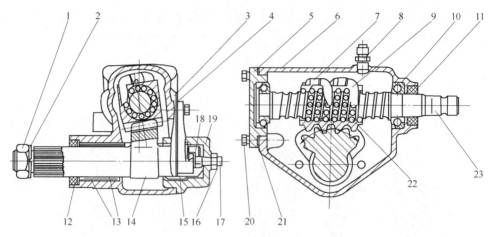

图 3-50 循环球式转向器结构图

1-螺母;2-弹簧垫圈;3-转向螺母;4-转向器壳体垫片;5-转向器壳体底盖;6-转向器壳体;7-导管卡子;8-加油螺塞;9-钢球导管;10-球轴承;11、12-油封;13-滚针轴承;14-齿扇轴(摇臂轴);15-滚针轴承;16-锁紧螺母;17-调整螺钉;18-调整垫片;19-侧盖;20-螺栓;21-调整垫片;22-钢球;23-转向螺杆

转动。

3)转向传动机构的功用

转向传动机构的功用是将转向器输出的力和运动传到转向桥两侧的转向节,使转向轮偏转,并使两转向轮偏转角按一定关系变化。

在汽车转向行驶时,为了避免产生路面对汽车行驶的附加阻力以及轮胎过快磨损,要求转向系统能保证汽车所有车轮均作纯滚动。显然,这只有在所有车轮的轴线都相交于一点时方能实现。此交点称为转向中心,如图 3-51 所示。由转向中心到外转向轮与地面接触点的距离称为汽车转向半径 R。转向半径越小,则汽车转向所需的场地就越小。

由图 3-51 可见,对于两轴汽车,内转向轮偏转角 β 应大于外转向轮偏转角 α。内、外转向轮转角的理想关系式应为:

$$\cot\alpha = \cot\beta + B/L$$

式中:α、β——外轮与内轮的转角;

B——两侧主销轴线与地面交点之间的距离,称前轮的轮距;

L——汽车轴距。

这是由转向传动机构中的转向梯形机构来保证的。

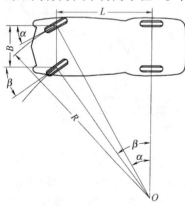

图 3-51 内、外轮转角关系图

转向传动机构的组成和布置,因转向器位置和转向轮悬架类型不同而异,如图 3-52 所示。其中,转向梯形机构是连接左、右车轮同时转向的装置。转向梯形的几何参数的精心设计使得在一定的车轮偏转角范围内,两侧车轮转角的关系大体上接近于理想关系,从而保证了汽车转向时车轮与地面的相对滑动尽可能小。

2. 动力转向系统

轿车以及转向桥的载荷超过 3t 的各类汽车,为了克服汽车转向阻力或减轻驾驶人的劳动强度,汽车常采用动力转向。动力转向系统是兼用驾驶人体力和发动机动力为转向能源的转向系统。汽车转向所需能量,只有一小部分由驾驶人提供,而大部分是由发动机通过转向加力装置提供的。因此,动力转向系统是在机械转向系统的基础上加设一套转向加力装置而形成的。

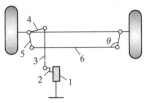 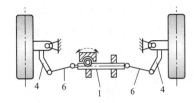

a) 与非独立悬架配用的转向传动机构　　b) 与独立悬架配用的转向传动机构

图 3-52　转向传动机构示意图
1-转向器;2-转向摇臂;3-转向直拉杆;4-转向节臂;5-梯形臂;6-转向横拉杆

动力转向装置按加力装置分为液压式和气压式两种。按控制形式分为机械式和电控式。

1)机械液压式动力转向系统

机械液压式动力转向系统如图 3-53 所示。该系统主要由机械转向器、转向控制阀、转向动力缸、转向油泵、油管、油箱等组成。

工作过程:汽车转向时,驾驶人操纵转向盘转动,通过转向器使分配阀中的转向控制阀 6 做轴向移动;转向控制阀 6 的轴向移动使由转向油泵 2 输出的高压油通过分配阀及连接油管将油液输入到转向动力缸 8 的左腔(或右腔)中,在油压的作用下,转向动力缸的活塞向右(或向左)移动,从而推动车轮向右(或向左)转向,实现汽车的转向运动。

当动力系统失效时,由于转向盘、机械转向器及分配阀是一整体,转向盘转动时转向摇臂带动车轮转向。

由以上工作过程可知:分配阀起控制液流方向的作用,动力缸起推动转向摇臂转动的作用,由发动机带动的油泵是转向系统的动力源之一。

2)电控液压式助力转向系统

电控液压助力转向系统在此基础上加装了电子控制系统,转向油泵也由电动机来驱动。电控系统由车速传感器、电磁阀、转向 ECU 组成,可根据转向角度和车速调节转向辅助力的大小,兼顾了车辆低速时的转向轻便性和高速时的转向稳定性,并节约了发动机的动力。

3)电动助力转向系统

电动助力转向系统是一种直接依靠电动机提供辅助转矩的动力转向系统,与传统的液压助力转向系统相比,它具有结构简单、紧凑,节约发动机动力,转矩易于调整等诸多优点。

电动助力转向系统主要包括以下组件:转矩传感器,用于检测转向轮的运动情况和车辆的运动情况;电控单元 ECU,根据转矩传感器提供的信号计算辅助力的大小;电动机,根据电控单元输出值生成转动力;减速齿轮,用于提高电动机产生的转动力,并将其传送至转向机构。其结构如图 3-54 所示。

4)四轮转向系统

四轮转向是指除了传统的以前轮为转向轮,后两轮也是转向轮。大多应用在了大型车辆上,也有一些 SUV 以及跑车具有四轮转向的功能。

四轮转向主要有两种方式:当后轮转向与前轮转向方向相同时称为同向位转向;当后轮转向与前轮转向方向相反时称为逆向位转向。系统有四个主要部件——前轮定位传感器、可转向的整体准双曲面后轴、电动机驱动的执行器以及一个控制单元。

在低速转向时，车辆因前后轮的反向转向能够缩小转弯半径，改善了大型车辆的操纵轻便性及泊车敏捷性。当在高速行驶中转向时，四轮转向系统通过后轮与前轮的同相转向，有效降低车辆侧滑事故的发生概率，明显改善车辆高速行驶的稳定性及安全性，进而缓解驾驶人在各种路况下（尤其是在风雨天）高速驾车的疲劳程度。

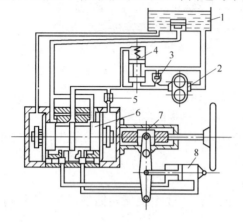

图 3-53　机械液压式动力转向系统示意图
1-转向油罐；2-转向油泵；3-安全阀；4-流量控制阀；5-止回阀；6-转向控制阀；7-机械转向器；8-转向动力缸

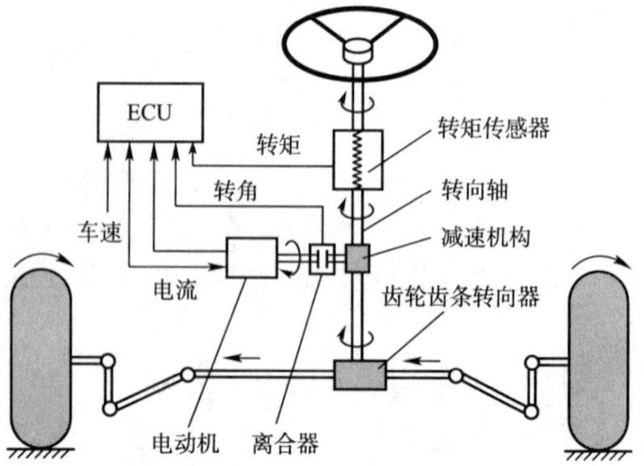

图 3-54　电动助力转向系统示意图

3.2.4　制动系统的类型、组成及主要功用

1. 制动系统的主要功用及组成

1）制动系统的主要功用

制动系统是制约汽车运动、保证汽车行驶安全性的主要系统。

制动系统的主要功用：一是根据需要使行驶汽车迅速减速，直至停车；二是限制汽车的速度保持稳定；三是使汽车在任何路面上驻停时能保持原地不动。

2）制动系统的分类及组成

制动系统可分为：行车制动、驻车制动、辅助制动和应急制动。

行车制动是汽车行驶过程中使用的、用制动踏板来控制制动强度的制动系统。它包括制动驱动机构和行车制动器两部分。

驻车制动是汽车停下后使之在原地保持不动的系统，当行车制动失效时，也可作行车制动之用。它也由驱动机构和制动器两部分组成。

行车制动及驻车制动的组成如图 3-55 所示。

任何汽车都必须有行车制动和驻车制动。重型汽车、挂车、大客车等车辆一般还设有辅助制动和应急制动。

辅助制动，如排气制动装置、电涡流限速装置等，是当汽车下长坡时限制汽车速度过高的一种装置。

应急制动，如弹簧"断气"制动等，是当行车制动失效时能自行制动的一种装置。

行车制动是根据制动的动力源来分，可分为人力制动、动力制动和伺服制动。以驾驶人的脚或手的力量作动力源的称作人力制动；以发动机的动力作动力源的称作动力制动；以发动机的动力和人的力量共同作用的制动系统称作伺服制动。

制动系统根据制动能量的传递方式或传递介质可分为机械式、气压式、液压式和电磁式。

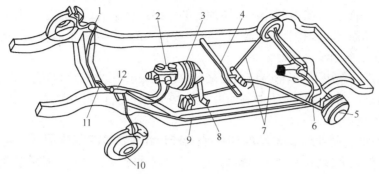

图 3-55 制动系统的组成

1-制动软管;2-制动主缸;3-真空加力器;4-驻车制动杠杆;5-后轮鼓式制动器;6-制动软管;7-驻车制动钢丝绳及其套管;8-制动踏板;9-驻车制动踏板;10-前轮盘式制动器;11-制动油管;12-制动力调节阀

2. 制动系统各总成的结构及工作原理

1) 制动器结构及工作原理

(1) 制动器的分类及基本结构。汽车上使用的制动器一般均是利用固定元件与旋转元件工作表面的摩擦而产生制动力矩的摩擦式制动器,它可分为鼓式制动器和盘式制动器两大类,结构如图3-56、图3-57 所示。

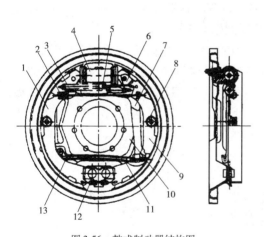

图 3-56 鼓式制动器结构图

1-前制动蹄总成;2-制动蹄复位弹簧;3-自调复位弹簧;4-制动轮缸总成;5-自调顶杆总成;6-自调拨板;7-驻车制动拉杆;8-制动蹄限位组件;9-后制动蹄总成;10-制动底板;11-驻车制动拉索复位弹簧;12-拉紧弹簧;13-驻车制动拉索

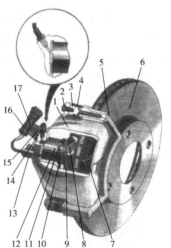

图 3-57 盘式制动器结构图

1-制动钳体;2-紧固螺栓;3-制动钳导向销;4-折叠防护套;5-制动钳支架;6-制动盘;7-固定制动块;8-消声片;9-防尘罩;10-活动制动块;11-橡胶密封圈;12-活塞;13-电线导向夹;14-放气螺钉;15-放气螺钉帽;16-摩擦块磨损报警开关;17-电线夹

鼓式制动器的主要部件有:制动鼓、制动蹄、制动轮缸、拉紧弹簧、支撑装置和间隙自动调整等。按制动蹄的工作形式可分为领从蹄式、双领蹄式、自动增力式等。

盘式制动器按摩擦副中固定元件的结构,可分为钳盘式和全盘式两大类。钳盘式制动器主要由制动盘和制动钳两大部分组成,根据制动钳是否固定又分为定钳式和浮钳式。

(2)制动器的工作原理。

鼓式制动器的工作原理如下:当汽车制动时,由制动踏板、制动驱动机构传递来的力使制动蹄端产生一推力 F,在 F 的作用下蹄片上的摩擦片与制动鼓相接触产生摩擦力矩,该摩擦力矩阻止制动鼓转动,由于制动鼓与车轮连接在一起,所以车轮的转动受摩擦力矩的约束,该力矩称制动器制动力矩。

在制动力矩的作用下,车轮与地面的接触处产生一作用力与反作用力。地面的反作用力阻止汽车前进。制动器所产生的制动力矩越大,地面的反作用力就越大,制动减速度就越大,制动距离就越短。

当解除制动时,制动蹄端推力 F 消失,制动蹄片在复位弹簧的作用下回到初始位置,制动蹄片与制动鼓脱离接触,不产生摩擦力。为了使制动蹄与制动鼓之间保持合适的间隙,制动器中设有间隙自动调节装置。

浮钳盘式制动器主要由制动盘、制动钳等零部件组成,如图 3-57 所示。它的工作原理是:制动盘 6 固定在轮毂上,随车轮转动。制动钳体 1 用紧固螺栓 2 与导向销 3 连接,导向销插入制动钳支架 5 的孔中作间隙配合,于是制动钳体可沿导向销轴线作轴向滑动。制动盘 6 内侧悬装有活动制动块 10,外侧的制动块 7 固定在制动钳体 1 的内端面上。制动钳只在制动盘内侧有油缸。制动时,制动盘内侧的活动制动块在液压作用下由活塞 12 推动靠紧制动盘 6,同时制动钳体上的反力促使制动钳体滑动,固定制动块 7 也推靠在制动盘 6 上,产生制动。

2)制动驱动机构及汽车的制动过程

(1)简单液压驱动机构的基本组成及汽车的制动过程。该驱动机构如图 3-58 所示,包括制动踏板 6、制动主缸 7、制动管路及制动器中的制动轮缸 3 等。

汽车制动时,驾驶人踩下制动踏板 6,通过推杆 10 推动制动主缸中的活塞 9 运动;活塞将油液通过油管 8、11 将压力油输入到前、后制动器的制动轮缸中,造成制动轮缸活塞的运动;轮缸活塞将压在其上的制动蹄片推开,即产生蹄端推力 F,即制动器产生制动力矩,从而实现制动(详见制动器的工作原理)。

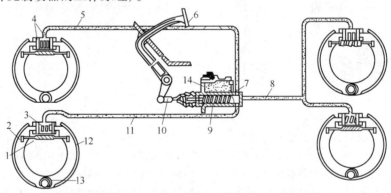

图 3-58 单回路液压驱动装置简图

1-复位弹簧;2-制动器;3-制动轮缸;4-轮缸活塞;5-油管;6-制动踏板;7-制动主缸;8-油管;9-主缸活塞;10-主缸推杆;11-油管;12-摩擦片;13-支撑销;14-储液室

(2)气压式制动驱动机构的基本组成及汽车的制动过程。气压式制动驱动机构一般为动力制动或伺服制动,它包括制动踏板和制动主缸(或称制动阀),空气压缩机,储气筒,制动连接管路,前、后制动气室等。

气压式制动原理为:空气压缩机由发动机带动,它将空气压向储气筒,使储气筒内气压保持 0.45~0.6MPa。汽车制动时,驾驶人踩下制动踏板,使制动主缸的气路打开。此时,储气筒的压缩空气通过连接管输入到制动气室(即制动器的制动轮缸),使制动器产生制动蹄端推力 F,在制动蹄端推力 F 的作用下,制动器产生制动力矩,从而实现制动。

3) 制动力调节装置

为了提高汽车的制动性能和操纵性能,特别是制动时的方向稳定性,制动系统中常设置有制动力调节装置,来防止前轮或后轮先抱死滑转,避免汽车丧失转向能力和发生甩尾现象。

制动力调节装置主要有:限压阀、比例阀、感载阀、惯性阀、防抱死制动系统(ABS)和驱动防滑系统(ASR)。

轿车上普遍装有 ABS。ABS 能防止汽车在制动时出现车轮被"抱死"的现象,从而提高制动强度,缩短制动距离,特别是使制动稳定性大大提高,行车安全性也大大提高。有的轿车上还装有电子制动力分配系统(EBD)与 ABS 配合使用,根据四只轮胎附着的不同地面情况进行感应、计算,得出不同的摩擦力数值,使 ABS 能以更准确的方式和力制动。ABS 的工组原理相见第 11 章汽车电子电气。

驱动防滑系统(ASR)能防止汽车在起步、加速或行驶在易滑路面上时驱动轮出现打滑,它是在 ABS 基础上的扩充,常与 ABS 共用传感器、控制器和制动压力调节器。

4) 制动系统的伺服机构

当人力不够时,必须有另一点动力源来驱动制动器,以增大制动器所产生的制动力矩,这一加力装置称作伺服装置。

伺服装置有真空增压器、气压增压器、真空助力器、气压助力器等。

轿车上常用的伺服装置为真空助力器。真空助力器及制动主缸总成的控制机构直接与制动踏板相连,其作用是利用发动机进气歧管或真空泵的真空为动力,使驾驶人用较轻的踏板力,获得较高的制动液压来帮助制动,从而减轻驾驶人的工作强度。

3.3 车身结构与车身造型

3.3.1 汽车车身结构

1. 汽车车身概述

汽车车身是指由前围总成、后围总成、顶棚总成、地板总成等组成的驾驶人的工作场所,以及容纳乘客和货物的场所。货车车身则指的是驾驶室与货箱。车身应对驾驶人提供便利的工作环境,对乘员提供舒适的乘坐条件,保护他(她)免受汽车行驶时的振动、噪声、废气的侵袭以及外界恶劣气候的影响,并且应保证完好无损地运载货物,且装卸方便。图 3-59 所示为客车车身,图 3-60 所示为轿车车身。

汽车车身除了在整车总布置受制于汽车上的其他总成外。很多方面均与其他总成大不相同。汽车车身是运载乘客或货物的活动建筑物,相当于一个临时住所或流动仓库,但又受到质量和空间的限制,从而带来许多新问题。其涉及面已远远超出了一般机械产品的范畴,涉及工业设计、环境学、生物工程学、空气动力学、材料学等。

汽车车身造型由早期对车身的附加美化工作,逐步发展为探讨车身整体艺术形象、研和利用各种日新月异的材料的装饰性能及其生产方式的学科,同时还需考虑车身造型对整车结构、性能和工艺的影响。

图 3-59　客车车身

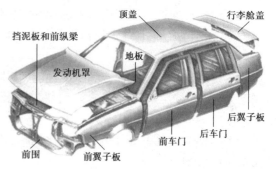

图 3-60　轿车车身(桑塔纳轿车车身总成)

2. 汽车车身结构组成

汽车车身结构主要包括车身壳体、车门车窗、车前板制件、车身内外装饰件、车身附件、座椅以及通风、暖气、冷气、空气调节装置等。在货车和专用汽车上还包括货箱和其他设备。

1) 车身壳体

车身壳体是一切车身部件和零件的安装基础,通常是指纵、横梁和立柱等主要承力元件以及与它们相连接的板件共同组成的刚性空间构架。轿车车身和货车驾驶室大多数没有明显的骨架。车身壳体由地板焊接总成、左、右侧围焊接总成、前围焊接总成、顶盖总成、后围焊接总成等组成。

(1) 地板总成:地板是车身的基础,车身骨架直接或间接地与之连接。其强度和刚度对整体的强度和刚度有一定影响。地板的结构形式分为有骨架式和分块式两种。

(2) 左、右侧围总成:左、右侧围焊接总成由前立柱、中立柱、后立柱、顶盖侧梁、腰梁、地板侧梁等组成。焊合后形成车身左、右框架。因此对其强度和刚度均有较高的要求。

(3) 前围总成:大客车前围总成通常由前围板、前风窗立柱、窗框下横梁、仪表板支架、转向器支架等焊接组成。

(4) 后围总成:大客车后围总成一般由后立柱、后窗上下横梁、后行李舱(或发动机舱)门框等组成。

(5) 顶盖:顶盖是车身顶部的盖板。为了减少高速行驶时的空气阻力,顶盖的造型应力求与前窗形状平顺连续;为阻止阳光辐射热的传导和行驶因出现颤振而产生的噪声,在顶盖内支应敷设防振绝热材料;为了安全,特别是为了防止翻车事故情况下出现严重伤亡,要求顶盖有一定强度与刚度。

(6) 行李舱及盖:行李舱是乘客放置随身携带小件行李的场所。前置发动机的车身,行李舱布置于车后部,而后发置发动机车身则布置在车侧部。

2) 车前板制件

车前板制件包括发动机罩、翼子板、挡泥板、前保险杠和散热器框架等,形成容纳发动机和前轮等部件的空间。

发动机罩由内外板组合而成。外板为空间面板,其外表形状与整体造型协调一致,体现汽车的外型特征。内板为薄钢板。

翼子板是汽车前后部的大型覆盖件,其表面形状与车身侧面造型协调一致,是车身外侧表面的一部分。

散热器面罩是汽车"脸部"的一部分。除了保护散热器不受冲击,满足散热器通风散热要求外,其造型应与整车造型协调匹配,起到重要的装饰作用。

保险杠可保护车身车体不首先与障碍物接触,同时也起装饰作用。保险杠上有时需要开进气口,以弥补散热器面罩进气口面积的不足。还应有汽车牌照的安装位置。保险杠支架应用长孔固定,并留有车身装配误差所需保险杠的前、后、左、右的调节余地。

3)车身内部饰件

车身内部饰件包括仪表板、顶篷、侧壁、座椅等的表面覆饰以及窗帘和地毯。在轿车上,广泛采用天然或合成纤维的纺织品、人造革或多层复合材料、泡沫塑料等表面覆饰材料;在客车上则大量采用纤维板、纸板、工程塑料板、铝板、花纹橡胶板以及复合装饰板等覆饰材料。

就总体状况而言,轿车内饰件现阶段多采用质地柔软、手感良好和色泽淡雅的材料制作。在各种内饰材料中,塑料的用量依然较大。内饰"软化"是当今的主要潮流。

(1)仪表板:位于驾驶人前,用来安装全部仪表、开关锁钮及其他电气设备。仪表板的布置设计要以人体工程学为基础。由于仪表板上要安装很多装置,必须布置紧凑,使之既可有效操作,又不妨碍视野与使用空间。现代汽车的仪表板多采用钢骨架的软化塑料敷面整体式结构。仪表板除有仪表照明灯光外,不应有发光和反光的表面,以免干扰驾驶人的前方视野。仪表板结构还须考虑质量轻、无坚硬的凸起,以减少行车时的噪声。设有空调的汽车,风道和出口应布置在仪表板内。

(2)副仪表板:是为了避免仪表板上仪表过分拥挤,仪表板中部向下延伸而成为仪表板的补充空间。在副仪表板上可以安装部分开关、收录机、烟灰缸、杂物箱等。

(3)座椅:座椅一般由骨架、坐垫、靠背和调节装置组成,并辅以安全带、靠枕、扶手等部件。用于支撑乘员的质量,缓和和衰减由车身传来的冲击和振动,给驾驶人提供良好的工作条件,并为乘客创造舒适和安全的乘坐条件。

4)车身外饰件

车身外饰件主要是指装饰条、车轮装饰罩、标志、浮雕文字等。散热器面罩、保险杠、灯具以及后视镜等附件亦具有明显的装饰性。

5)车身附件

车身附件有:门锁、门铰链、玻璃升降器、各种密封件、风窗刮水器、风窗洗涤器、遮阳板、后视镜、扶手、点烟器、烟灰盒等。在现代汽车上常常装有无线电收音机和杆式天线,有的汽车还装有无线电话机、电视机、CD、小型食品加热器和小型电冰箱等附属设备。

6)车门

车门是车身上的重要部件之一。按其开启方式的不同可分为:顺开式、逆开式、水平移动式、展翼式和折叠式等几种。采用顺开式门,即使在汽车行驶时仍可借气流压力关上,比较安全,而且便于驾驶人在倒车时向后观察,故被广泛采用。除轿车和客车有前、后门外,旅行车还有背门,可用于乘客、货物的出入,大客车还应有应急的安全门,以便在发生事故后,乘客迅速撤离现场和进行救援工作;大客车还设有行李舱门和驾驶人专用门。

3.3.2 汽车美学造型

汽车造型设计是根据汽车整体设计的多方面要求来塑造最理想的车身形状,它不是对产品进行简单装饰,而是以艺术手法巧妙地表现产品的功能、材料、工艺和结构特点,并形成集合审美规律的形体。造型设计的目的是使用者由审美鉴赏上升为对产品内容有更为深刻的理解,并由此产生使用和占有这种产品的欲望。现代汽车造型设计是一门科学与艺术相结合的专业,它涉及很多门类的科学领域,如人机工程学、空气动力学、各种材料的工艺学、汽车结构、汽车工艺学、经济成本、商业心理学等。另外,设计师需要有高雅的艺术品位和丰富的艺术知识。汽车造型中美的概念和时代感不是抽象或固定的,它随着时间、人的审美格调和经济水平等的变化而不断变化。车身造型的美学表现方法主要体现在以下几个方面。

1. 整体感

汽车造型与其他艺术品一样,应具有整体感。各个部分有机地联系在一起,构成一个统一的整体。整体包括局部,局部又表现整体,两者相辅相成,不可脱节。但要分清主次、重点和陪衬,以获得既多样又统一的效果。汽车车身由车身壳体、车门、车窗、车前板制件等总成组成,如何将它们从原来无机地堆积组合发展为有机结合在一起的整体,乃是汽车车身造型的根本。在汽车车身造型中,由于汽车各部分功能和形状的差异,只有经过许多重复、对比、呼应等形式,才可以把它们组织起来形成一个内容丰富而又统一的有机整体,表现一定的主题。

2. 比例

为了获得汽车造型的整体感,首先应使汽车在三维空间具有均衡的比例。这种均衡不是从单纯的物体质量或体积产生的,而是从视觉感受上的分量分布取得的。均衡不是主次不分、一律平等对待,相反,在造型设计中,应尽量避免这种情况。正确的尺度感和美感往往是以各部分的比例关系表现出来的,在具体的设计中还必须考虑比例与实用尺度之间的协调均衡。

3. 车身表面的光学艺术效果

车身表面由光滑的曲面组成,不论汽车在日光中或灯光下行驶或停放,都会反射出光的效果。现代汽车的车身表面具有不同的曲率,从而使它具有不同的聚焦能力,并存在高光点或线。车身造型时应考虑这些曲面的高光点或线的位置和形状。例如:近代轿车腰以下都有一条"光亮线",无论车身表面朝向什么环境,"光亮线"始终是车身表面亮度较大的地方。若对车身侧面各区段的曲率精心设计,则可使车身表面形成明暗不同的区段或出现"最亮"和"次亮"的几条光亮线,使车身的明暗层次分明,获得较好的艺术效果。装饰条的设计也需要特别考虑其表面的反光效果,否则,由于反光造成装饰条不易被看见,失去了装饰条的意义。总之,在汽车外形设计中,正确考虑车身表面的光学规律,就能使汽车获得良好的光学艺术效果。

4. 车身的色彩设计

汽车色彩是汽车设计中重要的一环。任何汽车厂设计新车,都要先出汽车造型效果图,内容包括车的形状、色彩及材料质感等,作为开发人员表述构思和选型的参考。

色彩与人的工作和生活有着密切的联系,人对不同色彩存在不同的联想。例如,红色可以使人联想起欢乐、喜庆、热烈、警觉和兴奋;蓝色使人联想起开阔、宁静;黑色使人联想起严肃、庄重。在成品车中,色彩是消费者购车的重要依据,甚至会影响到车价的差异,同样品牌型号的汽车可能会因车身颜色不同而有不同的价格,因此汽车制造厂商十分重视市场对色彩的反应。色彩是人们视觉的反映,既然是人体器官的反映,就会有一种群体心理趋向性,也就是人们常说的"流行色"。汽车流行色与服装流行色一样,具有时间性、区域性和层次性。

3.3.3 汽车空气动力学造型

1. 汽车空气动力学概述

空气动力学是力学的一个分支。它主要研究物体在同气体作相对运动情况下的受力特性、气体流动规律和伴随发生的物理和化学变化。它是在流体力学的基础上,随着航空工业和喷气推进技术的发展而成长起来的一门学科。随车辆运行速度的提高,空气阻力等车辆空气动力学问题日益受到重视。因此,为实现高速运输的安全、舒适,降低能耗并满足环境保护的要求,世界各国逐渐开展了对车辆空气动力学问题的研究,并在此基础上形成了一个独立的学科——汽车空气动力学。空气动力学造型的目的主要包括:①减小汽车空气阻力,提高汽车动力性,改善汽车燃油经济性;②研究汽车阻力的特性,提高汽车的操纵稳定性;③降低汽车气动噪声。汽车空气动力学问题可以分以下几类:空气阻力,侧向风的空气动力学特性,会车时作用在汽车上的气动压力,车体表面湍流边界层的压力变动。

汽车空气动力学的发展趋势可以归纳成下列几个方面:

(1)气动造型与美学造型完美结合。

(2)强调车身整体曲面光顺平滑。

(3)以低阻形体开发的整体气动造型与低车身高度。

(4)空气动力学附加装置与整体造型协调融合。

(5)车身表面无附件化。

(6)充分利用后出风口格栅及发动机排放改善后尾流状况。

(7)楔形造型基础上的具有最佳弯曲线的贝壳型。

2. 汽车造型与空气动力学演绎与发展

空气动力学上的每一项进展,都直观地反映在汽车造型的变化上。在汽车100多年的历史中,汽车造型的种种变化,都可以找到其空气动力学的依据。纵览汽车车身造型的演变历史,汽车车身造型大致可分为六个阶段。

1) 箱型轿车

早期的马车型轿车一般都是敞篷的,很难抵御风雨的侵袭,这样就出现了所谓"箱型轿车"。第一辆箱型轿车是1915年美国福特汽车公司设计生产的T型车,其发动机前置,前风窗玻璃、车顶、车门、地板等形成了一完整而封闭的车身,提高了安全性与舒适性。但这种车型从空气动力学的观点来看则不理想,其迎风面积过大,车身四周涡流较多,气动阻力较大。

2) 甲壳虫型轿车

随着车速的提高以及各类轿车竞赛,减少气动阻力是20世纪30年代轿车车身造型的主要任务。德国工程师波尔舍博士设计了一种突破传统箱型车身造型的甲壳虫型轿车,第一辆甲壳虫型轿车是1934年由美国克莱斯勒公司推出的气流牌车。

3) 船型轿车

第二次世界大战后,轿车工业得以迅猛发展。福特公司于1949年又推出船型轿车代表作——福特V8。它具有良好的操纵稳定性和乘坐舒适性,是首次应用人机工程学的车型。船型造型是典型的"三厢式"造型,其外形庄重、线条简洁明快,车身高度降低但宽度增加。室内空间宽敞,乘坐舒适,后视野性好。但船型轿车依然存在着横风稳定性问题。

4) 鱼型轿车

从气动观点来看,船型车尾部呈阶梯状,高速行驶时会产生较强的空气涡流,为了克服这一缺陷,人们把船型车后背不断倾斜,成为背部类似鱼的脊背的鱼型轿车。美国别克汽车公司1952年生产的别克牌轿车开创了鱼型轿车的时代。

表面上鱼型车似乎是甲壳虫型车的复活,其实不然。鱼型车和甲壳虫型都属流线形车,但鱼型车是应用了更多的空气动力学研究成果,其整体和局部气动造型均优于甲壳虫型车。就背部形状而言,甲壳虫型车可称为"滑背车",船型车可称为"阶梯背车",鱼型车可称为"斜背车"。鱼型车气动阻力小,基本解决了横风稳定性问题,但随着实用车速的提高,气动升力问题已成为主要矛盾。

5)楔型轿车

车身造型发展到鱼型车阶段,气动阻力已不再是主要问题,车身设计师遇到更为棘手的难题——升力问题。为了从根本解决升力问题,通过大量的风洞实验以及气动分析研究,人们终于找到了一种更为理想的楔型车型。

楔型车的外形前部呈尖型,车身后部像刀切一样平直,形似楔子。最早普通楔型车是1963年意大利蒂培克·阿本提轿车,楔型车由于不仅解决了稳定性问题,同时也解决了升力问题,成为高速轿车的基本造型。

6)贝壳型轿车

贝壳型轿车是目前各国汽车造型师们正在探索和设计的一种新型轿车车型,这种车型的主要特点是气动性能最优,在车身纵、横向轮廓形状及截面积沿纵向按照一定合理的规律圆滑渐变,整个车身十分的光顺,造型更加新颖。贝壳车型的研究始于1976年,由意大利科学院资助。这种车身造型无疑将对未来轿车车身的外形产生深远的影响。

复习思考题

1. 阐述汽车发动机的工作原理、主要组成部分、发动机的主要性能指标。
2. 曲柄连杆机构的功用如何?由哪些主要零件组成?
3. 什么是配气相位和配气正时?进、排气门为什么要早开晚关?简述可变配气正时机构的原理和优点。
4. 电控燃油喷射系统包括哪些组成部分?工作原理如何?喷油器的实际喷油量是如何确定的?
5. 点火系统的基本功用和基本要求有哪些?什么是点火提前角?影响最佳点火提前角的因素有哪些?简述微机点火系统的优点。
6. 发动机润滑系统的功用是什么?润滑方式有哪些?
7. 发动机冷却系统的功用是什么?冷却方式有哪些?节温器的功用是什么?为什么要设置节温器?
8. 发动机起动系统包括哪些主要部件?它们分别所起的作用是什么?简述起动系统的工作原理?
9. 叙述现代汽车发动机发展的趋势。
10. 简述传动系统的组成,各部分的基本功用。
11. 汽车传动系统中为什么要装离合器?离合器操纵机构有哪几种?
12. 比较机械式变速器和自动变速器的工作过程,说说它们各自的优缺点。

13. 驱动桥由哪几部分组成？它们分别有哪几种类型？为什么要采用限滑差速器？
14. 汽车行驶系统包括哪些组成部件？它们的功用分别是什么？
15. 简述悬架的主要类型、结构、功用、发展趋势。
16. 转向轮的定位参数有哪些？它们分别有什么作用？
17. 机械转向系统的结构及工作原理如何？转向传动机构应满足什么要求？为什么？
18. 简述动力转向系统的类型和工作原理。
19. 简述汽车制动系统的功用、分类和组成。汽车制动器分为哪两种？简述它们的工作过程并比较它们的优缺点。
20. 制动力调节系统的作用是什么？通常在哪些情况下发挥作用？
21. 车身由哪几部分组成？
22. 简述汽车空气动力学的发展趋势。

第4章 汽车性能及分析

现代汽车的主要性能包括动力性、燃油经济性、操纵稳定性、制动性、通过性、安全性、可靠性和耐久性。动力性和燃油经济性主要与发动机、传动系统、发动机和传动系统的匹配、整车的轻量化程度、车身造型有关。操纵稳定性与汽车的轮胎、悬架系统、转向系统、操纵机构以及整车的有关参数有关。舒适性与汽车的振动特性、悬架结构及参数匹配、汽车室内布置结构有关。制动性则主要取决于汽车的制动系统。通过性则与整车总布置及总成的选型有关。安全性主要取决于制动系统以及车身结构。可靠性和耐久性与汽车总成和零部件有关。

4.1 汽车动力性

汽车的动力性是指汽车在良好路面上直线行驶时由于汽车受到纵向外力决定的、所能达到的平均行驶速度。

4.1.1 汽车动力性评价指标

汽车动力性主要可由三方面的指标来评定:汽车的最高车速、汽车的加速时间、汽车的最大爬坡度。

1. 汽车的最高车速

汽车的最高车速是指汽车在水平的良好路面上行驶时所能达到的最高行驶速度。载货汽车的最高车速一般在 110~130km/h 之间;轿车的最高车速一般在 180~220km/h 之间,甚至更高。发动机转速与汽车行驶速度之间的关系为:

$$u_a = 0.377 \frac{rn}{i_g i_0}$$

式中:u_a——汽车行驶速度,km/h;

r——车轮半径,m;

i_g、i_0——分别为变速器和主减速器的传动比。

2. 汽车的加速时间

汽车的加速时间常用原地起步加速时间与超车加速时间来表明汽车的加速能力。原地起步加速时间指汽车由一挡或二挡起步,并以最大的加速强度逐步换至最高挡后到某一预定的距离或车速所需的时间;超车加速时间指用最高挡或次高挡由某一较低车速全力加速至某一高速所需时间。

3. 汽车的最大爬坡度

汽车的最大爬坡度是指汽车在满载状态下，以最低挡在良好的路面上行驶时所能爬过的最大坡度，它常用百分数表示，坡度 i 的表达式为：

$$i = \frac{h}{s} = \tan\alpha$$

例如在图 4-1 中，表示了坡度 i 与坡道角 α 之间的换算关系。

4.1.2 汽车动力性分析

确定汽车的动力性，就是确定汽车沿行驶方向的运动状况。为此，需要掌握沿汽车行驶方向作用于汽车的各种外力，即驱动力与行驶阻力。根据这些力的平衡关系建立汽车行驶方程式，就可以估算汽车的最高车速、加速度和最大爬坡度。

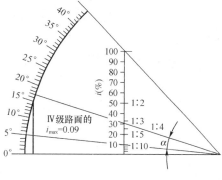

图 4-1 坡度与道路坡道角的换算图

汽车的行驶方程式为：

$$F_t = \sum F$$

式中：F_t——驱动力；

$\sum F$——行驶阻力之和。

驱动力是由发动机的转矩经传动系统传至驱动轮上得到的。行驶阻力有滚动阻力、空气阻力、加速阻力和坡度阻力。以下分别研究驱动力和这些行驶阻力。

1. 汽车驱动力

汽车发动机产生的转矩，经传动系统传至驱动轮。此时作用于驱动轮上的转矩 T_t 产生一对地面的圆周力 F_0。地面对驱动轮的反作用力 F_t 即是驱动汽车的外力，此外力称为汽车的驱动力。其数值为：

$$F_t = T_t/r$$

式中：T_t——作用于驱动轮上的转矩；

r——车轮半径。

作用于驱动轮上的转矩是由发动机产生的转矩经传动系统传至车轮上的。若令 T_{tq} 表示发动机转速，i_g 表示变速器的传动比，i_0 表示主减速器的传动比，η_T 表示传动系统的机械效率，则有：

$$T_t = T_{tq} \cdot i_g \cdot i_0 \cdot \eta_T$$

2. 汽车的行驶阻力

汽车在水平道路上等速行驶时，必须克服来自地面的滚动阻力和来自空气的空气阻力。滚动阻力以符号 F_f 表示，空气阻力以符号 F_w 表示。当汽车在坡道上上坡行驶时，还必须克服重力沿坡道的分力，称为坡道阻力，以符号 F_i 表示。汽车加速行驶时还需克服加速阻力，以符号 F_j 表示。因此，汽车行驶的总阻力为：

$$\sum F = F_f + F_w + F_i + F_j$$

汽车行驶时各阻力表达方式如下：

$$F_f = G \cdot \cos\alpha \cdot f$$

式中：G——汽车的总质量（重力）；

f——滚动阻力系数。

一般情况下坡道较小,$\cos\alpha = 1$,上式可简写为 $F_f = G \cdot f$。

$$F_w = C_D \cdot A \cdot \rho \cdot v^2/2$$

式中:C_D——空气阻力系数;

A——迎风面积;

ρ——空气密度;

v——汽车的车速。

$$F_i = G \cdot \sin\alpha$$

或

$$F_i = G \cdot i$$

式中:i——道路坡度,$i = \tan\alpha$。

$$F_j = \delta \cdot m \frac{dv}{dt}$$

式中:δ——汽车旋转质量换算系数;

m——汽车的总质量;

dv/dt——汽车的行驶加速度。

3. 汽车的动力性分析

根据以上逐项分析的汽车行驶阻力,可以得到汽车行驶方程式为:

$$F_t = F_f + F_w + F_i + F_j$$

或

$$\frac{T_{tq} \cdot i_g \cdot i_0 \cdot \eta_T}{r} = G \cdot f \cdot \cos\alpha + \frac{C_D \cdot A}{21.15} \cdot v^2 + G \cdot i \cdot \sin\alpha + \delta \cdot m \cdot \frac{dv}{dt}$$

考虑到实际上正常道路坡度角不大,$\cos\alpha = 1$,$\sin\alpha = \tan\alpha$,故常将上式写为:

$$\frac{T_{tq} \cdot i_g \cdot i_0 \cdot \eta_T}{r} = G \cdot f + \frac{C_D \cdot A}{21.15} \cdot v^2 + G \cdot i + \delta \cdot m \cdot \frac{dv}{dt}$$

这个等式表示无风天气、正常道路上行驶汽车的驱动力与行驶阻力的数量关系,在进行动力性分析时十分有用。由该式可知,汽车的动力性与发动机发出的动力 T_{tq} 有关;与传动系统的参数 i_g 和 i_0 有关;与汽车的总质量有关;与汽车的外形有关;与轮胎与路面的状况有关;与道路的坡度有关;与发动机和传动系统参数的合理匹配有关。

将汽车行驶方程式两边除以汽车重力并整理如下:

$$F_t = F_f + F_w + F_i + F_j$$

$$\frac{F_t - F_w}{G} = f + i + \frac{\delta}{g}\frac{du}{dt}$$

令 $\dfrac{F_t - F_w}{G}$ 为汽车的动力因数并以符号 D 表示,则:

$$D = f + i + \frac{\delta}{g}\frac{du}{dt}$$

由式可知,D 越大,汽车的动力性就越好,因此,D 被称作汽车的动力因素。对于给定的汽车而言,只要求出 D 值,汽车的最高车速、最大爬坡度、加速时间等均可求出。即可评价汽车动力性的优越程度。为了直观和便于分析,常用驱动力—行驶阻力平衡图、动力特性图来表示,如图4-2、图4-3所示。

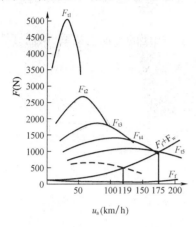 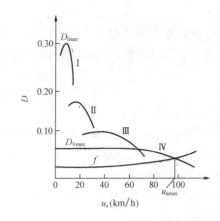

图4-2 汽车驱动力—行驶阻力平衡图　　图4-3 汽车动力特性图和利用动力特性图来确定汽车的动力性

4.1.3 提高汽车动力性的措施

随着科学技术的迅猛发展,越来越多的新技术、新产品在汽车上得到了应用,使得汽车的各种性能不断地得到提升,提高汽车动力性的途径也越来越广阔。

(1)汽车燃料供给系统改装。虽然目前电控燃油喷射系统技术已经发展得比较成熟,但如果对其进行合理的改装,仍然能够进一步增大发动机功率。比如进气管道进行合理优化与改进,加大进气流量。

(2)采用涡轮增压装置。可以明显提升发动机转矩及功率,使其增大20%～30%,最高可达50%。

(3)整车气动特性优化。合理改进车身造型,降低气动阻力。

(4)整车轻量化设计,合理减重。

(5)合理选择发动机和传动系统参数。

(6)改善汽车运行条件。

4.2　汽车燃油经济性

在保证动力性的条件下,汽车以尽量少的燃油消耗量经济行驶的能力,称作汽车的燃油经济性。由于节约燃料、保护环境已经成为全球关注的重大事件,因此汽车燃油经济性受到各国政府、汽车制造业与汽车使用者进一步的重视。

4.2.1 汽车燃油经济性评价指标

汽车的燃油经济性常用一定运行工况下汽车行驶百公里的燃油消耗量或一定燃油量能使汽车行驶的里程来衡量。

在我国及欧洲,燃油经济性指标单位为 L/100km,即行驶 100km 所消耗的燃油升数。其数值越大,汽车燃油经济性越差。美国以每升(或美制加仑)燃油所能行驶的千米数表示,这个数值越大,汽车燃油经济性越好。

等速行驶百公里燃油消耗量是常用的一种评价指标,指汽车在一定载荷(我国标准规定轿车为半载、货车为满载)下,以最高挡在水平良好路面上等速行驶100km的燃油消耗量。

根据等速行驶车速及阻力功率,在万有特性图上可确定相应的燃油消耗率,从而计算出以该车速等速行驶时单位时间内的燃油消耗量为(mL/s):

$$Q_t = \frac{P_e b}{367.1 \rho g}$$

式中:P_e——发动机功率;
$\quad\quad b$——燃油消耗率,g/(kW·h);
$\quad\quad \rho$——燃油的密度,kg/L;
$\quad\quad g$——重力加速度,m/s²。

汽油的 ρg 可取为 6.96~7.15N/L,柴油可取为 7.94~8.13N/L。整个等速行经 $s(m)$ 行程的燃油消耗量(mL)为:

$$Q = \frac{P_e b s}{102 \rho g v} \quad (\text{mL})$$

折算成等速百公里燃油消耗量(L/100km)为:

$$Q = \frac{P_e b}{1.02 \rho g v}$$

4.2.2 提高汽车燃油经济性措施

汽车的燃油经济性十分重要,既是消费者十分关注的问题,也是设计者、制造者十分重视的问题,人们都希望提高汽车的燃油经济性,降低燃油消耗量。

提高汽车的燃油经济性的主要措施:

(1)提高汽车发动机的燃油经济性。比如电子控制多点喷射、多气门等。发动机本身的燃油经济性好才有可能使汽车的燃油经济性提高。

(2)选用合适的发动机和动力传动系统。有了好的发动机而没有与之相匹配的动力传动系统,汽车的燃油经济性也不会提高。为此,在进行发动机与传动系统选型时,常采用"优化设计"的方法使发动机与传动系统合理匹配,达到最佳的燃油经济性。

(3)提高汽车整车的"轻量化"程度,是提高汽车燃油经济性的最直接、最有效的措施。

(4)提高动力传动系统的传动效率、减小轮胎与路面的滚动阻力、减小空气阻力等也是有效措施之一。

(5)采用节能装置等。

(6)行驶过程中,驾驶人的合理操纵也是降低油耗的有效办法。

4.3 汽车制动性

汽车行驶时能在短距离内停车且维持行驶方向稳定性和在下长坡时能维持一定车速的能力,称为汽车的制动性。汽车的制动性是汽车的主要性能之一,直接关系到汽车安全。

4.3.1 汽车制动性评价指标

汽车制动性能的评价指标有:制动效能、制动效能的恒定性和制动时汽车的方向稳定性。

(1) 制动效能:汽车制动距离与制动减速度。
(2) 制动效能的恒定性:抗热衰退性。
(3) 制动时的方向稳定性:制动时汽车不发生跑偏、侧滑以及失去转向能力的性能。

4.3.2 汽车制动分析

汽车受到与行驶方向相反的外力时,才能从一定的速度制动到较小的车速或直至停车。这个外力只能由地面和空气提供。但由于空气阻力随着车速的减小而减小,所以实际上外力主要是地面提供,称为地面制动力。地面制动力越大,制动减速度越大,制动距离也越短,所以地面制动力对汽车制动性具有决定性影响。

图 4-4 示出了在良好的硬路面上制动时车轮的受力情况。图中滚动阻力偶矩和减速时的惯性力、惯性力偶矩均忽略不计。T_μ 是车轮制动器中摩擦片与制动鼓或制动盘相对滑转时的摩擦力矩,单位为 N·m;F_{Xb} 是地面制动力,单位为 N;W 为车轮垂直载荷、T_P 为车轴对车轮的推力、F_Z 为地面对车轮的法向反作用力,它们的单位均为 N。

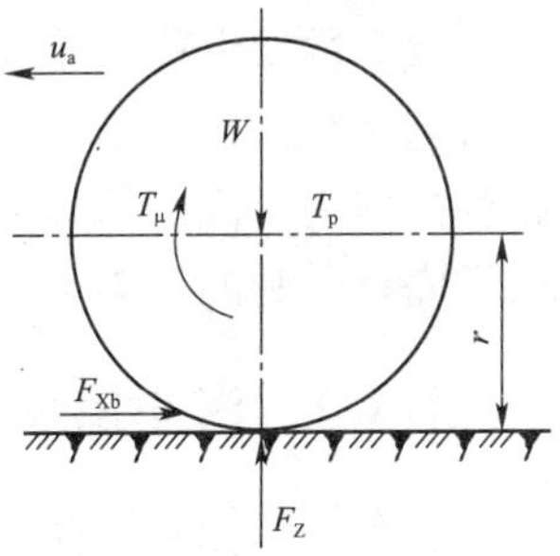

显然,从力矩平衡可知:

$$F_{Xb} = \frac{T_\mu}{r}$$

式中:r——车轮半径,m。

图 4-4 车轮在制动时的受力情况

地面制动力是使汽车制动而减速行驶的外力,但是地面制动力取决于两个摩擦副的摩擦力:一个是制动器内制动摩擦片与制动鼓或制动盘间的摩擦力,一个是轮胎与地面间的摩擦力即附着力。

在轮胎周缘为了克服制动器摩擦力矩所需的力称为制动器制动力,以符号 F_μ 表示。它相当于把汽车架离地面,并踩住制动踏板,在轮胎周缘沿切线方向推动车轮直至它能转动所需的力,显然:

$$F_\mu = \frac{T_\mu}{r}$$

由上式可知,制动器制动力仅由制动器结构参数决定,即取决于制动器的形式、结构尺寸、制动器摩擦副的摩擦因数以及车轮半径。

在制动时,若只考虑车轮的运动为滚动与抱死拖滑两种状况,当制动踏板力较小时,制动器摩擦力矩不大,地面与轮胎之间的摩擦力即地面制动力,足以克服制动器摩擦力矩而使车轮滚动,显然,车轮滚动时的地面制动力就等于制动器制动力,且随着制动踏板力的增长成正比增长。但地面制动力是滑动摩擦的约束反力,它的值不能超过附着力,即:

$$F_{Xb} \leq F_\varphi = F_Z \varphi$$

当制动器踏板力达到某一值时,地面制动力达到附着力时,车轮即抱死不转而出现拖滑现象。由此可见,汽车的地面制动力首先取决于制动器制动力,但同时又受地面附着条件的限制,所以只有汽车具有足够的制动器制动力,同时地面又能提供高的附着力时,才能获得足够的地面制动力。

4.3.3 提高汽车制动性能措施

(1) 加装防抱死制动系统(ABS)。

(2) 加装电子制动力分配装置(EBD)。

(3) 加装牵引力控制系统(TCS)。

(4) 定期更换制动液和制动摩擦片。制动液、制动摩擦片因材质老化或是机械磨损而出现制动力下降，属于正常现象，也是不可避免的，所以，想让车辆持续保持良好的制动表现，定期更换制动液和制动摩擦片是必需的。

(5) 加装制动真空助力器。制动真空助力器是一个外加的，通过加大制动真空储备量来提高制动助推力、改善制动效果的一个装置。

(6) 更换大尺寸制动盘和多活塞制动卡钳。

4.4 汽车操纵稳定性

汽车的操纵稳定性是指在驾驶人不感到过分紧张、疲劳的条件下，汽车能遵循驾驶人通过转向系统及转向车轮给定的方向行驶，且当遭遇外界干扰时，汽车能抵抗干扰而保持稳定行驶的能力。汽车的操纵稳定性不仅影响到汽车驾驶的操纵方便程度，而且也是决定高速汽车安全行驶的一个主要性能，所以人们称为"高速车辆的生命线"。

4.4.1 汽车操纵稳定性内容

汽车操作稳定性涉及的问题较为广泛，与前面讨论过的几个性能有所不同，它需要采用较多的物理量从多方面进行评价。操作稳定性包含的基本内容有转向盘角阶跃输入下进入的稳态响应、横摆角速度频率响应特性、转向盘中间位置操纵稳定性、回正性、转向半径、转向轻便性、直线行驶性能、典型行驶工况性能、极限行驶能力等。

横摆角速度频率响应特性是转向盘转角正弦输入下，频率由 0～∞ 时，汽车横摆角速度与转向盘转角的振幅比及相位差的变化规律。它是另一个重要的表征汽车操纵稳定性的基础特性。

转向盘中间位置操纵稳定性是转向盘小转角、低频正弦输入下汽车高速行驶时的操纵稳定性。

转向半径是评价汽车机动灵活性的物理参量。

转向轻便性是评价转动转向盘轻便程度的特性。

汽车的直线行驶性能是评价汽车操纵稳定性的另一个重要方面。其中，侧风敏感性与路面不平敏感性是汽车直线行驶时在外界侧向干扰输入下的时域响应。

典型行驶工况性能是指汽车通过某种模拟典型驾驶操纵的通道的性能。它们能更加如实地反映汽车的操纵稳定性。

极限行驶性能是指汽车在处于正常行驶与异常危险运动之间的运动状态下的特性。它表明了汽车安全行驶的极限性能。

4.4.2 影响汽车操纵稳定性的主要因素

影响汽车操纵稳定性的因素是多方面的，主要包括行驶系统、转向系统、制动系统、悬架系统、汽车空气动力学性能以及主动安全技术。

4.5 汽车平顺性

汽车的平顺性主要是保持汽车在行驶过程中产生的振动和冲击环境对乘员舒适性的影响在一定界限之内,因此平顺性主要根据乘员主观感觉的舒适性来评价。

4.5.1 汽车平顺性评价指标

国际标准化组织(ISO)制定了 ISO2631《人体承受全身振动评价指南》,用于评价汽车的平顺性。我国也制定了 GB/T 4970—1996《汽车平顺性随机输入试验方法》等有关标准。其评价指标主要有汽车车身固有频率、汽车振动的加速度等。

4.5.2 汽车平顺性评价方法

ISO 2631-1:1997(E)标准规定,当振动波形峰值系数 <9 时,用基本评价方法(加权加速度均方根值来评价振动对人体舒适和健康的影响)。根据测量,各种汽车包括越野汽车,在正常行驶工况下对这一方法均适用。

当峰值系数 >9 时,ISO 2631-1:1997(E)标准规定用加权加速度 4 次方根值评价。它能更好地估计偶尔遇到过大的脉冲引起的高峰值系数振动对人体的影响。

4.5.3 影响汽车平顺性的主要因素

汽车的平顺性主要取决于汽车的振动。因此,提高平顺性的主要措施就是改善汽车的振动特性。影响汽车行驶平顺性的主要因素是路面不平度、车身悬架系统的刚度、频率、阻尼特性和惯性参数(质量、转动惯量等)。这些参数是根据各种不同使用要求的车辆设计的。在使用时要保证不破坏这些参数。

4.6 汽车通过性

汽车的通过性(越野性)是指它能以足够高的平均车速通过各种坏路和无路地带(如松软地面、凹凸不平地面等)及各种障碍(如陡坡、侧坡、壕沟、台阶、灌木丛、水障等)的能力。通过性又分为支撑通过性和几何通过性。通过性取决于地面的物理性能和力学性能及汽车的结构参数和几何参数。

4.6.1 汽车支撑通过性评价指标

常用牵引系数、牵引效率及燃油利用指数三项指标来评价汽车的支撑通过性。

牵引系数:单位车种的挂钩牵引力,它表明汽车在松软地面上加速、爬坡及牵引其他车辆的能力。

牵引效率:驱动轮输出功率与输入功率之比。它反映了车轮功率传递过程中的能量损失,这部分损失是由于轮胎橡胶与帘布层间摩擦生热及轮胎下土壤的压实和流动而造成的。

燃油利用指数:单位燃油消耗所输出的功。

4.6.2 汽车通过性几何参数

由于汽车与地面间的间隙不足而被地面托住、无法通过的情况,称为间隙失效。当中间底部的零件碰到地面而被顶住时,称为顶起失效。当车辆前端或尾部触及地面而不能通过时,则分别称为触头失效和托尾失效。

与间隙失效有关的汽车整车几何尺寸,称为汽车通过性的几何参数。这些参数包括最小离地间隙、纵向通过角、接近角、离去角、最小转弯直径等。

4.7 汽车安全性

随着我国经济的不断发展,汽车作为现代交通工具越来越普及。车辆的急剧增加一方面给人们的生活和生产带来极大的方便,但同时也带来不少的负面影响,如环境污染、能源危机和交通安全问题等。国内外大量统计数据表明,汽车交通安全事故造成的人员伤亡和财产损失是巨大的,已成为一大社会公害。随着社会的不断进步和人们生活水平的迅速提高,交通安全问题受到越来越多的关注。

汽车安全性可分为主动安全性和被动安全性两大类,其中主动安全性是指汽车避免发生意外事故的能力;被动安全性是指汽车在发生意外事故时对乘员进行有效保护的能力。通俗的讲,主动安全性就是要使汽车在行驶时"有惊无险";而被动安全性则要做到汽车发生事故时"车毁人不亡"。由于汽车被动安全性总是与广义的汽车碰撞事故联系在一起,故又称为"汽车碰撞安全性"。

4.7.1 汽车主动安全

汽车安全设计要从整体上来考虑,不仅要在事故发生时尽量减少乘员受伤的概率,而且更重要的是要在轻松和舒适的驾驶条件下帮助驾驶人避免事故的发生。过去,汽车安全设计主要考虑被动安全系统,如设置安全带、安全气囊、保险杠等。现在汽车设计师们更多考虑的则是主动安全设计,使汽车能够主动采取措施,避免事故的发生。汽车主动安全与计算机技术和汽车电子技术密不可分,以下列举几种常见的汽车主动安全装置。

ABS(防抱死制动系统):它通过传感器侦测到的各车轮的转速,由计算机计算出当时的车轮滑移率,由此了解车轮是否已抱死,再命令执行机构调整制动压力,使车轮处于理想的制动状态(快抱死但未完全抱死)。

EBD(电子制动力分配系统):它必须配合 ABS 使用,在汽车制动的瞬间,分别对四个轮胎附着的不同地面进行感应、计算,得出摩擦力数值,根据各轮摩擦力数值的不同分配相应的制动力,避免因各轮制动力不同而导致的打滑、倾斜和侧翻等危险。

ESP(电子稳定程序):它实际上也是一种牵引力控制系统,与其他牵引力控制系统比较,ESP 不但控制驱动轮,而且控制从动轮。它通过主动干预危险信号来实现车辆平稳行驶。如后轮驱动汽车常出现的转向过多情况,此时后轮失控而甩尾,ESP 便会放慢外侧的前轮来稳定车辆;在转向过少时,为了校正循迹方向,ESP 则会放慢内后轮,从而校正行驶方向。

ACC(巡航系统):采用雷达传感器,实时监测车辆与前面车辆(物体)的距离,进而提醒驾驶人注意保持车距。

BSD(盲点检测系统)：采用24GHz雷达传感器检测车辆盲区内是否有行人或者其他车辆，进而报警。

LDWS(车道偏离预警系统)：该系统提供智能的车道偏离预警，在无意识(驾驶人未打转向灯)偏离原车道时，能在偏离车道0.5s之前发出警报，为驾驶人提供更多的反应时间，大大减少了因车道偏离引发的碰撞事故，此外，使用LDWS还能纠正驾驶人不打转向灯的习惯，该系统其主要功能是辅助过度疲劳或长时间单调驾驶引发的注意力不集中等情况。

4.7.2 汽车被动安全

汽车碰撞安全性问题自汽车诞生以来就存在，但在早期由于车速较低，车辆相对较少而未引起人们的重视。随着轿车大规模的生产和使用，也由于车速的不断提高，碰撞安全性问题变得越来越突出。汽车发生碰撞事故后，不仅给车辆本身造成损坏，更重要的是造成乘员受伤，甚至死亡。

汽车碰撞事故可分为单车事故和多车事故，其中单车事故又可细分为翻车事故和与障碍物碰撞事故。翻车事故一般是驶离路面或高速转弯造成的，其严重程度主要与事故车辆的车速和翻车路况有关，既可能是人车均无大恙的局面，也可能造成车毁人亡的严重后果。与障碍物碰撞事故主要可分为前碰、尾碰和侧碰，其中前碰和尾碰较常见，而侧碰较少发生。

由汽车碰撞事故造成伤亡的人员有两类，即车内乘员和车外行人。对行人而言，汽车碰撞事故对人体的损伤都是通过汽车对人体的直接碰撞作用造成的。但对车内乘员而言，碰撞造成的人体损伤机理较为复杂。大多数情况下车内司乘人员伤亡都是由于汽车碰撞导致司乘人员与车内部件的碰撞造成的。人们常将汽车的碰撞称为"一次碰撞"，而将人体与车内部件的碰撞称为"二次碰撞"，显然，"二次碰撞"是由于"一次碰撞"导致人体与汽车快速相对运动而造成的。

为了减轻"一次碰撞"和"二次碰撞"对乘员的伤害，可从两大方面着手考虑安全问题，一方面，改进汽车结构缓冲与吸能措施；另一方面，采用合理有效的乘员约束系统，比如安全带、安全气囊、安全气帘等。

4.8 汽车可靠性

汽车可靠性是指汽车产品在规定条件下、在规定的时间内，完成规定功能的能力。它包含四个因素：产品、条件、时间和功能。

汽车产品包括整车、部件和零件，它们都是可靠性研究的对象。

确定的条件是指汽车产品的工作条件，包括气候、道路等环境条件；载荷性质、种类、行驶速度等运行条件；维修方式、水平和制度等维修条件；还有存放、运输等条件。

规定的时间是根据用户要求或设计目标决定的。可靠性同一般质量指标的区别在于它是一种时间质量指标。一般质量指标在产品出厂时可以考核，而可靠性是要经过一定的工作时间后才能评定，规定的时间可以是时间单位(小时、天数、月数或年数)，也可以是行驶里程数、工作循环数等。在汽车工程中，保用期、第一次大修里程、报废周期都是重要的特征时间。

规定的功能是指汽车设计任务书、使用说明书、订货合同及国家标准规定的各种功能或性能要求。不能完成规定的功能就是不可靠，称为发生了故障或失效。

4.8.1 汽车可靠性理论分布

汽车可靠性理论中常用的几种理论分布包括0—1分布、超几何分布、二项分布、泊松分布、指数形式、正态分布、对数正态分布、威布尔分布。不同的分布形式的概率密度函数、可靠度函数、故障率函数均不相同。

4.8.2 汽车可靠性的数学表示

根据随机变量的特性可知,机器和零件的可靠度就是用来描述故障发生时刻这一随机变量的概率分布。可靠度在其与汽车行驶里程 L(或行驶时间 t)成函数时的表示,称为可靠度函数 $R(L)$ 或 $R(t)$。例如,若离合器片规定可靠度 $R(5\,万) = 90\%$,即指按离合器规定的使用方法使用时,100台中有90台离合器达到5万km。将可靠度函数绘制成曲线称为可靠度曲线。

故障率是汽车可靠性工程中一个重要函数,它是判断汽车、总成或零件故障规律的基本参数。汽车故障率 $\lambda(t)$ 的含义是:到 t 时间为止,尚未发生故障的条件下,在下一单位时间内发生故障的条件概率。或者说,一批汽车零件到 t 时刻仍能继续正常工作的数目为 $N_s(t)$,而在下一个单位时间 Δt 内出现的故障数为 $\Delta N_f(t)$,则这批汽车零件的平均故障率为

$$\bar{\lambda}(t) = \frac{\Delta N_f(t)}{N_s(t)\Delta t} = \frac{\Delta N_f(t)}{(N - N_f(t))\Delta t} = \frac{\bar{f}(t)}{R(t)}$$

取 $N \to \infty$,$t \to 0$,根据情况,得到瞬时故障率 $\lambda(t)$ 为

$$\lambda(t) = \lim_{N \to \infty} \bar{\lambda}(t) = f(t)\frac{1}{1 - F(t)} = \frac{f(t)}{R(t)}$$

4.9 汽车耐久性

汽车耐久性是指汽车在规定的使用和维修条件下,达到某种技术或经济指标极限时,完成功能的能力。它对汽车的技术完好系数、折旧费、大修费都有直接的影响。汽车的耐久性,取决于零件的耐磨性和抵抗疲劳、腐蚀的能力。

汽车耐久性的评价,通常采用汽车第一次大修前的行驶里程来表示。随着我国汽车工业强调自主开发,汽车的耐久性技术日益受到重视。汽车耐久性试验按照试验方式可以分为道路耐久性试验、台架道路模拟试验和虚拟耐久性试验。

4.9.1 道路耐久性试验

道路耐久性试验是整车耐久性试验最重要也是最常用的试验方式,按照试验道路的不同可以分为试车场道路耐久性试验和公共道路耐久性试验。试车场道路耐久性试验是试验样车在试车场内特定的试验道路上,按照特定的试验规范驾驶来重现汽车在整个设计生命周期内的疲劳损伤。试车场用于耐久性试验的主要道路有高速路、卵石路、鱼鳞坑路、搓板路、比利时路、摇摆路、破损路、方坑、标准坡道等,通过这些道路能够模拟客户使用中的最恶劣工况,进而达到考核产品耐久性能的目的。公共道路耐久性试验是车辆在公共道路上按照驾驶人自己的开车习惯正常驾驶,完成整个设计寿命里程。一般以山路、乡村公路、城市

道路、省道、高速路作为典型道路,根据产品在实际市场中的使用情况选择典型道路的里程分配比例,也会根据产品在各个区域的销售情况选择保有量较大的城市或者具有典型路况和气候特征的城市。驾驶人的选择尽可能做到驾驶习惯多样性和接近目标客户群。

考虑到汽车的使用环境,完整的汽车耐久性试验还应当包含冬季试验、夏季试验和腐蚀试验。

4.9.2 台架道路模拟试验

利用数采仪和测量轮采集汽车在各种道路上执行道路耐久试验时四个车轮的力和转矩数据,然后由专门的数据处理软件将这些数据转化为道路模拟机所需液压伺服系统的驱动程序,液压伺服系统作用在车轮上重现车辆在道路试验时受力和转矩情况。一般在采集车轮上力和转矩的同时,也采集车辆关键零部件上的应力或应变,以此作为参考的基准调试和检验液压伺服驱动程序,使道路模拟和实际道路试验的耐久损伤相当。

4.9.3 虚拟耐久性试验

运用现代 CAE 技术搭建一个整车结构的混合多体动力学理论模型,把一些典型工况和路面的路面特征作为输入载荷施加到虚拟试验模型上,结合各种材料的疲劳数据得到相应零部件理论疲劳损伤值,预测其疲劳寿命。虚拟耐久性试验是最近十几年随着 CAE 技术的发展才逐步应用到汽车开发中的一种虚拟现实技术,由于其不需要制造物理样车,试验周期短,可以在设计初期发现潜在问题,并能为设计优化提供指导,各大汽车制造企业都在致力于虚拟技术的研究和应用,虚拟技术的应用也是衡量汽车开发能力的重要指标。

汽车动力性、燃油经济性、操纵稳定性、平顺性、制动性、通过性、安全性、可靠性和耐久性的评价指标有哪些?

第5章 汽车设计、制造技术

现代汽车是集机、电、液于一体的高科技产品。现代汽车设计、制造技术涉及面广、专业性强、要求高。汽车设计、制造技术在产品开发中占有十分重要的地位。现代设计方法在汽车设计中的应用越来越广泛。

5.1 汽车设计简介

一部汽车的诞生,一般要经历企划、研发、生产制造和销售四大阶段,如图5-1所示。在产品整个研发过程中,设计决定了产品的先天质量。同时,产品在原材料、制造、使用、维修等各方面的花费,即广义成本的70%是由设计阶段决定的。因此,在汽车产品的整个研发过程中,设计是极其重要和关键的一个环节。

现代汽车是机、电、液一体化的高科技产品,其零部件涉及各种金属与非金属材料,其生产应用到各种加工技术及工艺,因此汽车设计要以机械设计理论为基础,并考虑汽车的结构特点、使用条件的复杂多变以及大批量生产等情况。汽车设计涉及许多基础理论、专业基础理论及专业知识,例如,工程数学、工程力学、工程材料、热力学与传热学、流体力学、空气动力学、振动理论、机械制图、机械原理、机械零件、电工学、电子技术、电控与微机控制技术、液压技术、液力传动、汽车理论、发动机原理、汽车构造、车身美工与造型、汽车制造工艺、汽车维修等。

图5-1 汽车研发产销循环图

5.1.1 汽车设计要求与特点

汽车的设计研发工作,根据市场调查及使用要求而制定的设计任务书进行;汽车设计的内容包括整车总体设计、总成设计和零件设计。整车总体设计又称汽车的总布置设计,其任务是使所设计的产品达到设计任务书所规定的整车参数和性能指标的要求,并将这些整车参数和性能指标分解为有关总成的参数和指标,作为总成设计和零件设计的依据。汽车设计要求及特点如下。

1. 功能性

汽车设计首先要满足汽车的使用性能要求,即满足汽车的动力性、经济性、机动性、安全性和舒适性等要求。设计人员应根据汽车的类型及使用条件来确定汽车使用性能的设计目标,例如,高级轿车的动力性、舒适性和安全性是首要的,其他性能则次之;对微型汽车而言,经济性和机动性是首要的,再兼顾其他性能;对于军用越野车来说,通过性、机动性就成为设计的首要目标。

由于汽车使用条件的多样性和复杂性,在设计汽车时,要考虑到不同道路、气候等条件对汽车性能的影响,要尽可能使汽车在不同使用条件下都满足其功能性要求。汽车对复杂多变的使用条件的适应性,可以通过精心设计来实现,也可以通过不同的使用条件选装不同的部件来实现。一般来说,后一种方式对用户可能更经济。随着汽车向个性化发展,满足用户的特殊功能要求将成为设计者需要考虑的一个重要问题。为此,汽车设计要具有更大的灵活性和变通性,以便在同一生产线上可以装配出定制要求不同的汽车。

2. 工艺性

在设计汽车产品时要充分考虑到生产工艺的要求。一个好的设计不仅应使产品具有优良的性能,而且应使产品成本低,具有最好的性能/价格比。这种产品结构设计时所考虑的制造、维修的可行性和经济性称为结构工艺性。零件的机械加工工艺性和零部件的装配工艺性是结构工艺性的重要内容。

在设计汽车产品时,还要注意标准化、通用化和产品系列化,这可提高生产效率,降低生产成本,减少配件品种,保证产品质量,方便维修。产品系列化是把产品合理分档,组成系列,并考虑各种变型,这样就可以较少的基本型满足广泛的需要。所谓通用化是在总质量相近或同一系列的一些车型上尽可能采用同样结构和尺寸的部件,使不同车型上的部件类型大为减少,从而因部件生产批量的增加而提高工效、降低制造成本。零件的标准化或零件结构要素的标准化对大批量生产的汽车来说也十分重要,它们不仅简化了设计工作,而且使零件在机械加工中可使用标准或通用的工艺装备,并减少了工艺装备的规格,这些都有利于缩短零件的生产准备周期和降低生产成本。

产品设计的结构工艺性是随生产类型(主要是生产批量)、生产条件、技术发展的变化而变化的。例如,在高生产率的高精度加工中,铸件的精度适应不了对定位一致性的要求而向型材、冲压、烧结、压铸等转化,这时,有关零件的结构设计便要考虑所采用的工艺方式。随着先进技术的应用,有些过去加工过程很复杂、材料消耗大的零件变得加工简单、材料消耗低。比如球笼式万向节头的大端有一个内含 6 个形状复杂、尺寸精度高的偏心球面槽的碗形体,过去靠一般的机械加工难度很大,质量也不易保证,现在通过冷挤压工序使这 6 个偏心球面槽成形后不需再进行磨削加工。除考虑机械加工工艺性外,设计者在设计汽车产品时,要充分考虑其装配工艺性,包括考虑装配单元的划分和装配次序,考虑正确的装配基准和装配空间,尽可能采用完全互换装配法和在不能采用上述方法时合理安排尺寸补偿环节,注意焊装、涂装、胶粘装配等工艺对产品设计的影响等。

3. 使用经济性

汽车的使用经济性是指汽车完成单位运输量所支付费用最少的一种使用性能,它不但包括燃料、润滑油、轮胎、易损件等的消耗,还包括维修等方面的费用开支,而燃料经济性是其中重要的一项内容。因此,要提高汽车的使用经济性,不仅需要在汽车设计中注意提高发动机的热效率、降低泵气和摩擦损失、减少附件的功率消耗、减少行驶阻力、降低机油消耗、减少轮胎磨损、注意汽车的轻量化等,而且需要减少维修的工作量,提高汽车零部件的可靠性等。例如,20 世纪 70 年代以前,国产车的大修里程一般规定为 10 万 km,现在,国产轿车和轻型货车的大修里程为 15 万 km 左右,中吨位货车的大修里程为 20 万 km 左右,重型货车大修里程为 30 万 km 左右。大修里程的延长反映了汽车可靠性的提高,从而大大降低了汽车的运行费用,提高了使用经济性。

4. 低整车整备质量与可回收性

在保证可靠性的前提下尽量减小汽车的整车整备质量。作为运输用途的汽车,其整车整备质量直接影响其燃油经济性,同时,作为大批量生产的汽车,其整车整备质量的减小可节约大量的制造材料,从而降低生产成本。因此,合理地减小汽车的整车整备质量,会对生产者和使用者带来巨大的经济效益,同时符合低碳生产与生活原则。

为了节省资源,减少给环境造成污染的各种废弃物,汽车部件所用材料的可回收性日益受到重视。一些对环境有害的材料已被限时停止使用,制动器摩擦片用的石棉、汽油添加剂四乙酸铅等,都已有了新的替代物。为电动汽车发展的高能镍镉电池,也因镉的毒性而从重点发展的项目中被剔除出来。对于汽车用塑料件,优先考虑使用那些可以回收后再生的材料品种。

5. 艺术性

汽车既是代步工具,有实用价值,又是对产品的外观造型和内饰布置等十分讲究,具有艺术观赏价值的艺术品。汽车的造型及色彩是汽车给人们的第一外观印象,是最直接和具有重要影响力的因素,也是轿车的重要市场竞争因素,因此车身造型是汽车设计中非常重要的内容。在车身设计中,艺术家的作用与工程师的作用同等重要。造型艺术家要使车型具有时代感、创新风格以及与环境的适配性。而在色彩的设计上,要考虑到包括社会倾向、时髦、爱好、安全、合理等要素,尤其是大众的审美观。在车内装饰方面,室内的美术设计要求与汽车的等级和用户群特点相一致,例如年轻人喜好的跑车需要轻快感的美术效果,而高级豪华车需要庄重感的美术效果。实际上,对于同一时期的汽车,其性能差异并不太大,而决定销售量的因素往往是其外形是否使人感到赏心悦目。从这一点看,艺术性对汽车特别是轿车十分重要。

6. 法规性

设计要在有关标准和法规的指导下进行。除设计图样的绘制应符合有关国家标准外,汽车设计还应遵守与汽车有关的标准与法规。中国汽车工业标准包括与国际基本通用的汽车标准和为宏观控制汽车产品性能和质量的标准,它包括国家标准、行业标准和企业标准。汽车标准又分为强制性标准和推荐性标准。强制性标准主要有:整车尺寸限制标准、汽车安全性标准、油耗限制标准、汽车排放物限制标准及噪声标准。为使我国汽车产品进入世界市场设计时也应考虑到国际标准化组织汽车专业委员会(ISO/TC22)制定的一些标准和美国标准协会标准(ANSI)、美国汽车工程师学会(SAE)标准、日本工业标准(JIS)、日本汽车标准组织(JASO)标准、日本汽车车身工业协会标准(JABIA)、日本汽车轮胎标准(JATMA)、日本汽车用品工业协会标准(JARP)、日本蓄电池工业协会标准(SBA)以及欧洲经济委员会(ECE)、欧洲经济共同体(EEC)所制定的汽车法规。

5.1.2 现代汽车设计方法简介

在近百年中,随着科学技术的发展,汽车设计技术经历了由经验设计发展到以科学实验和技术分析为基础的设计阶段。到 20 世纪 60 年代中期,在设计中引入电子计算机后又形成了计算机辅助设计(Computer Aided Design,CAD)等新方法,使设计逐步实现半自动化和自动化。尤其是一些近代的数学物理方法、基础理论方面的新成就在设计中的推广应用,汽车设计领域相继出现一系列新兴理论和方法,与传统的设计理论和方法相区别,被称为现代设计。采用现代设计理论和方法的优点是可以不作或少作试验,在设计阶段就能预估未来汽车产品的性能、结构和品质,从而缩短设计周期,提高设计质量。在汽车设计中所采用的现代设计方法主要有限元分析和评价技术、优化设计、系统工程方法、人工智能和专家系统、疲劳和可靠性设计、价值工程、逆工程设计、人机工程和计算机辅助设计技术等。

1. 计算机辅助设计

计算机辅助设计是指利用计算机及其图形设备帮助设计人员进行设计工作。1972年国际信息处理联合会曾给CAD下过如下的定义:"CAD是将人和计算机混编在解题专业组中的一种技术,从而将人和计算机的最优特性结合起来。"这一定义突出表明了CAD所具有的基本特征,即在设计工作中实现人机的优势互补。CAD技术的应用从根本上改变了传统的设计方法,设计人员可以应用以三维造型为核心部分的CAD系统,并利用数据库内的各类信息与资料,建立整车/整机或零部件的几何模型以及绘制工程图样,进一步进行运动学/动力学仿真、强度和刚度的有限元分析、产品性能的分析计算以及综合评价等,并对设计对象进行优化计算和改进,直至得到满意的结果,最终再输出工程图样以及有关数据等。

汽车工业是最先应用CAD技术的领域之一,目前在发达国家的汽车行业中,CAD技术已得到了广泛的应用,并取得了巨大的经济效益,轿车产品的开发周期已缩短至2~3年。CAD系统的软硬件都已达到较高水平,并仍在向智能化、集成化和标准化的方向发展。CAD还与CAM(计算机辅助制造)相结合,并进一步集成为CIMS(计算机集成制造系统),成为现代化生产制造的发展方向和主要标志之一。CAD/CAM系统已经成为设计、制造汽车等工业产品所不可缺少的技术。图5-2所示是应用CAD设计的汽车模型。

2. 有限元法

有限元法(Finite Element Method,FEM)是一种分析计算复杂结构的极为有效的数值计算方法,它先将连续的分析对象划分成由有限个单元组成的离散组合体(图5-3),运用力学知识分析每个单元的力学特性,再组集各个单元的特性,组成一个整体结构的控制方程组,通过计算,得到整个构件的应力场和位移场等。这种方法的整个计算过程十分规范,主要步骤都可以通过计算机来完成,是一种十分有效的分析工具。

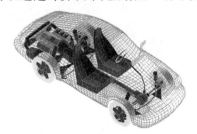
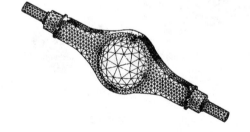

图5-2 应用CAD设计的汽车模型　　　　图5-3 汽车桥壳有限元模型

汽车设计中要解决的关键问题之一就是汽车的强度与刚度问题。对于车辆及其发动机中的许多重要零部件的强度、刚度计算问题,传统的方法通常都要对复杂的几何形状、受力情况和约束状态等进行较大的简化,并只能应用一些力学公式对简化后的结构进行粗略估算,一般计算结果与实际情况都有一定的差别。有限元分析计算能较好地模拟零部件的实际形状、结构、受力与约束等,因此其计算结果更精确、更接近实际,可作为设计、改进零部件的依据。同时,可利用有限元分析计算的结果进行多方案的比较,有利于设计方案的优化和产品的改进。在汽车设计中,有限元分析除应用于车身、车架等板、梁结构外,还用来对各种零部件、组合结构等进行强度、刚度、热强度、振动模态、稳定性等各种计算分析,同时,还可应用于车辆外形对行驶阻力影响的分析、对发动机冷却系统的分析等。图5-4是汽车碰撞发生60ms时的车身变形及应力分布图。

3. 优化设计

优化设计(Optimization Design,OP)是以数学中的最优化理论为基础,以计算机为手段,根据设计所追求的性能目标,建立目标函数,在满足给定的各种约束条件下寻求最优设计方案的一种设计方法。在传统的设计过程中,通常是设计人员凭借经验和专业知识,在初始设计方案的基础上,通过反复的试验、比较和改进,最终得到一个较为满意的设计方案。这样的设计方法不仅设计周期长,人力物力消耗大,而且尽管可能找到一个较好的方案,但是一般不能够找到最优的设计方案。而优化设计方法则提供了一条可以高效率地求得最优设计方案的途径。实践证明,优化设计方法可以大大地缩短设计周期,提高设计效率,减小产品的质量和体积,保证产品具有优良的性能,降低成本。一般来说,优化设计有以下几个步骤:①确定设计目标要求;②建立数学模型;③选择最优化算法;④程序设计;⑤计算机自动筛选最优设计方案等。

优化设计理论和方法已应用于汽车诸多领域中的很多环节,如汽车整车动力传动系统优化和匹配,汽车的发动机、底盘、车身各主要总成的优化设计,机械加工的优化设计,汽车车身CAD/CAE/CAM一体优化技术等,使汽车产品的性能和水平得到提高,生产的科学管理得到加强。汽车优化设计是一种有着广泛应用领域和良好效益的先进技术。图5-5所示是采用优化设计和应用ASF技术的奥迪A8车身,在保证足够强度的条件下,大大减少了车身质量,以达到减重、降耗、环保、安全的综合目标。2003年,奥迪A8车型一举问鼎欧洲汽车车身构造领域最高奖项——"欧洲汽车车身大奖"。

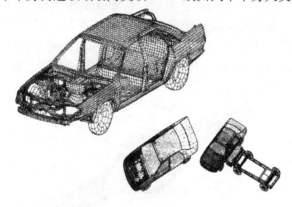

图5-4 整车碰撞仿真研究　　　　　　　图5-5 采用优化设计方法的奥迪A8车身

4. 可靠性设计

可靠性理论是以产品的寿命特征作为主要研究对象的一门综合性科学。20世纪60年代以来,可靠性研究由电子、航空、宇航、核能等尖端工业领域,扩展到大批量生产的汽车工业领域,并取得可喜成果。例如,1959年国际市场上轿车的保用期为90天或4000英里(mile),而到20世纪70年代初,则提高到5年或5万mile。当今,提高产品的可靠性已成为提高产品质量、增强竞争力的关键。因此,可靠性设计已成为汽车现代设计方法中的一项重要内容。可靠性设计主要包括可靠性预测和可靠性分配等。可靠性预测是一种预报方法,它在设计阶段从所得到的失效率数据,预报零部件和系统实际可能达到的可靠度,预报这些零部件和系统在规定时间、规定条件下完成规定功能的概率。在汽车设计初期,通过可靠性预报可以了解汽车中各零部件可靠度的相互关系,找出提高汽车可靠性的有效途径。

如何将系统规定的允许失效概率合理地分配给该系统的各零部件,是可靠性分配的任务。在可靠性设计中,采用最优化方法进行系统的可靠性分配,是当前可靠性研究的重要方向之一,称为可靠性优化设计。完成可靠性分配后,就可以在给定可靠度下确定零部件尺寸,使零部件的质量得到恰当的减轻,而又保证足够的寿命。

5. 逆工程设计

逆工程(Reverse Engineering,RE)是应用于产品开发和制造的一种并行设计开发系统,又称反求工程。它以三维测量和表面重构为核心,集光电测量、计算机信息处理、数控加工、材料科学和快速模具制造等多种交叉技术为一体的高新技术,其主要特点为系统硬件的光机电一体化和软件的全数字化控制。它能快速、精确地完成各种形状产品的内外轮廓测量,并通过系统数据处理重构出产品的三维模型,还可以利用软件将三维数据转换为 STL 格式,用激光快速成型或数控加工做出实物,也就是说,逆工程系统是实物—数字模型—新产品的快速制造系统,其广泛应用于逆向设计、仿真制造和设计检验等方面。逆工程主要通过以下步骤来实现:数据采样、数据分析、数据恢复及修补、原始部件的分解、模型信息处理及 CAD 模型的建立、部件装配、产品功能模拟、再设计等。逆工程在本质上是从已知事物的有关信息(如国外样车的数据资料及实物)去寻求这些信息的科学性、技术性、经济性以及具体实施的途径,并经再创造达到设计目标。图5-6 是逆工程设计开发系统流程的概略框图。应当指出,逆工程设计不是简单地模仿,只有消化再创造,才能融会参照物的先进技术,而变成既有自己特色,又无知识侵权的具有竞争力的新产品。在我国汽车设计的现阶段,推广逆工程设计,提高设计能力和水平是重要的,但最终不能简单地模仿,创造性的设计才是永恒的目标。

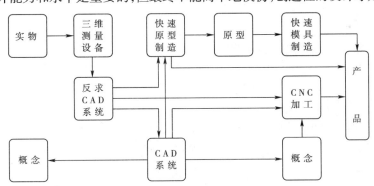

图5-6 逆工程设计开发系统流程图

逆工程开发系统可以从设计和制造两个层次上缩短产品开发周期,降低产品开发成本,提高产品竞争能力。在汽车设计中,从汽车车身油泥模型中取三维数据,并以其作为各车身板制作模具的原始加工依据,这种逆设计方法在汽车工业中已沿用多年。随着数控加工技术特别是快速成型技术的发展,逆设计方法与数控加工技术、快速成型技术紧密结合,成为汽车产品开发中的一种敏捷方法。

6. 并行工程

并行工程(Concurrent Engineering,CE)又称同步工程或周期工程,是集成地、并行地设计产品及其相关的各种过程的系统方法。它强调产品全生命周期中各类人员有组织地协同工作,全面地设计产品,全过程地注重客户要求。它要求产品开发人员在设计开始就考虑产品整个生命周期中从概念形成到产品报废处理的所有因素,包括质量、成本、进度计划和用户要求。

并行工程是相对传统的产品串行生产模式而提出的一个概念、一种哲理和方法。在传统的车辆设计中,"市场调研→概念设计→详细设计→工程设计→加工制造→试验验证→设计修改"这一基本串行流程被广泛应用,串行开发模式和组织模式通常是递阶结构,各阶段的工作是按顺序进行的,一个阶段的工作完成后,下一阶段的工作才开始,各个阶段依次排列,各阶段都有自己的输入和输出。以车身为例,图5-7反映的就是传统车身开发(串行工程)的基本过程:传统的车身开发以串行方式工作,即从车身的概念设计、造型设计、结构设计到车身冲压工艺设计、车身工艺装备设计、制造以及检测等手段,都以串行方式进行,其主要弊病在于不能在设计的早期就全面地考虑到后期的可制造性、可装配性及质量保证等因素,因此存在设计改动量大、开发周期长、成本高等问题;图5-8(车身并行工程开发)反映的就是在车身研制、开发过程中,并行地进行产品及相关过程(包括制造过程、支持过程)一体化设计,使开发人员从设计开始,就考虑产品生命周期中的各种因素,强调信息集成,协同工作。实践证明,串行工程周期远大于并行工程周期。并行工程作为现代产品设计开发模式,能缩短新车型的设计、开发时间,降低成本,提高质量,提高企业的市场竞争力,已为各国汽车制造业所采用。

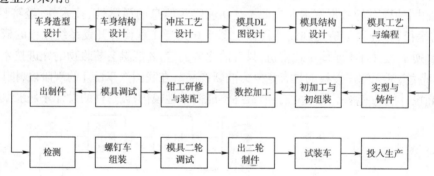

图5-7 传统车身开发基本流程

7. 虚拟现实与虚拟设计

虚拟现实技术(Virtual Reality,VR),又称临境技术,是人们的想像力和电子学、计算机科学等相结合而产生的一项综合技术。"虚拟现实"一词中的"现实"是指在物理意义上或功能意义上存在世界上的任何事物或环境,它可以是实际上可实现的,也可以是实际上难以实现或根本无法实现的;"虚拟"一词是指计算机生成的意思。因此,"虚拟现实"一词是用计算机生成的一种特殊环境,人是这种环境的主宰者,人可以通过使用各种特殊装置将自己"放"到这个环境中去操作、控制环境,实现特殊的目的;同时,虚拟世界通过视、听、触觉等作用于人,使之产生身临其境的沉浸感、交互感,如图5-9所示。

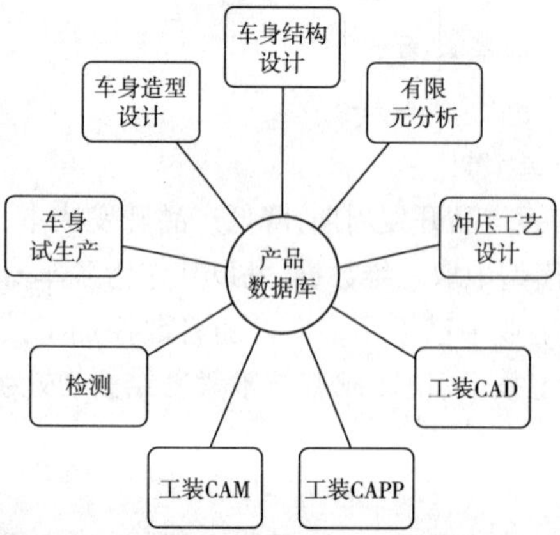

图5-8 车身并行工程框图

虚拟现实技术在汽车开发与研究中有广泛的应

用,在汽车虚拟设计、虚拟制造、汽车模拟驾驶系统、汽车性能试验仿真、汽车虚拟维修等领域都有应用,其开发前景十分广阔。全球同步虚拟设计为汽车产业带来了全新的设计理念,其主要特点是使用PL/M程序语言设计,三维实时虚拟显示,将汽车厂商、零部件供应商和销售商组合在了一起,使原先那些设计环节都变得可以拆分、并行操作。这样,原先需要彻底坚守在办公室才能解决的问题,现在利用计算机网络技术,同时操作、同时修改参数即可完成。

从20世纪90年代中期开始,通用汽车公司、福特汽车公司、雷诺汽车公司、兰德罗孚公司等世界知名汽车企业纷纷开始进行虚拟现实技术在汽车工业各个领域的应用研究,并且已经取得了一定成果,带来了可观的技术经济效益。最早使用虚拟设计的是美国福特汽车公司,1986年福特汽车公司投资60亿美元,利用信息技术设计了"蒙迪欧"车型,其中利用PLM结合了两种软件,使新车型的设计、研制等程序可以在计算机中完成测试。正如图5-9所描述的那样,同步虚拟设计使得所有的工作可以同步进行,同时可降低成本,节省大量的时间。1998年,通用公司利用PLM把全球19个汽车设计中心与供应商联系在一起。设计人员与供应商、工程和制造部门应用1万个同步数据进行同步设计、协同设计,使通用新产品的推出周期缩短了10%。2006年,沃尔沃汽车集团利用IBM搭建的超级计算机系统来完成其汽车碰撞模拟试验,使得样车数量从原先的50辆减少到10辆,平均汽车设计时间从243周降到160周。

8. 专家系统

专家系统(Expert System,ES)是一种大型复杂的智能计算机软件,它把专门领域中若干个人类专家的知识和思考、解决问题的方法以适当方式存储在计算机中,使计算机能在推理机的控制下模仿人类专家去解决问题,在一定范围内取代专家或起专家助手作用,其基本结构如图5-10所示。通常一个最基本的专家系统由知识库、数据库、推理机、解释机制、知识获取机构及用户界面6个部分所组成,具有下列主要特点。

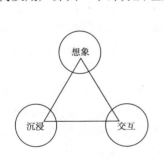

图5-9 虚拟现实技术三角形

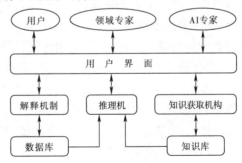

图5-10 专家系统的基本结构

(1)可存储一个或多个专家的知识和经验,能以接近专家的水平在特定领域内工作。

(2)能高效、准确、迅速地工作,不像人类专家那样产生疲倦和不稳定性。

(3)使人类专家的领域知识突破了时间和空间的限制,ES程序可永久保存,并可复制任意多的副本在不同地区和部门使用。

(4)可通过符号处理进行各种形式的推理,也可以对不确定数据进行推理。

(5)具有透明性,能以可理解的方式解释推理过程。

(6)具有自学习能力,可总结规律,不断扩充和完善系统自身。

(7)提高工作效率,产生巨大的社会效益和经济效益。

(8)对推动人工智能等其他学科的发展具有重大作用。

目前,汽车总体设计专家系统、汽车离合器设计专家系统等在汽车设计中得到了较好的应用。汽车总体设计专家系统是在分析汽车总体设计阶段的任务和特点的前提下,利用人工智能技术、数据库技术、参数化绘图技术和面向对象方法开发的一个系统,该系统能基于专家知识推理出总体设计阶段所需的各参数,最终绘出参数化的三维总布置图,并可进行总布置校核。

9. 神经网络方法

人工神经网络(Artificial Neural Network,ANN)是根据生物神经系统的作用原理发展起来的,且由多个人工神经元(图5-11)互联组成的大规模分布式并行信息处理系统,模拟人类神经系统的信息处理机制,对复杂问题进行有效的解决。ANN是一门活跃的边缘性交叉学科,涉及生物、电子、计算机、数学和物理等多学科。ANN是受人脑的启发而构成的一种信息处理系统,而神经元是脑组织的基本单元,其功能很像一个阈值逻辑器件,据此,人工神经元就是模拟生物神经元(图5-12)的结构,它一般是多输入/单输出的非线性器件。大量神经元互联而成的网络便构成了神经网络模型,其重要的一个特征就是具有自我学习的能力。

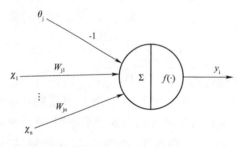

图5-11 人工神经元

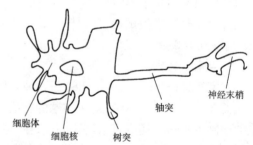

图5-12 生物神经元

神经网络理论尚未完善到能提供一套可赖以遵循的设计方法,目前的开发设计方法还是侧重实验、试探多种模型方案,在实验中改进,直到选取一个满意方案为止。一般而言,凡能用逻辑或数学精确描述的问题,以应用传统计算机技术解决为宜。但对那些已拥有大量数据,但对其内部规律仍不甚了解,从而不能用符号或数学方法描述的问题(如图像处理、语音处理、声纳与雷达信号识别以及某些难以建模的过程控制等),神经网络由于具有可贵的自学习能力,而显得十分优越。特别是对那些要求较高容错性的场合,譬如特征抽取、疾病或机器的故障诊断、图形检测与识别、信息预测等,ANN是最合适的处理技术,因为它善于处理带有噪声、失真、畸变乃至破损不全的信息。车辆工程中模糊、非线性、不确定系统都可以用神经网络理论加以解决,目前的主要应用是车辆非线性系统数学模型辨识、拟合非线性控制曲线以及车辆行驶轨迹的控制等。

10. 模糊理论与模糊设计

20世纪60年代,产生了模糊数学这门新兴学科,模糊数学是以不确定性的事物为其研究对象。一般来说,人与计算机相比,人脑具有处理模糊信息的能力,善于判断和处理模糊现象。但计算机对模糊现象识别能力较差,为了提高计算机识别模糊现象的能力,就需要把人们常用的模糊语言设计成机器能接受的指令和程序,以便机器能像人脑那样简洁灵活地做出相应的判断,从而提高自动识别和控制模糊现象的效率。这样,就需要寻找一种描述和加工模糊信息的数学工具,这就推动数学家深入研究模糊数学。所以,模糊数学的产生是科学技术与数学发展的必然结果。模糊理论在汽车领域的应用发展较快。在模糊数学理论迅速发展的同时,模糊技术的开发应用也取得了显著成果。目前,在汽车的反锁制动装置系统、变速控制、车身弹性缓冲系统及巡航控制系统等部件中,已经广泛地使用模糊技术,并取得显著的效果。在汽车发动机和车速控制方面,日本三菱公司成功研制了模糊跟踪系统,不仅能够检测前转向轮的转角和车速,求得汽车的转弯速度,还可以根据驾驶人所要求的功率对轮胎承受能力进行控制。一旦驾驶人需要减少功率,跟踪系统就会自动降低发动机的功率输出,保证汽车转弯时不会发生侧偏。马自达汽车厂研制的模糊逻辑车速控制系统,可以避免过去车速控制系统所出现的不稳定状态,使汽车能够在上、下坡时保持稳定的速度。同时,还可以减少燃油的消耗,提高了汽车使用的经济效益。日本三菱公司在轿车的自动变速器上使用模糊技术,大大减少了过去的"电脑"控制自动变速器进行精确计算的许多麻烦,使自动变速更具实时性和时效性。本田公司使用模糊变速器后,实现了速比的平滑转换,使汽车行驶起来更为安全可靠。在巡航控制和制动控制上,德国巴伐利亚汽车公司采用了模糊超声停车器,在换挡、倒车时,这个系统便自动启动。当车后面的障碍物与汽车距离过近时,可以自动发出警告。马自达公司在生产的汽车上装有模糊自动制动系统,逻辑电路可以确定前方的车辆或行人是否在自己行驶的路线上。若有危险,能够发出警报提醒驾驶人注意,如果驾驶人没有反应,该系统就会自动进行紧急制动处理,以避免危险情况发生。

5.1.3 专用车设计概述

专用车是指装有专门设备、具备专用功能、用于承担专门运输任务或专项作业的汽车。我国专用车工业起步较晚,专用汽车在民用汽车保有量中仅占5%左右,在载货汽车中占40%左右,而经济发达的国家为80%以上。近几十年来,我国专用车发展较快,进入21世纪以来年增长率为20%~30%,已具有相当水平与规模。目前我国约有628家专用汽车生产企业,专用汽车产品由1999年的200多个种类,1337个品种发展到2005年的4910多个品种(国外发展到9000多个品种)。由于专用车种类繁多,因此在专用汽车设计改装时应充分考虑其类型、用途、专用功能和使用条件等因素。专用车的使用参数有一定的规律性,但由于车型较多,有些使用参数发生了变化。专用汽车与普通汽车的区别主要是改装了具有专用功能的上车部分,能完成某些特殊的运输和作业功能。因此在设计上,除了要满足基本型汽车的性能要求外,还要满足专用功能的要求,这就形成了其自身特点:

(1)专用汽车设计多选用定型的基本型汽车底盘进行改装设计,这首先就需要了解国内外汽车产品,特别是货车产品的生产情况、底盘规格、供货渠道、销售价格及相关资料等。然后根据所设计的专用汽车的功能和性能指标要求,在功率匹配、动力输出、传动方式、外形尺寸、轴载质量、购置成本等方面进行分析比较,优选出一种基本型汽车底盘作为专用汽车改装设计的底盘;能否选到一种好汽车底盘,是能否设计出一种好的专用汽车的前提。

对于不能直接采用二类底盘或三类底盘进行改装的专用汽车,也应尽量选用定型的汽车总成和部件进行设计,以缩短产品的开发周期和提高产品的可靠性。

(2)专用汽车设计的主要工作是总体布置和专用工作装置匹配。设计时既要保证专用功能满足其性能要求,也要考虑汽车底盘的基本性能不受到影响。在必要时,可适当降低汽车底盘的某些性能指标,以满足实现某些专用工作装置性能的要求。

(3)针对专用汽车品种多、批量少的生产特点,专用汽车设计应考虑产品的系列化,以便根据不同用户的需要而能很快地进行产品变型。对专用汽车零部件的设计,应按"三化"

的要求进行,最大限度地选用标准件,或选用已经定型产品的零部件,尽量减少自制件。

(4)对专用汽车自制件的设计,应遵循单件或小批量生产的特点,更多考虑通用设备加工的可能性。

(5)对专用汽车工作装置中的某些核心部件和总成,如各种水泵、油泵、气泵、空气压缩机及各种阀等,要从专业生产厂家中优选;因专用汽车专项作业性能的好坏,主要决定于这些部件的性能和可靠性。

(6)在普通汽车底盘上改装的专用汽车,底盘受载情况可能与原设计不同,因此要对一些重要的总成结构件进行强度校核。

(7)专用汽车设计应满足有关机动车辆公路交通安全法规的要求,对于某些特殊车辆,如重型半挂车、油田修井车、机场宽体客车等,应作为特定作业环境的特种车辆来处理。

(8)某些专用汽车可能会在很恶劣的环境下工作,其使用条件复杂,要了解和掌握国家及行业相应的规范和标准,且要设安全性装置,使专用汽车有良好的适应性,工作可靠。

综上所述,专用汽车的设计有其自身的特点和要求,既要满足汽车设计的一般要求,同时又要获得好的专用性能。这就要求汽车和专用工作装置合理匹配,构成一个协调的整体,使汽车的基本性能和专用功能都得到充分发挥。

5.2 汽车现代制造技术简介

5.2.1 汽车的生产过程

汽车的生产过程是指将原材料转变为汽车产品的全过程。图 5-13 所示为汽车的生产过程框图。从图中可看到,它包括毛坯制造、零件机械加工、毛坯和零件热处理、部件装配和产品总装配。此外,还包括毛坯和零部件的运输与保管、质量检验、清洗、油漆和试验调整等过程。

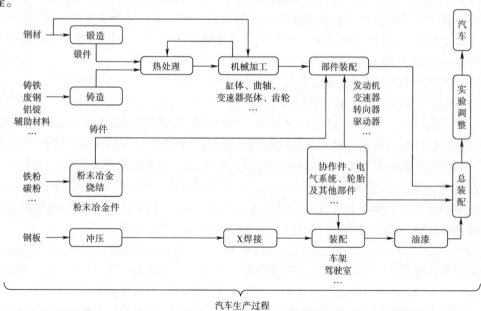

图 5-13 汽车生产过程框图

为了经济和高效率地制造汽车,它们的生产都是由很多工厂(或车间)共同完成的。也就是说,它们是按产品(部件)专业化、工艺专业化原则组织的协作化生产,如毛坯制造厂(车间)专门生产铸件和锻件等毛坯,发动机厂(车间)生产发动机,橡胶厂生产轮胎及其他橡胶制品,总装厂总装汽车。一个工厂(或车间)只是汽车生产过程的一部分。广义的汽车生产过程包括生产准备过程、基本生产过程、辅助生产过程和生产服务过程等四个部分。

1. 生产准备过程

生产准备过程是指汽车产品投入生产前所进行的各种技术和装备的准备工作过程。如产品开发和调研,产品设计和试制,试验和鉴定,工艺设计;工厂设计和土建施工,机床设备和工艺装备的设计、制造、安装,调试生产和人员培训等。它是基本生产过程的前提。大型的汽车制造企业设有产品开发研究部门,工艺研究和材料研究部门,专门从事生产准备工作的技术部门。通过这些部门的工作,使企业产品生产前的准备工作做得更加完善,并促进新技术、新材料、新工艺的开发与应用。

2. 基本生产过程

狭义的汽车生产过程即为基本生产过程,它是专指汽车零件和总成从原材料经过各种工艺过程转变为汽车的过程。基本生产过程包括下料、铸造、锻造、机械加工、热处理、冲压、冷挤压、粉末冶金、铆焊、电镀、涂装、装配等工艺过程。基本生产过程是汽车生产过程的核心,其他过程都围绕它来进行,并为它创造良好条件。视企业规模大小,基本生产过程通常由若干个专业厂或车间分工完成。如大型汽车制造企业中都按产品专业化的原则设有:发动机厂、变速器厂、车桥厂、总装厂、铸造厂、锻造厂、热处理厂等。汽车基本生产过程的特点如下。

(1) 是"加工—装配"性质的。即先制造零件,后装配成部件(总成),再集合一起总装配成汽车产品。具有"积零为整"的特点,这为扩大生产规模,发展专业化与协作化生产提供了方便。

(2) 制造工艺多样、复杂。汽车制造工艺涉及许多专业领域,并综合体现了机械制造行业的工艺水平。

(3) 机床设备和工艺装备品种繁多,型号、规格、性能、精度各异。合理选用标准或非标准设备和工装是工艺设计的关键问题之一。

(4) 除生产基本车型外,为适应用户要求往往要进行多品种生产,而且要不断发展新型汽车产品。产品的通用化、系列化、标准化程度要求高。就制造工艺而言,一方面要促进"三化"水平的提高,另一方面要预见工艺系统对未来新产品生产的适应性。因此,万能高效设备、计算机控制的数控机床、柔性制造系统、集成制造系统、工业机器人等越来越受到汽车制造业的广泛注意。

(5) 由于汽车生产中各种技术密集,产品精度高,因而设备和工艺装备的投资大,并且由于生产准备周期长,故生产准备过程中,易受市场变化的影响。

(6) 为了使汽车生产过程处于最佳状态,还涉及生产组织、计划调度和外协件的管理等多方面来协调相互联系、相互影响的各个环节。这就构成了一个复杂的生产系统。当前兴起的"生产系统工程"学科,它借助于计算机来分析和控制生产过程处于最佳运行状态,对汽车生产将会带来很大的裨益。

3. 辅助生产过程

辅助生产过程是保证基本生产过程能正常进行所必需的辅助产品的生产和维修过程。

如动能(电、蒸汽、压缩空气、煤气等)的生产,非标准设备(组合机床、机械化装置、工位器具等)和夹具、模具、刀具、辅具、量具的制造等。

4. 生产服务过程

生产服务过程指为基本生产过程和辅助生产过程所进行的各种生产服务活动。如原料、工具和协作件、配套件的订货、采购、供应、运输、保管、试验与化验,以及包装、销售、发运、售后服务等。汽车生产过程的发展趋势是生产专业化与协作化的水平越来越高,使各工厂的生产过程越来越专业化,从而向系列化、多品种的专门化部件公司发展。如水箱公司、车轮公司、自动变速器公司等。这为提高部件和整车性能、品质、扩大批量、提高工艺水平、降低成本、提高综合效益创造了条件。

5.2.2 汽车的制造工艺过程

制造工艺过程是指直接改变生产对象的形状、尺寸、相对位置和性质等,使其成为成品或半成品的过程。其中包括:毛坯制造工艺过程,如铸造、锻造、冲压等,改变上述各种特征;热处理工艺过程,改变材料的物理性能、化学性能、力学性能;机械加工工艺过程,改变加工对象的尺寸和形状;装配工艺过程,改变零、部件之间的相互位置;涂装工艺过程,改变产品的外观状态。所以,也可以说,工艺过程是生产对象本身发生变化的过程。在工艺过程中,还包括相关的生产准备、检验、运输、仓库保管等,称为辅助过程。

1. 铸造工艺

铸造是熔炼金属,制造铸型,并将熔融金属浇入铸型,凝固后获得一定形状、尺寸、成分、组织和性能铸件的成形方法。

为适应工业化大生产的要求,现代汽车厂都采用各种铸造自动线,开发了振动造型、金属型铸造、气化模铸造、树脂砂铸造、压力铸造、低压铸造等新技术。金属型铸造是用铸铁、钢材等制作铸型以浇注各种铸件的工艺方法,其型芯可采用金属型芯或砂芯。与砂型铸造相比,这种工艺铸件质量稳定,废品率低,铸件的力学性能提高,有较高的尺寸精度和良好的表面粗糙度。金属型铸造的劳动生产率较高,且便于机械化、自动化。在国外,金属型铸造多采用多工位转盘式浇注机,带有液压、电气和温度控制系统,配置有型芯装配及放置、型具清理和上涂料、浇注机械手等装置。轿车生产中大量采用的铝合金铸件一般采用压铸工艺,其生产率为最高,成本也最低。此外,压铸工艺还具有铸件力学性能高、尺寸精度高、表面粗糙度值小等优点。目前,国外压铸自动化水平有了较大发展,普遍实现自动定量浇注、自动取件、自动喷涂、自动温控、压射活塞自动润滑、自动切边等自动化操作。模具寿命已接近10万次。图5-14所示是压铸和金属型铸造常见的生产过程。

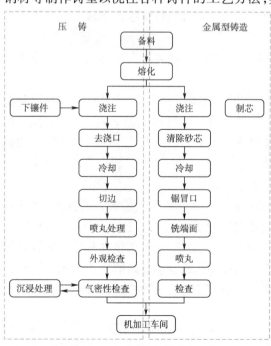

图5-14 压铸和金属型铸造常见的工艺过程

2. 锻造工艺

在锻压设备及工(模)具的作用下,使坯料或铸锭产生塑性变形,以获得一定几何尺寸、形状和质量的锻件的加工方法。

汽车上的锻件毛坯较多,就一般轿车来说,锻件计50多种,而且通常这些锻件的形状复杂、精度高。为了提高锻造生产的生产率和毛坯质量,汽车锻件生产除采用普通的模锻工艺外,还大量采用精锻、热挤、冷挤、热镦、轧制等工艺。如变速器同步器齿环采用精锻工艺后,齿形可不再作机械加工;等速万向节壳采用锻造→机加工→冷挤压工艺后,使得这一形状复杂、精度高、尺寸大的零件在冷挤压后,基本上不再机加工便可直接装车。一些直径小、凸缘大的零件可采用热挤,花键、齿轮等齿形件,可采用冷、热成形轧制工艺,轴类零件可用楔横轧工艺……总之,锻件生产已出现各种特种工艺、专用设备纷呈的局面,有效地提高了锻件质量和生产率。

图5-15是连杆锻件自动线示意图,其生产效率为每3s制作一根连杆。

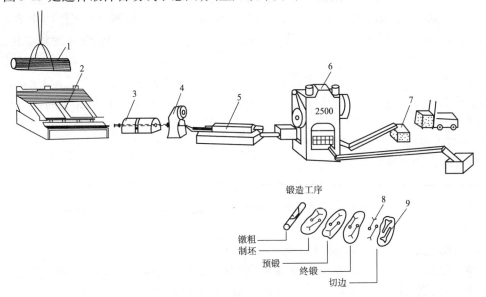

图5-15 连杆锻造自动线的示意图
1-棒料;2-装料台架;3-预热器;4-250t钢坯剪切机;5-感应加热炉;6-2500t自动锻压机;7-飞边箱;8-锻件;9-飞边

3. 冲压工艺

冷冲压或板料冲压是使金属板料在冲模中承受压力而被切离或成形的加工方法。冲压可以制造形状复杂而且精度很高的零件,且加工的生产效率很高。

汽车特别是轿车车身绝大部分是冲压件,有很高的质量要求。这些冲压件曲面形状复杂,并要求较高的尺寸精度和较小的表面粗糙度值。汽车冲压件生产是大批量生产,而且品种繁多,如顶盖、挡泥板、车身侧护板、地板、发动机罩、车门内外板、行李舱盖、中门柱、前门柱、保险杠等。为提高生产率,必须采用机械化、半自动化或全自动化流水生产。例如德国奔驰汽车公司辛德尔芬根厂冲压车间日产冲压件1000t,年产30万t,6000余种。为提高生产率,必须采用机械化、半自动化或全自动化流水生产。

冲压生产线通常有两种形式,一种是单机联线,另一种是采用多工位压床生产线。单机联线就是将多台压床按工序贯通排列,其间采用机械手、传动装置或机器人完成上料、下料和零件传送工作。这种生产线有独立同步式和全自动同步化两种,独立同步式生产线压床的运转各自独立,输送带控制生产节拍,设有柔性中间存储装置使各压床组形成独立同步机组,这种作业线的性能比较灵活。全自动同步化生产线给料作业、压床运转等均同步连续进行,工作效率高。如瑞典沃尔沃公司一个轿车车身零件制造厂,其冲压车间有18条冲压生产线,其中有4条线为全自动化线,每条生产线装5~6台压机,工作节拍为6~10s。

近年来,汽车冲压件生产出现多工位压床代替单工位压床的趋势。多工位压床是目前最先进、自动化程度最高的冲压设备,其工位数有5工位、6工位、8工位等。多工位压床占地面积小,电力消耗低,生产效率高,因此其作业成本比一般压床流水线低得多,先进的多工位压床使用微处理机控制的可编程序控制装置,使自动化程度更高。例如,日本本田公司装备一台4800t的多工位压床,生产效率比原自动线提高一倍,由7~8件/min提高到14~15件/min。

4. 机械加工工艺

机械加工是一种用加工机械对工件的外形尺寸或性能进行改变的过程。按被加工工件处于的温度状态,分为冷加工和热加工。一般在常温下加工,并且不引起工件的化学或物相变化,称冷加工。一般在高于或低于常温状态的加工,会引起工件的化学或物相变化,称热加工。

以大批量生产为特征的汽车零件的机加工,走过了从普通机床到专用机床和组合机床,再到数控机床、加工自动线、加工中心这样一条道路。现在,汽车零件机加工的自动化水平相当高,绝大部分都采用计算机控制的全自动生产线,少量采用单机生产的设备也都是数控机床,只有少量辅助工序由人工操作。

汽车零件的机加工工艺有如下特点:

(1) 粗、精加工一次即达到工序的精度要求。

(2) 在一个工位上完成尽可能多的工序内容,广泛采用多面加工、多件加工或多工位加工,以实现工序集中。

(3) 用无屑加工代替切削加工工艺。

(4) 采用大流量切削液,以满足高效切削的需要,切削液和铁屑采用集中处理。

(5) 尽可能使用高效加工工艺,如以铣代车、以磨代车等。

(6) 广泛使用不重磨刀片、高速钢层涂刀具、超硬刀具等,可调刀具在线外调刀,更换刀具迅速。

(7) 大量使用主动测量系统,大部分生产过程实现在线检测,并采用自动补偿技术。

(8) 当某一工位发生故障时,立即发出报警信号,并使全线停止运转。

图5-16是用车拉机床加工曲轴主轴颈的示意图,加工时工件高速旋转,刀具装在鼓轮上缓慢旋转,鼓轮旋转完一周即完成全部主轴颈的加工。

5. 焊接工艺

焊接是将两片金属局部加热或同时加热又加压而结合在一起的加工方法。汽车车身的制造中应用最广泛的是点焊。点焊适于焊接薄钢板,操作时,两个电极向两块钢板加压使之贴合,同时使贴合点通电流加热熔化从而牢固结合。车身焊接通常称焊装,是将车身冲压零件组装和焊接成符合产品设计要求的白车身(即未经涂装的车身)。下面以轿车车身为例,说明现代汽车车身焊装工艺和特点。

图5-17是焊装工艺流程图。从图中可以看到,在车身焊装过程中,先将整个车身分成几个大的总成先进行焊装,如地板总成、发动机舱总成、左侧围总成、右侧围总成、后围总成、

顶盖总成、左车门总成、右车门总成、发动机罩总成、行李舱盖总成、左右翼子板总成等;然后再将这几个大的总成焊装成白车身。车身上的小分总成一般在单机上进行焊装,各大总成的焊装和车身焊装则在流水生产线上完成。因此,通常车身焊装需建立十几条生产线。生产线上配备各种焊接设备和工具、定位和夹紧工装、机械化运输系统、生产过程控制和质量检测与控制系统、安全防护设施等。生产线之间的运输通常用悬挂式输送机和搬运机械手等完成。车身焊装所用的焊接方法以电阻焊居多,一般占焊接总量的90%以上,主要是点焊和凸焊,其生产率高、成本低。所用的设备有悬挂式点焊机、固定点焊机、多点焊机、螺柱焊机、焊接机器人等。焊接机器人被越来越广泛地采用,并出现了机器人焊装线和无人操作机器人焊装车间。采用焊接机器人可使焊接质量稳定,但投资较大。目前激光焊接技术正迅速发展。点焊逆变电源变压器正加紧研究,它将使焊接变压器的体积大大缩小,进一步推进自动化焊接技术的发展。

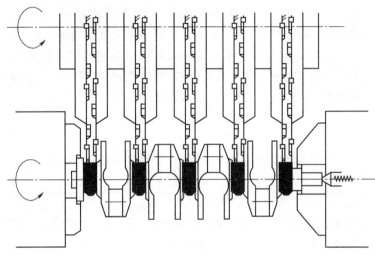

图 5-16　车拉机床加工曲轴主轴颈的示意图

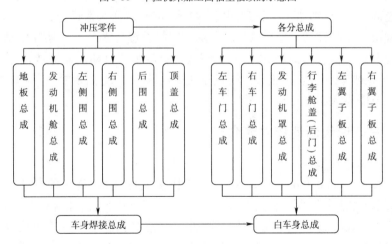

图 5-17　焊装工艺流程图

为了在同一条焊装线上组织生产几种不同品种而工艺相似的车身,已出现了所谓混流生产的柔性焊装线,它通常用机器人点焊和更换夹具来实现。

车身焊装过程中,各大总成和白车身在焊装完后均要进行严格的质量检验。例如,在生产线上设自动检测机检查装配、焊接质量和尺寸要求,在白车身完成后用三坐标测量机进行抽检。

6. 涂装工艺

汽车涂装是工业涂装的一种,涂层的装饰性、持久性以及防护性要求较高。轿车、客车车身和货车驾驶室的涂漆不仅装饰性要求高,而且还要求高的抗蚀性。装饰性要求包括涂层光亮、平滑、丰满、美感强;抗蚀性要求包括外观锈蚀、穿孔腐蚀、损坏结构腐蚀出现的使用时间长。例如,加拿大规定这三种腐蚀出现的使用时间应分别保证5年、10年和20年。

为保证喷漆质量,车间厂房及其环境要求非常干净,并注意将产尘区与喷漆工作区分开。喷漆之前需进行预处理。预处理质量的优劣对整车的耐蚀性有重要影响。货车预处理一般设有7~8道工序,而轿车的预处理则多达12~13道工序。预处理的目的是使金属车身脱脂清洗后通过中温低锌磷化,生成一层磷化膜,并经钝化进一步增强其耐蚀性。涂漆有好几道,先经电泳底漆,后喷中间涂料,最后做面漆施工,面漆施工是决定车身美观的最后一关,面漆类型有氨基醇酸类、聚脂类、丙烯酸类等。通常用高速旋转静电喷枪喷涂,其厚度单色面漆为30~35Pm(皮米),金属闪光漆为15Pm,要求得到较高的光泽和鲜映度。为了高质量、快节奏,涂漆生产较多地采用往复式喷涂机、喷漆机器人等装备,构成自动化程度较高的生产线。考虑到轿车面漆的返修率较高,一般在车间设计中安排一条较大的返修生产线,供正常返修使用。

7. 总装工艺

汽车总装配是将汽车各零部件总成根据技术条件装配成一辆完整合格汽车的生产过程,也是汽车生产的最后一道工序。总装过程客观上对零件起了最终检查的作用,因为装配工人发现变形、损坏、碰伤、不合格的零件均会将其剔除。在总装配的出口处,汽车要进行严格的检查、调整和整车检测,其中包括发动机综合测试、废气排放测试、灯光测试、前轮定位测试、密封性测试和电气检验等。对一定比例的整车还要在试车跑道上进行抽检。质量保证部门每天从当天总装线上生产出来的车辆中抽出1~2辆车进行全面检验,以此考核各部件质量和总装质量,并反馈给生产管理部门和技术部门,以便采取措施,不断提高产品质量。总装配生产线由一系列输送设备构成"立体装配",并设置许多装配台架和电动、风动工具。根据投资强度和生产批量,总装配生产线上安装一定数量的自动化设备,如不少汽车厂安装仪表板、前后风窗玻璃、座椅、车轮、发动机、车桥等时实现自动化装配,但与焊装相比,总装配仍有不少环节需靠人工进行。

5.2.3 汽车现代制造技术简介

1. 快速原型制造技术

快速原型技术(Rapid Prototyping,RP),又称快速成形技术,是一种借助计算机辅助设计,或用实体反求方法采集得到有关原型或零件的几何形状、结构和材料的组合信息,从而获得目标原型的概念并建立数字化描述模型,然后将这些信息输入计算机控制的机电集成制造系统,通过逐点、逐面进行材料的"三维堆砌"成型,再经过必要的处理,使其在外观、强度和性能等方面达到设计要求,实现快速、准确地制造原型或实际零件、部件的现代化方法。

快速原型制造技术是一种新型的制造方法,特别适合于形状复杂、精细的零件加工,成功地解决了CAD三维造型中"看得见,摸不着"的问题,生产柔性很高,技术集成,设计制造不需专门的工装夹具和模具,大大缩短了新产品的试制时间,零件的复杂程度和生产批量与制造成本无关。

快速原型技术是利用"离散—堆积"与传统去除加工方法相反的一种加工方法,并拥有同时处理多种材料和复杂结构的独特功能,能自动、快速、精确地将设计思想转变成具有一定功能的产品原型或直接制造零部件。快速原型制造技术原理如图 5-18 所示。

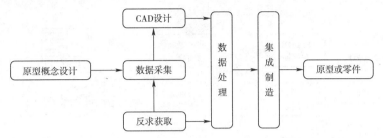

图 5-18　快速原型制造技术原理

快速原型制造技术需要研究、考察各种原型制造方法、转换技术和测量技术,需求更好的原型材料并评价原型对于制造业的影响。目前,快速原型制造技术的原理都是采用分层累加法,即利用 CAD 在计算机上构成产品的三维模型,并生成 STL 文件(Stereo Lithography File),经过分层切片等步骤进行数据处理,之后计算机根据模型各层轮廓的信息,控制材料在工作台上一层一层地堆积,逐层叠加并最近形成原型产品。图 5-19 所示是运用 LOM(清华大学开发)快速原型系统所制作出几何形状复杂的原型件

2. 数控机床和数控加工中心

数控机床和数控加工中心是微电子、计算机、自动控制、精密测量等技术与传统机械技术相结合的产物。它根据机械加工的工艺要求,使用计算机对整个加工过程进行信息处理与控制,较好地解决了复杂、精密、多品种、小批量机械零件加工问题,是灵活、通用、高效的自动化装置,也是实现生产过程自动化、柔性化的核心设备。

数控机床是数字控制机床(Computer Numerical Control Machine Tools)的简称,是一种装有程序控制系统的自动化机床。

图 5-19　快速原型系统制作的原型

该控制系统能够逻辑地处理具有控制编码或其他符号指令规定的程序,并将其译码,从而使机床动作并加工零件。与普通机床相比,数控机床不仅适应性强、加工效率高、精度高、质量稳定,而且可实现多坐标联动和复杂形状零件的加工,是实现多品种、中小批量生产自动化的有效方式。数控机床的数控系统组成如图 5-20 所示。

数控加工中心是在普通数控机床的基础上发展起来的,主要是增加了刀具库、自动换刀装置和移动工作台等,因而可以在一台机器上完成多台机床才能完成的工作,包括铣、车、钻、刨、镗、攻螺纹等多种加工工序。图 5-21 是 JCS-018A 型立式加工中心外观图。

3. 工业机器人

工业机器人是面向工业领域的多关节机械手或多自由度的机器人,由操作机(机械本体)、控制器、伺服驱动系统和检测传感装置构成,是一种仿人操作、自动控制、可重复编程、能在三维空间完成各种作业的机器。它可以接受人类指挥,也可以按照预先编排的程序运行,现代的工业机器人还可以根据人工智能技术制定的原则纲领行动。作业方式包括钻孔、切削、装配、焊接、喷漆、打磨、抛光、清洗、材料搬运、机具装卸等,几乎无所不能,特别适合于

多品种变批量的柔性生产。

工业机器人在汽车生产中得到了广泛的应用,如汽车零部件的加工、自动焊接生产线、汽车总装线等。

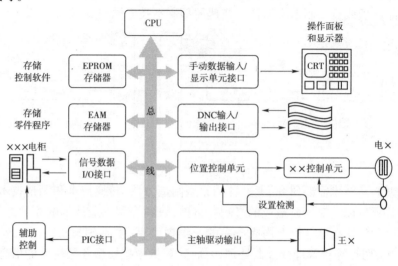

图 5-20 数控系统的组成

4. 计算机集成制造系统

计算机集成制造系统(Computer Integrated Manufacturing System,CIMS)是由一个多级计算机控制硬件结构,配合一套订货、销售、设计、制造和管理综合为一体的软件系统所构成的全盘自动化制造系统。它是在信息技术自动化技术与制造的基础上,通过计算机技术把分散在产品设计制造过程中各种孤立的自动化子系统有机地集成起来,形成适用于多品种、小批量生产,实现整体效益的集成化和智能化制造系统。CIMS 具有生产率高、生产周期短、可实现多品种小批量生产等一系列优点。

CIMS 一般包含四个功能子系统(管理信息系统、产品设计自动化系统、制造自动化系统、质量保证系统)和两个支撑子系统(计算机网络系统和数据库系统)。

信息管理子系统的功能包括市场分析和预测、经营决策、各级生产计划、生产技术准备、销售、供应、财务、成本、设备和人力资源管理;产品设计自动化子系统通过计算机来辅助产品设计、制造准备以及产品测试;制造自动化子系统由数控机床、加工中心、清洗机、测量机、运输小车、立体仓库和多级分布式控制计

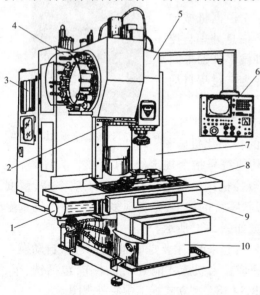

图 5-21 JCS-018A 型立式加工中心外观图
1-X 轴的直流伺服电动机;2-换刀机械手;3-数控柜;4-盘式刀库;5-主轴箱;6-操作面板;7-驱动电源柜;8-工作台;9-滑座;10-床身

算机等设备及相应的支持软件组成,完成对零件的加工作业、调度以及制造任务;质量保证子系统的功能包括质量决策、质量检测、产品数据采集、质量评价、生产加工过程中的质量控制与跟踪,保证从产品设计、产品制造、产品检测到售后服务全过程的质量。

计算机网络子系统也就是企业内部局域网,是支持CIMS各子系统的开放型网络通信系统,采用标准协议可以实现异机互联、异构局域网和多种网络的互联,可以满足不同子系统对网络服务提出的需求,支持资源共享、分布处理、分布数据库和实时控制。

数据库子系统则支持CIMS各子系统的数据共享和信息集成,它覆盖了企业的全部数据信息;数据库系统在逻辑上,数据和信息是统一的;而在物理上,是分布式的数据管理系统。

5. 柔性制造系统

柔性制造技术(Flexible Manufacturing Technology,FMT)是集数控技术、计算机技术、机器人技术、现代管理技术为一体的现代制造技术,主要用于多品种小批量或变批量生产。

柔性制造系统(Flexible Manufacturing System,FMS)是在成组技术的基础上,以多台(种)数控机床或数组柔性制造单元为核心,通过自动化物流系统将其连接,统一由主控计算机和相关软件进行控制和管理,组成多品种变批量和混流方式生产的自动化制造系统。FMS采用半独立的数控机床,这些机床通过物料输送系统联成一体。其中,数控机床提供灵活的加工工艺,物料输送系统将数控机床互相联系起来,计算机则不断对设备的动作进行监控、检测,同时提供控制指令并进行工程记录,还可通过仿真来预示系统各部件的行为。

柔性制造系统有柔性制造单元、柔性制造系统和柔性制造生产线三种类型。柔性制造单元(Flexible Manufacturing Cell,FMC)由单台计算机控制的数控机床或加工中心、环形托盘输送装置或工业机器人组成。FMC比MC功能全,比FMS规模小、可靠,便于连成功能可扩展的FMS;柔性制造系统(FMS)它由两台或两台以上的数控机床或加工中心或柔性制造单元所组成,配有工件自动上下料装置(如托盘交换装置、机器人)、自动输送装置、自动化仓库等,由计算机控制系统进行加工控制、计划调度安排及工况监测;柔性制造生产线(Flexible Manufacturing Line,FML)是在已有的传统组合机床及其自动线基础上发展起来的,用计算机控制管理,保留了组合机床模块结构和高效特点,又加入了数控技术的有限柔性。它将FMS中的各机床按工艺过程布局,构成既具有生产节拍,又具有可变性的加工生产线,是刚性自动线与柔性制造系统的一种结合。

5.3　汽车试验与检测

5.3.1　汽车试验的目的与分类

1. 试验意义和目的

在汽车的设计、制造、使用过程中,都贯穿着试验这条线。首先,设计思想和理论计算来源于试验所提供的依据和经验积累。在初步设计完成后,常需进行几个方案的比较试验、模型试验等。技术设计中,对一些重要零部件要进行试验研究;样车试制出来后,更需做一系列的性能测试和寿命试验。在汽车定型后,在进行大量生产中也伴随着作为质量控制用的抽样试验以及装配调整后的总装(成)试验、试车等。最后,当客户购买了汽车并使用时,车辆交通管理部门还要定期对车况进行检测,以便保证行车安全。

汽车工业的特点是:产量大、品种多、产品使用条件复杂,对产品的性能、寿命等方面要求高。汽车产品质量不仅直接关系到使用者的经济效益,还直接涉及人们的生命安全和财产损失,因此对汽车产品质量有严格的要求。而试验是保证汽车质量的一个重要手段,它不仅对各种车辆的设计性能、制造质量、使用可靠性等方面进行鉴定与评价,而且和车辆研究、产品改进、工艺革新有着密切关系,所以汽车工业特别重视试验工作。一般地讲,汽车试验是根据以下某个目的来开展的。①关于汽车基础理论研究;②汽车新产品定型;③汽车零、部件定型;④对于法规的适应性验证;⑤检验汽车制造质量;⑥调查实际使用情况等。

2. 试验分类

汽车试验可按其试验目的、试验对象和试验方法进行分类。

1)按试验目的分类

(1)品质检查试验。对目前生产的汽车产品,定期进行品质检查试验,鉴定产品品质的稳定性,及时检查出产品存在的问题;一般情况下试验较简单,通常是针对用户意见进行检查,并做出检查结论。一般每种产品都有具体的试验规范,如 GB 1333—1977《汽车产品质量定期检查试验规程》。

(2)新产品定型试验。在新型汽车投产以前,首先按规程进行全面性试验,同时在不同地区(如我国华南亚热带、西藏高原、东北寒区等)进行适应性和使用性试验。在定型试验中,不允许出现重大损坏、性能恶化、维修频繁等情况。新设计或改进设计的试制样车,则应根据其生产纲领规定试验内容。大批量生产的车型,可先以小量(3~8辆)样车考验其设计性能,经改进后,再生产小批量样车考验其性能、材料与工艺等。

(3)科研性试验。为了改进现有产品或开发研制新产品,必须对车辆的新部件、新结构,采用的新材料、新工艺等进行广泛深入的研究试验,试验常采用较先进的仪器设备。此外,新的试验方法与测试技术的探讨,试验标准的制定,也是科研性试验的一部分。

2)按试验对象分类

(1)整车试验。目的是考核评定整车的主要技术性能,测出各项技术性能指标,如动力性、经济性、平顺性、制动性及通过性等。此外,整车基本参数的测定也包括在内。

(2)机构及总成试验。主要考核机构及总成的工作性能和耐久性,如发动机功率、变速器效率、悬架装置的特性以及它们的结构强度、疲劳寿命和耐久性等。

(3)零部件试验。主要考核其设计和工艺的合理性,测试其刚度、强度、磨损和疲劳寿命以及研究材料的选用是否合适。

3)按试验方法分类

(1)室外道路试验。汽车在实际使用的道路条件下现场试验,其试验结果比较符合实际使用情况,可全面考核其技术性能,所以这是应用最普遍的方法。但试验的影响因素多,如条件环境不易控制,受车上空间条件的限制,传感器的安装及测试参数的获得、记录、处理均较室内试验困难。近10年已陆续发展了各种高性能的小型传感器和电子仪器以及应用磁带记录器作现场记录。此外,还发展了遥测系统,使道路试验技术更趋完善。

(2)试验场试验。试验按预先制定的试验项目、规范,在规定的行驶条件下进行。试验场可设置比实际道路更恶劣的行驶条件和各种典型道路与环境,在这种条件下进行可靠性试验、寿命试验及环境试验,也可以进行强化试验以缩短试验周期,提高试验结果的可比性。

(3)室内台架试验。台架试验能以较高的精度在室内试验台上测试汽车整车及总成和零部件,并能消除不需研究的某些因素,容易控制试验条件。近年来,在台架试验中广泛采用电子计算机技术。例如室内台架试验广泛应用计算机控制,随机负荷加载以及自动分析记录的数据采集系统。因此,室内台架试验可以模拟实际使用工况,建立起室内台架试验与实际道路试验相应的关系,以代替一部分道路试验,这样不仅提高了试验精度,而且缩短了试验周期。

5.3.2 典型汽车试验设施与设备

1. 汽车试验场

汽车试验场是为了检验汽车新产品各项性能而专门建造的大型试验场地。在汽车试验场中，不仅可以进行各种基本性能试验，而且还能进行汽车车身及各总成的耐久试验、强度试验以及悬架机构的振动试验等各种特殊性能试验。试验场能够提供一些特殊的试验条件，从而可对汽车性能进行全面的考核。试验场建有各种人工强化路面，能够缩短汽车可靠性、耐久性试验周期，加快产品的更新换代。有些试验场不受气候限制，可以采用人工方式制造风、雨、雾、雪等环境条件，提高试验结果的可比性，从而获得较高的试验效率。

国外汽车工业部门对建设自己的试车场十分重视，甚至称汽车试验场是汽车工业发展的先驱。早在1917年美国就兴建了世界上第一个占地面积达304km²的阿伯丁试车场（Aberdeen Proving Ground）。第二次世界大战后，工业发达的西方国家及日本等国的各大汽车公司为了确立自己汽车龙头地位，更是积极地建设试车场，而且规模也越来越大。据不完全统计，世界上已建有100多个不同类型的汽车试验场。图5-22是福特汽车公司的试验场示意图。世界上规模最大的试车场是美国通用汽车公司的密尔福特汽车试验场，场内修筑了多种试验跑道。

我国已先后建成并投入使用的共有六大汽车试验场：海南汽车试验场（1987年）、安徽定远汽车试验场（1991年）、襄樊汽车试验场（1992年）、交通部公路交通试验场（1995年）、一汽农安汽车试验场（2000年）、上海大众汽车试验场（2002年）。图5-23是襄樊汽车试验场的布置示意图，其设计和施工经过英国汽车研究学会（MIRA）的技术咨询，在试验道路种类和路面参数上有些是相近和相似的。交通部公路交通试验场高速环道设计车速达到190千米/小时（km/h），从一个侧面反映出汽车高速试验的需求。

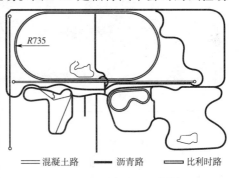

图5-22 福特汽车公司的试验场

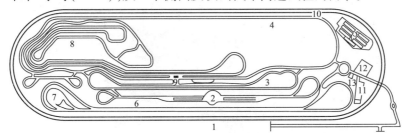

图5-23 襄樊汽车试验场布置示意图

1-高速环道；2-综合试验路；3-比利时环道；4-普通路环道；5-标准坡道；6-综合性能路；7-转向试验圆广场；8-二号综合路；9-停车场；10-停车场；11-中控室；12-油库；13-控制室

试验场按用途分综合试验场、专用试验场、军用汽车试验场三类。专用试验场如沙漠试验场、热带试验场、寒地试验场等；军用汽车试验场往往增加高越野性能和车载军用装备方面的试验设施。试验场占地面积很大，以构成各种室外道路，如高速环行道（图5-24）、高速直线道、耐久性试验路、爬坡试验路、噪声发生器、比利时路（图5-25）、搓板路（图5-26）、随机波形路、扭曲路、越野路、涉水路(图 5-27)等,还有专用于操纵稳定性试验和撞车试验的场地。试验场中也常包括一些室内试验设施,如整车参数测定室、发动机试验室、部件试验室、轮胎试验室、材料试验室、噪声与振动试验室、环境试验室等。

图 5-24 高速环形跑道

图 5-25 石块路(比利时路)

图 5-26 搓板路

图 5-27 涉水路

2. 风洞实验室

风洞是用来研究汽车空气动力学的一种大型试验设施,是用来产生人造气流(人造风)的管道,在这种管道中能造成一段气流均匀流动的区域,汽车风洞试验就在这段风洞中进行,图 5-28 所示为德国大众整车一号风洞。风洞实验室对开发新车型、提高汽车动力性、改善汽车的空气动力稳定性和燃油经济性、减小汽车噪声和改进车内通风等都有重要作用。根据相似原理,风洞不一定是全尺寸的整车风洞,也可以采用缩小比例的模型风洞。风洞试

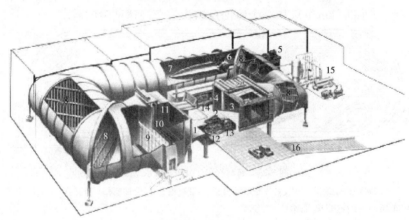

图 5-28 德国大众整车一号风洞

1-喷嘴;2-测试区;3-气流收集器;4-加温装置;5-鼓风机和电动机;6-鼓风机;7-扩压器;8-导向叶片;9-冷却器;10-蜂窝格栅;11-涡流格栅;12-天平;13-转鼓试验台;14-控制室及处理控制计算机;15-制冷装置;16-斜坡通道

验中主要通过空气动力天平测出作用在试验汽车上三个相互垂直力和绕三个相互垂直轴的三个力矩,以便得到空气阻力系数、升力、侧向力等。风洞中还可设噪声测量装置以研究气流噪声,设测压装置以确定车体表面的压力分布,在车身表面粘上纤维并通过摄影装置记录气流在车身表面的流谱等。过去风洞试验中车轮是不转动的,实际上转动的车轮对空气阻力系数也有一定影响,因此为测量正确,近来不少风洞安装转鼓以便能更好地模拟行驶状态。带有转鼓测功器的全天候整车风洞功能较多,它除可对汽车的空气动力学性能进行评价外,还可对严寒、高温、潮湿等条件下的汽车性能进行测定。

图 5-29 所示是整车试验风洞的一般布置。汽车被固定在天平平台 12 上,通过空气动力天平 10 测定试验风速下的六个气动力分量(阻力、升力、侧向力、俯仰力矩、侧倾力矩和横摆力矩)。附面层吸缝 11 用于消除来流造成的地面附面层对试验结果的影响。图中转鼓试验台 9 可在模拟环境条件下作汽车性能试验。

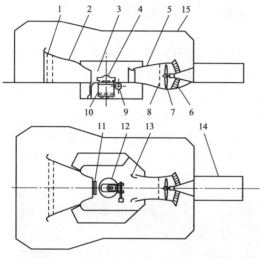

图 5-29 整车风洞示意图

1-阻尼网;2-收缩段;3-试验段;4-试验汽车;5-扩散段;6-螺旋扩散片;7-叶片;8-安全网;9-转鼓试验台;10-空气动力天平;11-附面层吸缝;12-天平平台;13-导流器;14-动力与传动装置;15-建筑物

3. 转鼓试验台

转鼓试验台是室内模拟试验常用的一种设备。试验汽车在转鼓上模拟实际路面行驶的各种动态工况,并利用各种装置对各动态工况进行测量、分析和判断。

汽车在道路上行驶时,路面不动,汽车相对于静止的路面作水平方向的移动。在转鼓试验台上,是以转鼓的表面来代替路面,转鼓的表面相对于静止的汽车作旋转运动。试验时通过加载装置给转鼓施加载荷,以模拟汽车实际行驶时的阻力,并在尽可能接近于实际工况下进行各项测量,因此汽车的动力性能、经济性能、制动性能等可以在转鼓试验台上进行测定。

转鼓试验台一般由加载装置、测量装置、转鼓组件以及其他辅助装置组成。转鼓试验台所用转鼓有两种类型,如图 5-30 所示。

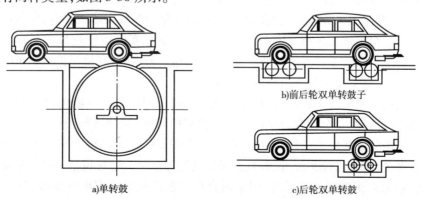

a)单转鼓   b)前后轮双单转鼓子   c)后轮双单转鼓

图 5-30 转鼓试验台

(1) 一种是单转鼓试验台,一般地说,转鼓直径越大,轮胎打滑率越小,越接近于汽车在平坦公路上的行驶状态。但加大转鼓的直径,试验台的制造和安装费用都将显著增加,所以,一般鼓径均在 1500~2500mm 的范围内。此外,单转鼓试验台对试验车辆的安放定位要求较严,车轮与转鼓的对中比较困难。但因其试验精度较高,在汽车制造厂和科研部门应用较广泛。

(2) 转鼓试验台的另一种类型是双转鼓试验台。双转鼓试验台的转鼓直径比单转鼓试验台的直径要小得多,一般在 185~400mm 的范围内,随试验车型而定。转鼓的曲率半径小、轮胎和转鼓的接触情况与在道路上的受压情况就不一样,故试验精度比较低。但这样的试验台对试验车的安放要求不高,使用方便,而且一次性投资也不太高,适合于汽车修理厂和车辆监理部门进行汽车技术状况检查和故障诊断时使用,因而应用较广。

4. 汽车综合环境实验室

汽车环境模拟试验装置可以模拟汽车在实际行驶中遇到的雨、雪、阳光、振动、冷热负荷、高低气压和行驶速度等。在环境模拟试验装置中进行整车试验具有不受地区、季节及时间限制,可复现自然条件、模拟极值条件,可在相同环境条件下多次重复试验,有利于评估和详细分析试验数据等优点。在综合环境实验室中,可进行发动机冷却试验、空调系统开发试验、热燃料处理试验、汽车城市循环工况分析、冷热排放试验、加热系统开发试验、冷起动和热起动试验、除霜除雾试验等。图 5-31 所示为德国大众汽车综合环境实验室,图 5-32 所示汽车前窗玻璃除霜除雾试验。

图 5-31 德国大众汽车综合环境实验室

图 5-32 汽车前窗玻璃除霜除雾试验

汽车环境模拟试验装置包括环境模拟风洞和环境模拟实验室两类。环境模拟风洞和环境模拟实验室之间有很多相似之处,但又存在一个关键区别,即对车身周围气流组织及边界层速度分布的模拟精度要求不同。环境模拟风洞不仅对温度、湿度、太阳辐射模拟精度有很高的要求,而且对流过车身的空气流组织和速度分布模拟精度要求也很高,而环境模拟室则对车身周围气流组织状态无精度要求。而实际上,车辆在实际行驶过程中车身周围的气流组织必定会对车辆及其零部件的性能产生影响,从这个角度讲,环境模拟风洞试验的结果将更符合实际情况,故下面主要介绍环境模拟风洞。

汽车环境模拟风洞通常可以分为高温、低温和高低温三种。环境模拟风洞可为汽车及其零部件进行舒适性、安全性和可靠性提供多种多样的气候试验研究平台。汽车环境模拟风洞不仅要模拟气候条件和道路行驶状况,同时还需要模拟发动机的实际运行情况并具有相应的控制系统、安全监控系统、试验数据采集及处理系统。通常包括下列子系统及装置:

(1) 空气温度、湿度保证子系统,用来预置和控制模拟环境温度和湿度,其中包括冷却盘管、加热器、加湿器以及冷冻装置、除湿装置、蒸汽锅炉等。

(2) 太阳辐射模拟子系统,用来模拟和控制太阳辐射强度和辐射角度。

(3) 车风速模拟子系统,用来模拟汽车迎面风速及汽车怠速状态。

(4) 道路阻力模拟子系统,用来模拟汽车行驶时的道路阻力状态、上下坡、加减速情况。

(5) 发动机废气排放子系统,用来及时抽吸汽车发动机排出的废气,保证发动机工作背压。

(6) 新风子系统,用来为汽车发动机补充新鲜空气,保证发动机处于良好的燃烧工作状态。

(7) 计算机控制系统,用来控制各种设备、动作器及试验程序,包括必要的控制硬件和软件设备。

(8) 安全监控及报警处理子系统,用来对室内有害气体及关键设备进行监控和报警,包括有害气体及关键设备的自动报警装置等。

(9) 数据采集及处理子系统,用来采集各种汽车性能试验所要求的参数、试验结果处理及生成试验报告。

(10) 其他环境模拟装置,如下雨、降雪、风沙、盐雾、振动等。

环境模拟风洞可以是立式,也可以是卧式,采用立式主要是为了节省空间,而风管的形状一般为矩形。各管段及其中部件主要则根据阻力损失及流场、温度场、湿度场的要求来设计,在保证试验段速度场、温度场和湿度场品质的前提下,尽可能地减小总的阻力损失,以节省风机系统及制冷空调系统的能耗。为了能模拟汽车行驶时的实际情况,环境模拟风洞必须能在一个很宽的温度、湿度范围内满足各种汽车试验的要求。在环境模拟风洞发展的初期,各国风洞一般模拟本国的气候条件,随着汽车市场的全球化,工况范围逐步扩展,目前各国风洞的温度范围一般为 $-40 \sim 55$℃,湿度范围为 $10\% \sim 90\%$,最大太阳辐射强度约 $1200W/m^2$,基本上覆盖了全球的气候条件。

世界各大汽车及零部件生产厂一般均有自己的环境模拟风洞,有的还拥有多个风洞,日本的 DENSO 公司就拥有 6 个环境模拟风洞,其中 5 个为高低温风洞,1 个为高温风洞。国内汽车环境模拟室不少,并且其数量有上升的趋势;由于风洞的投资较环模室更大,国内目前数量还很少。但随着汽车产业的发展,它必将成为国内汽车及零部件生产企业进行汽车研究、开发和质量保证不可缺少的重要设备。

复习思考题

1. 汽车设计要求与特点有哪些?
2. 在汽车设计中所采用的现代设计方法主要有哪些?
3. 什么是优化设计? 其在汽车设计中的应用有哪些优越性?
4. 专用汽车设计的特点有哪些?
5. 汽车的生产包括哪些过程及内容?
6. 汽车的制造工艺主要有哪些?
7. 汽车现代制造技术主要有哪些?
8. 汽车试验的目的是什么?
9. 典型汽车试验设施与设备主要有哪些?
10. 风洞实验室的作用是什么?

第 6 章　新能源汽车

汽车的节能与环保是当今世界汽车研究的主题。新能源汽车是解决能源与环保问题的绿色汽车。纯电动车、气体燃料汽车、氢燃料汽车、混合动力汽车、太阳能汽车等是新能源汽车开发的主流。

6.1　新能源汽车概述

6.1.1　概述

能源是人类赖以生存和发展的基础。由于世界能源需求的急剧增长，20 世纪 70 年代即爆发了世界性的石油危机。当前，全世界已经名副其实地进入了"高油价时代"。高油价时代的来临，对于以石油制品作为主要燃料的传统汽车工业来说，无疑是一个艰难而巨大的挑战。

同时，正是由于这些以石油制品为燃料的内燃机汽车的大量普及和使用，造成了对环境的极大破坏，生成酸雨的氮氧化物，引发全球变暖造成环境破坏的 CO_2 主要来自汽车燃料燃烧排放气体。据估计，约 20% 的 CO_2 气体来自内燃机汽车的尾气排放，有调查统计表明，城市生活中 50% 的空气污染问题来自内燃机汽车。

然而，尽管由于石油危机和石油制品燃料的高污染，引发了人们对于未来能源安全和环境保护的普遍担忧，但是，汽车时代并没有宣告终结。

这是因为，高油价正在发挥其"双刃剑"的巨大威力：一方面，石油价格的飙升突破了人们的承受能力，使得石油失去了先前方便获得、价格低廉、性价比高的诸多优势；更为重要的是，另一方面，石油价格的飙升和环境污染刺激着世界各国政府及全球各大汽车生产商对新能源汽车的开发进行大力投入，并且已经取得了丰硕的成果。

电动汽车（含燃料电池汽车）、太阳能汽车、以醇燃料汽车为代表的可再生能源汽车、燃气汽车、氢动力汽车以及混合动力汽车等诸多新能源汽车解决方案应运而生。这代表了世界各大汽车行业巨头在降低能源消耗以及汽车排放污染方面的最新探索。当前，各种新能源汽车实现产业化的崭新时代已经正式到来。

6.1.2　新能源汽车的类型及发展趋势

由于采用新能源后对汽车发动机性能、整车性能有较大影响，以及新能源汽车产业化所带来的技术、成本、政策和对社会的影响等一系列问题，使得当前投入使用的新能源汽车在汽车的保有量中只占很少的比例。

1. 纯电动汽车

电动汽车是指由电动机驱动且自身装备供电能源(不包括供电架线)的汽车。纯电动汽车恐怕是最早提出的,也是最能彻底解决污染的一个方案。听起来这也是最简单的一个方法,我们生活中常见的"电瓶车"就是采用这样的动力。不过用在汽车上就没那么简单了,因为一直未能很好地解决蓄电池容量、续行里程、充电时间、配套设施以及最关键的制造成本高等难题,电动汽车的产业化一直处于一种徘徊状态。然而,电动汽车具有许多优点:不需石油燃料、零排放、操纵简便、噪声小以及可以在特殊环境下(太空、海底、真空)工作。研制出轻巧、高效、价廉的蓄电池是电动汽车实现大规模产业化的关键。

2. 燃料电池电动汽车

燃料电池电动汽车是利用氢同氧进行化学反应产生电,然后再以电能驱动的新一代车辆。氢和氧化学反应生成水蒸气,不排放碳化氢、一氧化碳、氮化物和二氧化碳等污染物质,是21世纪非常有前途的环保型汽车。燃料电池的优势,是利用车载的燃料在汽车上发生化学反应,直接生成电能来驱动电动机,从而绕开了需要大容量蓄电池这一技术和成本瓶颈。当前主要的技术问题,落在了氢气的生产和储存上面,目前世界各大汽车厂商的燃料电池技术都已达到了相当高的应用水准,面临的问题主要集中在制造成本上。当然这也是最关键的问题,如果燃料电池汽车要想获得较大发展,就必须解决成本问题。

在燃料电池电动汽车实用化方面,已经有戴姆斯—克莱斯勒和福特汽车公司组成联合体,美国通用汽车和日本丰田汽车公司组成统一战线,联手开发燃料电池汽车等清洁型车辆,在国际上处于领先地位。

3. 太阳能汽车

太阳能汽车是通过太阳能电池将太阳能转化为电能,并利用该电能作为能源驱动行驶的汽车。由于其能源来自太阳,是真正的绿色能源汽车。根据太阳能汽车设计要求,其结构与普通汽车有很大不同。概括起来,太阳能汽车具有节约能源、能源利用率高、减少环境污染、灵活操控性好等优点。

1986年,清华大学研制出"追日号"太阳能汽车,2001年全国高校首辆载人太阳能汽车——"思源号"在上海交通大学诞生,2006年首辆太阳能轿车在南京亮相,其行驶速度最高可达88km/h。但是目前研发的太阳能汽车主要用于试验或竞赛,实用性较差,转化效率低是主要技术瓶颈。

4. 醇燃料汽车

可再生能源汽车的代表是醇燃料汽车。根据各国不同的能源情况,为了减少对进口石油的依赖,充分利用本国资源,或是为了汽车燃料多样化,很多国家研究并采用醇燃料作为汽油、柴油的替代燃料,包括甲醇及乙醇,也包括丙醇、丁醇及其异构体等。一些国家已经提出M100、M15、M85及E85等燃料规范,并根据醇燃料的燃烧特点研制了多种着火改善剂,一些国家(如美国、瑞典、巴西、加拿大、英国、日本等)已经积累了长期使用醇燃料汽车的经验。

5. 气体燃料汽车

气体燃料汽车主要是以天然气、石油气及氢气等气体为燃料的汽车,气体燃料汽车比常规的液体燃料汽车具有较好的低排放性能,所以气体燃料汽车在各国受到普遍关注。但是汽车经过结构变动及参数调整后使用气体燃料,在最高车速、加速性及燃油经济性等方面,往往还达不到原有水平,甚至会出现缺火、循环波动大及爆震现象,这是由于发动机工作过程不能适应气体燃料,气体燃料汽车发展的关键在于提高发动机的性能。

6. 混合动力汽车

尽管纯电动汽车彻底环保,但在纯电动汽车技术一时无法在汽车上施行的情况下,折中方法便应运而生,这就是混合动力技术。"混合动力"顾名思义就是有两种或两种以上的动力系统共同工作,当车起步或停车时,发动机会自动熄火,完全由电动机提供动力;而在车辆进入行驶状态后,发动机则参加工作,这样汽车始终在发动机工作最稳定的转速下行驶,避开了既耗油、排放又差的低转区,不仅油耗更低,性能更完善,而且在成本控制、实用性能方面也基本达到了传统汽车的水准,这让消费者极易接受。不过,与电动汽车或是燃料电池汽车相比,混合动力汽车保留了传统的发动机,使用过程中始终会有废气产生。

虽然混合动力汽车只是汽车新能源发展过程中的一个过渡产品,但是,如前所述,目前在诸多新能源汽车解决方案中,成功实现了产业化的恰恰只有混合动力汽车。

7. 双燃料汽车

双燃料汽车是指既能使用气体燃料,又能使用液体燃料的双燃料汽车,双燃料汽车有两层含义:一是在同一辆车上可以切换两种不同的燃料,例如在柴油机上既可以使用柴油,又可以使用醇类燃料或天然气;另一种含义是在同一辆车上同时使用两种燃料,甚至是两种以上的燃料。例如在醇燃料或气体燃料为主的汽车柴油机上,只用少量柴油引燃,又如在汽油机或柴油机上掺烧少量的氢气或其他燃料;在汽车发动机上使用两种或两种以上单元燃料组成的混合燃料等。

从目前的发展状况来看,已经有多种能源的替代方案,在各个方面都取得较大的进展,这些代用燃料汽车都已投入实际使用,尤其是压缩天然气和液化石油气汽车使用得更广泛一些。另外,还有正在研究阶段的太阳能汽车,以及在设想中的核能汽车等新能源汽车。但是从资源的角度和现在发展状况看,电动汽车和燃料电池汽车是最具生命力的。从长远的角度出发,与电动汽车或是燃料电池汽车相比,其他的能源替代方式依然使用传统的发动机,使用过程中始终会有废气产生,所以注定它们只能是一个过渡性的角色,世界各国政府和各大汽车生产厂商在电动汽车和燃料电池汽车方面的关注程度最高,投入也是最大的。典型的例子如美国,1993年9月,美国政府提出了10年完成的"新一代汽车合作计划"(PNGV),由政府牵头,组织几十个公司和机构,完成提高燃料经济性和开发电动汽车的规定目标。各大公司在政府的支持下,也制定了发展电动汽车的长远规划,调动社会上各种力量参与电动汽车的研制。电动汽车经历了关键性技术的突破,样机、样车的研制,区域性试用以及小批量实际应用等探索阶段,现在已接近商业化生产。受续驶里程的影响,纯蓄电池驱动的汽车向超微型发展。这种汽车降低了对动力性和续驶里程的要求,充电过程比较简单,车速不高,适合于市内或社区小范围内使用。随着社会的发展,氢燃料电池氢的提取、氢的储存、氢的社会供应等技术难题会逐渐解决,各大公司都已建立了电动汽车批量生产的总装配生产线。戴姆勒—克莱斯勒、通用、福特、丰田、本田的多款电动车已结束路试工作,其中有少量已经投入商业化生产。

6.2 几种典型新能源汽车简介

如前所述,按新能源汽车使用的燃料和工作方式,可分为纯电动汽车、燃料电池电动车、太阳能汽车、醇燃料汽车、气体燃料汽车、双燃料汽车、混合动力汽车等几类。

6.2.1 电动汽车

电动汽车是指以车载电源为动力,用电动机驱动车轮行驶,符合道路交通、安全法规各项要求的车辆。电动汽车的最大优点是:它本身不排放污染大气的有害气体,而且噪声小,振动也不大,从能量的利用效率看,是现有技术中能量利用效率最高的新能源汽车。

1. 电动汽车的工作原理

电动汽车不使用内燃机,它使用存储在电池中的电能来驱动。在驱动汽车时采用一个或多个电池组,电动汽车配有用来旋转车轮的电动机组以及使发动机运转的电池,其工作过程其实就是电能转化为机械能的过程。

2. 电动汽车的组成

电动汽车的组成包括电力驱动及控制系统和其他机械传动装置。电力驱动及控制系统是电动汽车的核心,也是区别于内燃机汽车的最大不同点。电力驱动及控制系统由驱动电动机、电源和电动机的调速控制装置等组成。电动汽车的其他机械传动装置基本与内燃机汽车相同。

1) 电动汽车驱动及控制系统

(1) 电动汽车驱动电动机。高密度、高效率、宽调速的车辆牵引电动机及其控制系统既是电动汽车的心脏又是电动汽车研制的关键技术之一。20世纪80年代前,几乎所有的车辆牵引电动机均为直流电动机,这是因为直流牵引电动机具有起步加速牵引力大、控制系统较简单等优点。直流电动机的缺点是有机械换向器,当在高速大负载下运行时,换向器表面会产生火花,所以电动机的运转不能太高。近10年来,主要发展交流异步电动机和无刷永磁电动机系统。与原有的直流牵引电动机系统相比,具有明显优势。其突出优点是体积小、质量轻、效率高、基本免维护、调速范围广。

(2) 电动汽车动力电池。电动汽车的蓬勃发展及远大前景,促进了电池技术的发展,世界各国和各大汽车公司纷纷投巨资并采取结盟的方式研究各种类型的电池。

电动汽车对驱动电池的要求主要有以下几点:比能量是保证电动汽车能够达到基本合理的行驶里程的重要性能,电池对充电技术没有特殊要求,能够实现感应充电。电池的正常充电时间应小,电池能够适应快速充电快速放电的要求,自放电率较低,电池能够长期存放。电池能够在常温条件下正常稳定地工作,电池的循环寿命高。

车用电池的主要性能参数有:电池容量、能量密度、功率密度、循环寿命、电池能量效率、电池的充电特性、电池的放电特性、温度特性和电池能量与功率关系的特性等。

车用电池已不仅仅是将若干个单元电池放在一起,而是要设计成为包括散热、保温、电解液循环及调控等在内的蓄电池系统体系。

在电动汽车上应用作为动力源的电池主要是化学反应型蓄电池,其种类很多,在汽车上作为动力电池的应用也很多,生产的公司和厂家也很多,尽管性能还不能令人满意,但是仍在继续研究中,目前已获得较多进展,并且开发了一些新型电池。以下介绍广泛应用的一些电池。

① 铅酸电池。该电池可靠性好,原材料易得,价格便宜;比功率也基本上能满足电动汽车的动力性要求。但它有两大缺点:一是比能量低,所占的质量和体积太大,且一次充电行驶里程较短;另一个是使用寿命短,使用成本过高。随着2004年世界禁铅运动的深入,铅酸电池最终会慢慢地淡出舞台。

②镍镉电池。镍镉电池目前应用广泛程度仅次于铅酸电池,可以快速充电,循环使用寿命时间长,达到铅酸电池的 2 倍,但是它同样含有重金属,其使用受到很大的限制。

③镍氢电池。和镍镉蓄电池一样,也属于碱性电池,其特性和镍镉蓄电池相似,不过镍氢蓄电池不含镉、铜,不存在重金属污染问题。但由于其存在着高温使用电荷量急剧下降等缺点,它也并非是一理想电池。

④镍锌电池。镍锌电池是美国国家能源研究公司(ERC)开发和生产的产品,具有高质量能、高质量功率和大电流放电的优势。这种优势使得镍锌电池能够满足电动车辆在一次充电行程、爬坡和加速等方面对能量的需求。其比质量能量密度与镍氢电池相当,比体积能量密度已超过镍镉电池,但小于镍氢电池。有很长的使用寿命,有很强的抗电荷量衰减特性,在常温的条件下能长时间存放。

⑤锂电池。锂电池可分为锂离子电池和锂分子(高聚合物)电池两种。锂电池具有体积小、质量能和质量功率高、电压高、高安全性(固态)、环保性好和无污染性等优点。锂电池的能量密度(体积能和质量能)几乎是镍镉电池的 1.5~3 倍。由于锂电池无记忆性,所以在充电时不用先进行放电,给使用带来了极大的方便性,又节省了能源。一般的锂离子电池比能为 100W·h/kg,质量功率高达 1500W/kg,是镍氢等电池无法与之相比的,很有希望成为 21 世纪电动汽车主要的动力电池。

(3)电动机调速控制装置。电动机调速控制装置是为电动汽车的变速和方向变换等设置的,其作用是控制电动机的电压或电流,完成电动机的驱动转矩和旋转方向的控制。

早期的电动汽车上,直流电动机的调速采用串接电阻或改变电动机磁场线圈的匝数来实现。因其调速是有级的,且会产生附加的能量消耗或使电动机的结构复杂,现在已很少采用。目前电动汽车上应用较广泛的是晶体管斩波调速,通过均匀地改变电动机的端电压,控制电动机的电流,来实现电动机的无级调速。在电子电力技术的不断发展中,它也逐渐被其他电力晶体管(如 GTO、MOSFET、BTR 及 IGBT 等)斩波调速装置所取代。从技术的发展来看,伴随着新型驱动电动机的应用,电动汽车的调速控制转变为直流逆变技术的应用,将成为必然的趋势。

2)其他机械传动装置

(1)电动汽车传动与内燃机动力汽车传动的主要不同之处在于,不是在内燃机的有限转速范围(特别是柴油机的速度范围较窄)的基础上进行变速传动,而是在较宽的电动机转速变化范围的基础上进行变速传动。电动机驱动汽车的方式可以是直接采用电动驱动轮的方式或者电动机无级调速控制,这样就可以不需要齿轮变速装置;也可以像常规内燃机汽车一样,仍通过变速装置驱动汽车。

当采用变速装置时,驱动装置基本上可以分为单轴驱动和双轴驱动两种类型,驱动桥是驱动系统的主要部件,电动汽车用的较多的是双级或三速自动换挡驱动桥,其构造和常规汽车的自动换挡装置很相似。

(2)电动汽车的其他工作装置(如行驶装置、转向装置及制动装置等)和常规内燃机汽车基本一样,制动系统中一般还有电磁制动装置,它可以利用驱动电动机的控制电路实现电动机的发电运行,使减速制动时的能量转换成对蓄电池充电的电流,从而得到再生利用。

3. 电动汽车的应用和发展

电动汽车与常规内燃机汽车相比,有其自身的许多特点,如无污染、低排放,能量效率高、来源的多样性好,结构简单、使用维护性好等。但是其不足之处也是明显的,那就是动力电源使用成本高,电池的储能少,续驶里程短,价格比内燃机汽车高。电动汽车的初期投入大、费用支出多,技术上不如内燃机汽车成熟。但从发展的角度看,随着科技的进步,投入相应的人力物力,电动汽车的问题会逐步得到解决,随着电动汽车逐渐普及,其价格和使用成本必然会降低。

国际上电动汽车在发展过程中逐渐形成比较一致的"三横、三纵、三系统"的产业框架。

三横是指:纯电池电动汽车,混合动力电动汽车和燃料电池电动汽车;

三纵是指:高效能专用电池,先进的电机技术和信息化的驱动控制系统;

三系统是指:新型的电动汽车产品设计系统,社会配套与应用工程系统,新型的能源开发和管理系统。

我国也相应地制定了自己的电动汽车发展目标,"十五"国家863计划电动汽车重大专项,从国家汽车产业发展战略的高度出发,选择新一代电动汽车技术作为我国汽车科技创新的主攻方向,组织企业、高等院校和科研机构,以官、产、学、研四位一体的方式,联合进行攻关,为实现我国能源安全、改善大气环境、提高加入WTO后我国汽车工业的竞争力做出积极贡献。专项总体目标是:在"十五"期间,促进我国符合市场经济发展要求的研发体系、机制和人才队伍的形成;以电动汽车的产业化技术平台为工作重点,力争在电动汽车关键单元技术、系统集成技术及整车技术上取得重大突破;集中有限资源抢占新一代电动汽车制高点,促进我国汽车工业实现跨越式发展。

6.2.1.1 燃料电池电动汽车

利用氢和氧在燃料电池中的反应发电作为动力的电动汽车称为燃料电池电动汽车(FCEV)。燃料电池拥有其他动力系统没有的独特优点:产生电能的过程不生产任何污染物,而且氢作为一种能源,尽管是以水这样的化合物存在,但是取之不尽。这对于节约矿物资源并减少二氧化碳排放很重要。

按氢气供给方式,燃料电池汽车分为改质型和非改质型两种,利用车载改质装置制造氢气,再供给燃料电池称为改质型,由车载氢气直接供应燃料电池称为非改质型。

1. 燃料电池电动汽车的基本组成

燃料电池电动汽车主要由燃料电池组、控制系统、驱动系统、辅助动力系统和蓄电池组等部分构成,如图6-1所示。

1)燃料电池组

燃料电池组是FCEV的主要电流源,由多个1V以下的燃料电池串联组成,是一种将储存在燃料和氧化剂中的化学能通过电极反应直接转化为电能的发电装置。

燃料电池工作时,外界不断供给负极氢气,供给正极空气(图6-2),在催化剂(铂、多孔石墨等)作用下,产生如下反应:

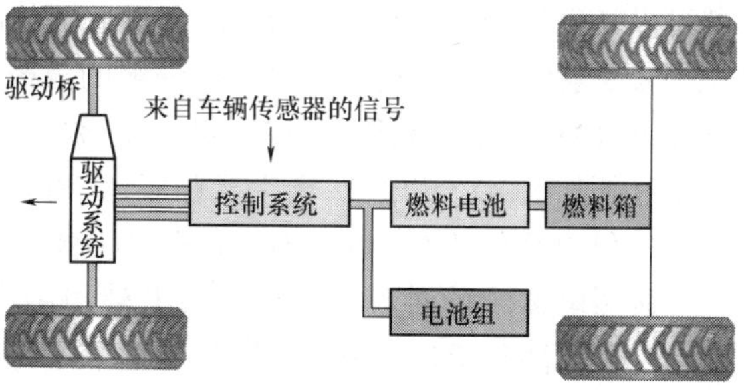

负极 $2H_2 \longrightarrow 4H^+ + 4e^-$

正极 $O_2 + 4H^+ + 4e^- \longrightarrow 2H_2O$

图6-1 燃料电池电动汽车的组成

负极经催化剂作用,氢原子中的电子被分离出来,在正极吸引下,在外电路形成电流,失去电子的氢离子,在正极与氧及电子结合为水,氧可从空气中获得,只要不断地供给氢气和

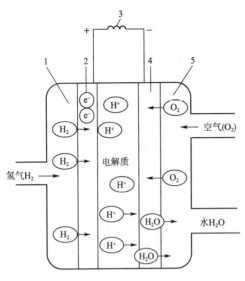

图 6-2 燃料电池的工作原理

1-多孔质燃料夹层;2-氢电极;3-负载;4-氧电极;5-多孔质空气夹炽

带走水,燃料电池就可不断供给电能。

2)燃料电池控制系统

用于控制燃料电池的反应过程(起动、反应、输出电能的调整、停止等),一般用燃料电池管理系统模块对燃料电池状态进行监控和检查。

3)驱动系统

燃料电池的电流需要经过专用的大功率动力DC/DC转换器,将燃料电池产生的直流电转换为稳压的直流电流,然后经过逆变器转换为交流电输送给驱动电动机,驱动车轮转动。

4)辅助动力系统

通常在 FCEV 上还要装配一个蓄电池组作为辅助电源,其作用:①用于 FCEV 快速起动;②用于储存 FCEV 在再生制动时反馈的电能;③为电动汽车控制系统、照明系统等电气设备提供低压电源。

2. 燃料电池电动汽车的工作原理

由燃料箱不断地供给燃料,燃料电池把燃料氧化的化学能转换为电能,产生的直流电经过控制器变为交流电后供入驱动电动机,经传动系统驱动车轮。

在电动汽车开始行驶时,蓄电池组处于电量饱满状态,其能量输出可以满足汽车起动要求,由其为驱动系统提供能量,并对燃料电池进行预热,燃料电池动力系统不需要工作;当氢气供给足够时,燃料电池动力系统起动,由燃料电池动力系统为驱动系统提供能量,当车辆能量需求较大时,燃料电池动力系统与蓄电池组同时为驱动系统提供能量;当车辆能量需求较小时,燃料电池动力系统为驱动系统提供能量的同时,还给蓄电池组进行充电。

3. 燃料电池的种类

燃料电池是一种将储存在燃料和氧化剂中的化学能通过电极反应直接转化为电能的发电装置。它不经历热机过程,不受热力循环限制,故能量转换效率高,燃料电池的化学能转换效率在理论上可达100%,实际效率已达60%~80%,是普通内燃机热效率的2~3倍,燃料可以是氢气、甲醇、天然气、石油气、甲烷及其他能分解出氢的烃类化合物。

氢氧燃料电池装置由电池负极一侧的氢极(燃料极)输入氢气,由正极侧的氧化极(空气或氧气)输入空气或氧气,在正极与负极之间有电解质,电解质将两极分开,从本质上说是通过外加电源将水电解,产生氢和氧,氢和氧通过电化学反应生成水,并释放出电能。在工作过程中没有氮氧化物(NO_x)和碳氢化合物(HC)等对大气环境造成污染的气体排放。

按照电解质的种类不同,燃料电池可以分为碱性燃料电池(AFC)、磷酸燃料电池(PAFC)、熔融碳酸盐燃料电池(MCFC)、固体氧化物燃料电池(SOFC)、质子交换膜燃料电池(PEMFC)等。最有望用于电动车的是质子交换膜燃料电池。

(1)碱性燃料电池。采用如氢氧化钾等碱类有腐蚀性的溶液为电解质,以氢氧作为燃料的碱性燃料电池,其质量功率为35~105W/kg,起动时间短。但是对燃料中的CO_2敏感,电解液与CO_2接触会生成碳酸根离子,从而影响到输出功率。

(2)磷酸燃料电池。以有腐蚀性的磷酸为电解质,可以用天然气、液化石油气及甲醇等做燃料,质量功率为 100~220W/kg,工作温度较低,不需要用纯氢为燃料,缺点是用贵金属作催化剂,从而成本较高。

(3) 熔融碳酸盐燃料电池。以有腐蚀性的液体碳酸锂或碳酸钾作电解质,可以用天然气、液化石油气作为燃料,质量功率为 30~40W/kg,其工作温度为 600~700℃,高工作温度带来的好处是可以不用贵金属作为催化剂,并且可以采用多种燃料。但是其缺点也是明显的,高温对电池的组件抗腐蚀性和结构强度有较高的要求。

(4) 固体氧化物燃料电池。采用固体氧化物作为电解质,除了高效、环境好的特点外,它无材料腐蚀和电解液腐蚀等问题;在高的工作温度下电池排出的高质量余热可以充分利用,使其综合效率可由 50% 提高到 70% 以上;它的燃料适用范围广,不仅能用 H_2,还可直接用 CO、天然气(甲烷)、煤汽化气、碳氢化合物、NH_3、H_2S 等作燃料。

(5) 质子交换膜燃料电池。质子交换膜燃料电池以磺酸型质子交换膜为固体电解质,无电解质腐蚀问题,能量转换效率高,无污染,可室温快速起动。质量功率可达 300~1000W/kg,可见有很高的能量密度,能量输出能快速适应载荷变化的要求,使用的燃料为氢,电池对燃料的纯度比较敏感。质子交换膜电池是很有希望的一种汽车用动力电池。

4. 燃料电池的基本特征与用途的关系

从燃料电池引出的一对电极实用条件为 0.8~0.9V 以下,通常是将单电池叠成堆,提高电压后使用。伴随着输出电流的增加,负极以及正极的反应阻抗、电解质阻抗以及电极的电气阻抗、导线电阻等增加,所以电压下降(图6-3),效率也低。不同燃料电池的回路电压以及电流值的增大与电动势的下降关系也不相同。小电流时溶解碳酸盐或者固体高分子型电池的电压高,大电流时固体高分子型电压高。

因此,固体高分子型为低负荷使用频率高,适合于汽车使用,固体酸化物型适合于大电力供给,但存在高热问题,现在的研究重点是电力用溶解型碳酸盐电池。

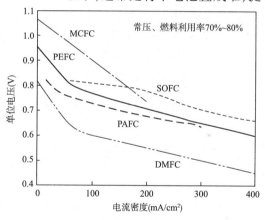

图6-3 各种燃料电池的电压电流特性

固体高分子型运行时燃料供给、加湿冷却消耗的能量,低负荷比例相对大,所以外部输出的有效功率低下。为了增加行驶里程,装载高能量密度的燃料如甲醇、汽油等,还有利用改质器进行分解获得氢气的情况。

直接甲醇型在直接使用时伴随着氢气在改质器中进行分解存在损失,整个过程输出电压低,有必要进行综合的评价判断。这一燃料电池用于汽车,存在的问题很多,开发的先后顺序位置靠后。由于构造简单、不像汽车用那么严格,所以适合于便携式电子机器电源,同时与现有的同样大小的电池相比,这一电池的连续运行时间更长,所以得到了进一步的应用开发研究。

6.2.1.2 纯电动汽车

纯电动汽车以电池为储能单元,电动机为驱动系统的车辆。通常容量型动力电池即可满足使用要求。纯电动汽车结构简单,生产工艺相对成熟。

1. 纯电动汽车的组成与原理

纯电动汽车主要由电力驱动系统、电源系统和辅助系统三部分组成。

当汽车行驶时,由蓄电池输出电能(电流)通过控制器驱动电动机运转,电动机输出的转矩经传动系统带动车轮前进或后退。电动汽车续驶里程与蓄电池容量有关,要提高一次充电续驶里程,必须尽可能地节省蓄电池的能量。

1)电力驱动系统

电力驱动系统主要包括电子控制器、功率转换器、电动机、机械传动装置和车轮等。它的作用是将存储在蓄电池中的电能高效地转化为车轮的动能,且能在汽车减速制动时,将车轮的动能转化为电能充入蓄电池。

2)电源系统

电源系统主要包括电源、能量管理系统和充电机等,它的作用是向电动机提供驱动电能、监测电源使用情况以及控制充电机向蓄电池充电。

3)辅助系统

辅助系统主要包括辅助动力源、空调器、动力转向系统、系统导航、刮水器、收音机以及照明和除霜装置等。辅助系统除辅助动力源外,其余装置依车型的不同而有所差异。

2. 纯电动汽车的特点

(1)无污染,噪声低。

(2)能源效率高,多样化。

(3)结构简单,使用维修方便。

(4)动力电源成本高,续驶里程短。

6.2.2 太阳能及新型清洁燃料汽车

6.2.2.1 太阳能汽车

1. 太阳能汽车的基本结构

太阳能汽车一般由太阳能电池板、电力系统、电能控制系统、电动机、机械系统等组成。

1)太阳能电池板

太阳能电池板是太阳能汽车的能源产生装置。太阳能电池板有阵列和薄膜两种形式。阵列类型受到太阳能汽车车身尺寸和制造费用等因素限制。通过使用硅电池板,组合众多独立的硅片,从而形成太阳能电池方阵。

2)电力系统

电力系统是整个太阳能汽车的核心部件。电力系统控制器管理全部电力的供应和收集工作,蓄电池的电能可以通过太阳能电池充电,也可通过其他外部电源充电。

3)电能控制系统

电能控制系统是整车的控制中枢,主要用于整车电能的分配、电压电量的控制等。

4)电动机

太阳能汽车大多采用双线圈无刷直流电动机,主要通过发动机的高低速线圈来是实现调速。汽车起动时,低速线圈工作,为汽车提供低转速,大转矩动力;高速线圈工作时,为汽车提供高转速动力输出。

5）机械系统

机械系统主要包括车身系统、底盘系统和操作系统，与普通汽车相似。

2. 工作原理

太阳能电池板在太阳光的照射下产生电能，电能通过峰值功率跟踪仪以及蓄电池的充电控制器输送至驱动电动机或蓄电池中进行存储。太阳能汽车行驶过程中，如日照充足，电能将直接输送给驱动电动机，多余的能量通过蓄电池控制器输送至蓄电池中存储。如日照条件不好，太阳能电池板产生的能量不够支持太阳能汽车的行驶需要，此时蓄电池的能量会驱动电动机。太阳能汽车停止行驶时，太阳能电池所产生的能量全部存储到蓄电池中。

6.2.2.2 醇燃料汽车

1. 醇燃料汽车的工作原理

醇燃料汽车的工作原理与普通汽车的工作原理差不多，只是将醇燃料替代汽油和柴油。醇燃料的理化及燃烧特性能较好地适应汽车的使用要求，在汽车上使用时只要对原有的汽油机或柴油机做相应的改动就可以实现，是现阶段推广范围较大的一种新能源。在汽车上使用醇燃料的方式很多，掺烧低比例及高比例醇燃料，或使用100%的甲醇或乙醇来代替传统的汽油、柴油是常见的使用方式。

2. 醇燃料汽车的应用情况

汽车使用了醇燃料以后，汽车发动机的变动对汽车的性能有多大影响，是否会影响到汽车的使用可靠性及使用寿命，排放有多大的变化，这是人们十分关心的问题。我们通过一些例子来说明醇燃料汽车目前发展的状况。

1）醇燃料在柴油机上的应用

美国底特律柴油机公司（DDC）从20世纪80年代初就开始在6V-92TA柴油机基础上，改变若干零部件设计及材料，成为醇燃料发动机，主要供公共汽车使用，少量供载货汽车使用。到1992年止，大约在10年的时间中，共有600辆汽车使用这种醇燃料发动机，甲醇公共汽车积累行驶里程已超过1600万km。

使用DDC6V-92TA柴油机改成的醇燃料汽车的排放水平及能耗情况见表6-1和表6-2。

排放及能耗情况　　　　　　　　　　　　　　　　　　　　表6-1

排放物（g/hp·h）	HC	CO	NO$_x$	PM（微粒）
1998年美国载货汽车标准	1.3	15.5	4.0	0.10
甲醇燃料发动机认证结果	0.08	2.0	1.7	0.03
乙醇燃料发动机认证结果	0.7	1.7	4.2	0.04
乙醇燃料发动机改进后结果	0.3	1.7	3.2	0.04

注：1hp·h（英马力小时）= 2.68452MJ。

能耗比累计统计结果　　　　　　　　　　　　　　　　　　表6-2

	甲醇公共汽车	甲醇载货汽车	乙醇公共汽车	乙醇载货汽车
汽车数量（辆）	477	7	21	5
累计总行驶里程（万km）	>1600	>40	89.6	76.8
能耗比（醇、柴油）	1.0~1.3	1.0~1.2	1.0~1.1	1.0~1.1

从表中的数据来看，醇燃料汽车的排放已低于美国1998年的载货汽车排放法规，而且

能耗量低于原柴油机汽车的能耗。

2）醇燃料在汽油机上的应用

在汽油机基础上改用醇燃料的发动机称为奥托循环醇燃料发动机。汽油机改用甲醇（M100）以后，动力性明显提高，而使用乙醇（E100）同样会提高，只是增加的幅度稍少些。美国在排量为2.8L的车用汽油机上使用100%的甲醇，进行了40000km的长时间使用试验，其中约1/3的里程是在高速公路上行驶，而其余是在市区内行驶。其试验结果见表6-3。

车用汽油机使用甲醇（M100）前后的性能比较　　　　表6-3

性　　能	原汽油机	甲醇发动机	增加率
最大功率(kW)/转速(r/min)	92/4500	118/5000	28%
最大转矩(N·m)/转速(r/min)	218/3600	272/37.50	25%
高速公路燃油经济性(km/L)当量汽油	10.30	11.68	14%

6.2.2.3　气体燃料汽车

环保型气体燃料汽车已经成为当代汽车的主要发展趋势之一。目前应用较广的气体燃料主要是天然气、石油气及氢气，在发展和应用清洁气体燃料的发动机的过程中，关键技术之一是气体燃料供给方式，它在很大程度上影响发动机的动力性、经济性、排放性能以及安全可靠性。电控喷气技术是气体燃料发动机先进的燃料供给形式。目前气体燃料供给形式可分为两大类：缸外供气方式和缸内供气方式。缸外供气方式包括进气道混合器预混合式和进气道喷射式；缸内供气方式主要包括缸内高压喷射式和低压喷射式。

在现代汽车发动机中，对应于电控化油器技术，在混合器前安装由步进电动机控制的节流阀，在排气中安装传感器，根据反馈信号进行闭环控制，自动调节供气量，使得燃气汽车各项性能得到改善。对应于电控单点喷射技术，燃气汽车混合器采用电子控制单点喷射，电控模块根据发动机转速、负荷和空燃比的变化，自动调整供气量，使得发动机混合比控制更加精确。安装催化器后，可以进一步降低排放。（较同等水平的汽油机降低10%～50%）结合汽车技术的最新发展，针对液化石油气和压缩天然气的燃料特性、汽车发动机结构设计，采用了闭环控制多点喷射技术；根据液化石油气和压缩天然气汽车污染物排放的特点，采用了燃气汽车专用的催化器。

1. 气体燃料性能对比

气体燃料的理化性质、燃烧特性与汽油、柴油等有所不同。使用气体燃料的汽车，需要根据气体燃料的性质特点，采用相应的技术措施，才能使气体燃料汽车具有良好的性能。

天然气的主要成分是甲烷，石油气的主要成分是丙烷和丁烷。不同天然气和石油气随其产地的不同而成分差异甚大，性质也有所不同，表6-4就其主要成分的燃烧性能进行比较。

各燃料的燃烧性能比较　　　　表6-4

性　　能	甲烷	丙烷	氢气	汽油	柴油
空气中的着火界限，容积比	5.3～15	2.1～10.4	4.0～7.5	1.4～7.6	1.58～8.2
氧气中的爆震界限，容积比	6.3～13.5	3.4～35	18.3～59	—	—
空气中理论空燃比的组成，容积比	9.48	23.00	29.53	14.2～15.1	14.4
空气中最小点火能量(mJ)	0.29	0.305	2×10	5.5×10	—

续上表

性　能	甲　烷	丙　烷	氢　气	汽　油	柴　油
自燃温度（K）	873	740	858	493～533	473～493
标准状态空气中最大燃烧速度（cm/s）	37～45	43～52	265～325		
理论空燃比下混合气的能量（MJ/m³）	3.58	3.49	—		

2. 使用气体燃料汽车的技术

在气体燃料汽车研究开发的初期及过去的一段时期，大多数是在原有汽油机或柴油机的基础上，经过必要的结构变动及参数调整后使用气体燃料或是双燃料的，在改装汽车使用气体燃料时首先要明确要达到的目标，然后根据目标制定改装的技术方案。发达国家首先要求改装后的汽车能达到某一具体的排放限制标准，而在满足排放要求的前提下，尽可能提高其他性能要求。气体燃料汽车对于原有汽车在结构上的最大区别就是其燃料供应系统，气体燃料汽车燃料系统通常包括燃料储存装置、减压调压器、各类阀门和管件、混合器（或者喷射装置）、各类电控装置等。由于气体燃料在汽车上的储存要远比汽油、柴油复杂，所以目前的关键技术是找到安全便利的气体燃料储存手段，并且能易于补充燃料。

1) 汽油机改装气体燃料汽车

汽油机汽车改装成气体燃料汽车首先要用供气体和空气混合的混合器代替化油器，不用混合器也可以用气体燃料喷射器进行单点或多点喷射乃至直接向汽缸内喷射气体燃料。有的汽油机为了能恢复只使用汽油，可以不去掉化油器，而将化油器和混合器组合起来，但是这种方案会稍许增加混合气的流阻损失，在只使用化油器工作的时候也会对混合气流量特性产生影响。

使用气态氢的汽车是将氢气储存在高压气瓶内或储存于金属氢化物中，通过喷氢器在压缩行程、进气门关闭后喷入汽缸内。也有的汽车是将液态氢作为燃料，并用喷氢器直接将氢喷入汽缸中，目前这种方法的不足之处在于需要深冷技术制备液态氢、绝缘性好的液态氢瓶、材料性能要求很高的液态氢泵等。

甲烷、乙烷在空气中的燃烧速度慢，因此汽油机改用气体燃料以后，要加大点火提前角，以便及时地完成燃烧过程，使其具有较高的热效率。火花塞的间隙可以取小些，这是因为用汽油时有积炭使间隙变小，而用气体燃料则不会。使用混合器或喷射器将气体燃料送入进气总管或进气歧管时，如果进、排气门同时开启的重叠角较大，可能使新的混合气在排气门关闭前流入排气管中，必要时要重新考虑配气相位。

由于气体燃料不需要吸收热量汽化，所以没有必要把进、排气道布置在发动机的同一侧。此外冷却液系统中的恒温器可以适度降低，在高温季节及地区改装发动机使用气体燃料时，更应考虑这种变动的必要性。

2) 柴油机改用气体燃料

将柴油机改装成气体燃料要比汽油机的改装困难。但是柴油机热效率高，不同的缸径、不同燃烧室的各种机型很多，应用极其广泛，而且即使是小客车也有逐步使用柴油机作为动力的趋势。此外，微粒的排放高是柴油机难以解决的问题，而采用气体燃料时，微粒的排放是很低的，因此柴油机改用气体燃料的研发工作很重要。

为了使柴油机无烟运转及完全燃烧，往往采用较高的过量空气系数及较大的涡流气流，这是对使用气体燃料有利的。柴油机排气温度高,对气门、活塞及增压器等工作不利,因此将柴油机改装成可使用稀混合气体燃料,使用火花塞点火、奥托循环工作,对降低排放、提高零部件工作的可靠性都是有利的。改造的方法之一就是将火花塞装在原喷油嘴处,利用凸轮轴或驱动高压油泵的齿轮等驱动点火分配器,通过如汽油机同样的方式,使气体燃料与空气混合并送入汽缸中。另一种方法就是不使用火花塞点火,而是喷入少量的柴油引燃气体燃料。

3. 气体燃料汽车的实际应用

20世纪80年代后,由于环境污染的加剧,迫使燃气汽车迅速发展,并且在许多国家普遍应用。据1997年统计,全世界已经有气体燃料汽车640万辆,其中液化石油气占82%,约为525万辆,并且每年以5%的速度递增。据统计,2002年我国北京、天津、上海、重庆等12个清洁汽车应用试点示范城市(地区)燃气汽车保有量为15.3万辆,加气站486座。而到2003年10月,我国16个重点推广应用燃气汽车的城市中燃气汽车的保有量达到已达19万辆,建成加气站560多座。作为环保汽车的代表车型之一,以天然气为原料的燃气汽车正快速地驶入中国人的生活。

6.2.3 混合动力汽车

1. 混合动力汽车的工作原理

以串联混合动力电动汽车为例(图6-4),介绍一下混合动力电动汽车的工作原理。

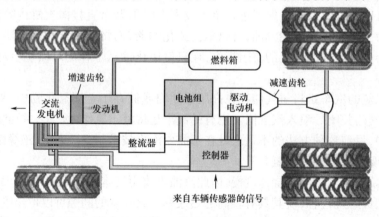

图6-4 串联混合动力电动汽车基本结构

在车辆行驶之初,蓄电池组处于电量饱满状态,其能量输出可以满足车辆要求,辅助动力系统不需要工作,蓄电池组输出的直流电经控制器变为交流电后供入驱动电动机,驱动电动机输出的转矩经变速器、传动轴及驱动桥驱动车轮。蓄电池组电量低于60%时,辅助动力系统启动,为驱动系统提供能量的同时,还给蓄电池组进行充电。

当车辆能量需求较大时,辅助动力系统与蓄电池组同时为驱动系统提供能量,发动机—发电机组产生的交流电经整流器变为直流电,和电池组输出的直流电经控制器变为交流电后供入驱动电动机。由于蓄电池组的存在,使发动机工作在一个相对稳定的工况,使其排放得到改善。

2. 混合动力汽车的种类及特点

驱动力以发动机→发电机→(电池)→电动机→车轮的顺序依次传递的动力系统所构成的汽车称为串联式混合动力汽车。而发动机的驱动力和电池、压力储能装置等驱动力一起并行向车轮传递的动力系统所构成的汽车称为并联式混合动力汽车,驱动力传递以串联与并联方式同时存在的动力系统所构成的汽车称为复合式混合动力汽车。因为电池的充放电电流为直流,而目前来说,发动机和电动机大多数为交流,所以为了使用电池的直流电流,使用了交直变转换装置。驱动力并联混合动力车,因为通过路面使动力系统互相联系,因此也被称为TTR(Trough The Road)混合动力系统。其中,由发动机提供大部分的驱动力,发动机驱动发电机产生辅助驱动力所用的电力,这种情况称为发动机主导混合动力汽车或者分离(split)式混合动力汽车,而混合动力系统的构成要素与配置是相似的,但不是用发动机来发电,而是从廉价的电网给电池充电,以电力为主产生驱动力,这种情况称为电池主导混合动力汽车。表6-5对这三种方式的基本特点进行了简要的总结。

串联式、并联式、串并联混合动力系统的基本特征 表6-5

串 联 式	并 联 式	串并联式
①发动机可以工作在最大效率点上 ②尾气排放容易处理,燃油经济性高 ③不能选择发电用的内燃机 ④在车上的配置自由,Bus可以容易实现低地板	①无需较大改动车辆构造 ②系统效率较好 ③由于结构简单,所以可靠性高 ④如果某一系统出现故障,另一系统还可以驱动车辆到安全地带	①可以灵活有效利用能源 ②燃油经济性大大提高 ③系统效率高 ④作为系统,其发展的空间较大

3. 混合动力在国内外的发展现状

在国外,走在前列的是丰田、本田等几家日本大汽车公司。日本汽车工业敏锐地抓住了市场先机,率先发展混合动力汽车,且取得了骄人的业绩。具有代表性的产品有:重型车制造商日野公司的并联混合动力汽车 HIMR,丰田公司的复合式混合动力汽车先驱号(Prius)及混合动力四轮驱动汽车 Estema。欧美在混合动力方面也有优秀车型的推出。具有代表性的产品有:德国大众的高尔夫混合动力汽车、法国雪铁龙公司的串联式混合动力汽车 Berlingo Dynavolt,通用公司的柴油电动并联式混合动力汽车 Puriseputo。

发展混合动力技术,已经成为中国汽车产业的共识。

东风电动车辆股份有限公司的混合动力客车、电动小巴已于2007年5月底前实现批量生产。一汽集团承担的"解放牌混合动力城市客车研究开发"项目,是国家"863"计划电动汽车重大专项资助项目。在混合动力整车集成、控制系统开发、部件以及整车试验能力方面,取得了一系列科研成果。自主完成了解放牌混合动力客车的样车开发,试制整车7辆,其中2辆已投入长春市示范运营。一汽已基本具备混合动力汽车部件和整车的开发能力。上汽集团在2007年上海国际汽车展上,展出了一辆基于荣威750平台自主研发的混合动力轿车。长安集团在2005年11月的北京国际清洁能源汽车展上,展出了一款拥有自主知识产权的混合动力MPV车型。奇瑞汽车推出了以奇瑞A5为平台、匹配混合动力系统的奇瑞A5BSG。

1. 什么是新能源汽车?新能源汽车包括哪些类型?
2. 新能源汽车的发展趋势是什么?
3. 电动汽车的工作原理是什么?

第7章 汽车的使用与维护

汽车的购买、使用、维护是与每位车主息息相关的事情,购买适合自己或家庭的汽车,合理正确地使用汽车,对汽车进行定期的维护是汽车技术人员、车主、汽车爱好者应知应会的知识。本章从家庭用车的角度出发分析和叙述了以上内容。

7.1 汽车的购买常识

7.1.1 新车选购

一辆汽车其价钱动辄数万元至数十万元不等,其安全性、燃油性、舒适性等均与未来的消费金额息息相关。因此,选购新车时绝不可敷衍马虎,应有计划地收集各种信息,做好各项准备工作,谨慎行事,才不致事后后悔。目前,乘用车实行品牌销售,一般来说,买车都要去4S店,进行咨询、看车、试驾,多看、多选、多比较、多考虑,才能认准自己想要的车,在比较、思考、准备过程当中,应该涉及以下事项,或者说做好以下功课,以求达到事半功倍的效果。

1. 价位

虽然汽车已经作为一个消费品进入普通家庭,但从目前居民的收入水平来看,汽车仍是件贵重品。新车的价格直接关系到以后用车和养车的成本,因此需充分重视和考虑汽车的价位,否则基于满足自己的面子要求,盲目追求品牌、性能、配置之后,购买价位超过自己经济收入的承受能力的"好车",若是在今后的生活中,负担不起供车、用车和养车的成本而沦为"车奴",寅吃卯粮,实在没有必要。一般来说,汽车发展到今天,汽车厂商之间的竞争也相当激烈,轿车是件比较成熟的商品,遵循"一分钱,一分货"的原则。新车价位越贵,当然性能和配置也越好,品牌档次也越高,但好车油耗也高些,配件也贵,维修的成本也越高。一方面,新车的价格和新车购买之后的养车成本(油费、保险、停车费、维修费等)大致是1:1的关系,也就是说假如你购买了一辆20万元的新车,那么在未来的15年左右,你得再花费20万元来养该车,如果你购买的新车是10万元,那未来的15年左右,你只需要花费10万元来养车。另一方面,从维修来看,以发动机大修为例,新车发动机大修的费用大致是新车成本的1/10。由此可见,新车的价格直接关系到以后的养车成本,所以在选车时,应当慎重考虑。一般来说,作为家庭消费代步新车的价格定位在家庭年收入的0.8~1.5倍比较好,也就是说,当家庭年收入达到10万元的时候,购车时价位可以考虑8~15万元的汽车。

2. 用途

选购汽车主要取决于汽车的用途。不能只看厂家品牌名声好,广告做得是否响来决定。

对于家庭来讲,汽车的用途主要有:代步、休闲、商务和公务、货物营运和客运等。

代步,作为上下班的一种交通工具来取代步行、地铁、公交等交通方式,所选择的汽车车型当然是以轿车为好,两厢车尾部空间大,更加实用,性能方面的追求也不高。舒适性、可靠性要求高一点,燃油经济性方面希望省油比较好。代步是家庭消费汽车的主要用途,汽车的性价比往往是汽车厂商的竞争焦点。

休闲,主要是以汽车作为交通工具的自驾旅游等活动,这时候,对汽车的动力性、越野能力、内部空间的要求就比较高了,这时,多功能车(MPV)和运动型车(SUV)是一种不错的选择。

商务和公务用车,比较讲究档次和品牌,要求气派,舒适甚至豪华,能给客户和客人留下大方的印象,其价位、品牌和舒适性方面的追究比较高,而油耗、维修等方面的成本,往往做出让步或忽略。

兼顾货运的家庭汽车消费,可以考虑皮卡车(PICK-UP)或微型客车(如上汽通用五菱、长安之星、昌河等厂家生产)。皮卡既可以载人,也可以载货,或者是人和货同时可载,显然很方便,但许多城市都把皮卡列入货车行列而禁止进入中心市区或者是限时进入中心市区,这点也需考虑。

3. 车系

当前中国汽车市场主要有美国车系、日本车系、欧洲车系、中国车系即国产车系、韩国车系等,各种车系在其独特的历史发展过程中,形成了不同的特点和特色,车系的特点有点像人的性格一样,购车不能回避的问题就是关于车系的选择。因此我们也经常听到有些消费者陈述或论坛上看到发布的信息,其中明确指定某车系不要,或者明确指定只选择某车系。

美国车系,主要以通用、福特和克莱斯勒为代表,其技术发达、资金雄厚、动力强劲、极尽豪华、用材奢侈、乘坐舒适、驾驶安全、通过性好等优点突出。对于中国百姓而言,其最大的缺点是油耗高。如上海通用的老君威,安全性好,但油耗惊人。但近年美国汽车公司也通过兼并,吸收了欧洲和日本车系的理念和技术,推出了一些针对中国消费特点的经济实用型轿车,例如目前畅销的欧宝系列及福特蒙迪欧等。美国车系特点简单概括:车身重,豪华大气,安全性好,但耗油、维修费用高。典型美国车系如图7-1所示。

图7-1 美国车系

日本车系以丰田、本田、日产、三菱、马自达等为代表,其特点:轻巧美观、造型新颖、油耗低、使用效率高、注重经济性、装饰做工细腻。日本国土狭窄,人口密度大且集中于城市,人们精打细算,讲究效率。日本车灌注了东方人精微细腻的心理特征,在为乘员着想方面做得无微不至。在细节这方面特别能体现日本民族做事一丝不苟的特点,无论是车门缝隙的大小、漆面的光滑平整度还是车厢的焊接工艺,与同等价格的美国车甚至欧洲车相比,日本车都要更加出色。日本车系特点简单概括:精益求精,人性化好,油耗较低,维修费用低,安全性稍差。典型日本车系如图7-2所示。

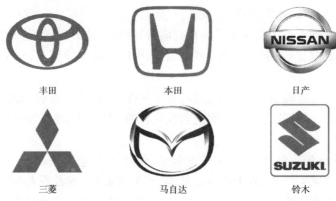

图7-2 日本车系

欧洲车系以大众、奥迪、标志雪铁龙、奔驰、宝马等为代表。欧洲是机械工业和汽车工业的发源地。世界上第一辆汽车"奔驰一号"就于1885年诞生在欧洲的德国,经过漫长的技术积累,欧洲轿车的底盘扎实,悬架系统较好,特别注重汽车的操纵性能,追求驾驶乐趣。德国车的刚劲沉稳、法国车超凡的操控性、意大利车出色的高性能,一直为世人称道。欧洲车系特点简单概括:性能基本介于美国车系和日本车系之间。典型欧洲车系如图7-3所示。

图7-3 欧洲车系

国产车系以奇瑞、吉利、比亚迪、长城、中兴等为代表,在摸索和仿效中学习消化来参与竞争,而且也取得了不小的成绩,取得了不少进步,其推出的车型最大的优势是价格便宜,最好的广告是"支持民族企业,支持国产品牌",但与其他国外品牌和合资品牌相比之下,目前阶段的缺点也使得不少车主苦不堪言。

韩国车系以现代、起亚、双龙等为代表,其特点是介于国产车系和日本车系之间。日本车系的轻巧美观、造型新颖、油耗低的特点它有,国产车系的可靠性差,维修频繁它似乎也沾上了一点。

4. 配置

购买汽车要考虑的配置很多,汽车的配置具有多样性,主要包括结构方面的配置和附属配置,结构方面的配置主要有动力总成配置(发动机和变速器)、承载式车身、防盗设施、自动空调装置、防抱死制动装置(ABS)、安全气囊(SRS)、动力转向装置、多连杆式独立悬架等,而附属配置主要包括 CD 音响、卫星定位(GPS)、倒车雷达、金属漆、电动倒车镜、电动门窗、电动座椅调节、天窗以及水杯托架、储物箱等。一般结构方面的配置占主导作用,附属配置仅供参考,不能被某些销售人员忽悠,把附属配置作为主要参数考虑而忽视了结构配置的话,就因小失大了。以发动机为例,同排量的发动机,缸数越多工作越平稳,V 型比直列好,每缸 5 气门比每缸 4 气门好,装有可变气门正时比没装的好,带涡轮增压的比自然吸气的好。以变速器为例,变速器主要有手动变速器和自动变速器之分。一般来说,手动比较省油,而且价格便宜,维修费用低,但换挡麻烦,自动变速器耗油、价格高,维修费用高,但操作简单,换挡是自动的,无需驾驶人干预。自动变速器比较适合女性或老人等车感差、驾驶技术差的人使用,而手动变速器比较适合年轻男性等人群使用。

对安全配置是优先要考虑的问题。防抱死制动装置(ABS)、安全气囊(SRS)已经成为乘用车的必需配置,驱动防滑(TCS)、电子稳定程序(ESP)、辅助制动(BA)也应用越来越广泛,对于女性,上下班和接送孩子,安全是放在第一位的。一些性格比较急躁的人,也应该充分考虑汽车的安全配置。

真皮座椅气派、美观、凉爽、透气性好和易于擦洗,适于南方炎热地区使用。北方人天气寒冷,所以就很少用真皮座椅,北方人喜欢选用绒面和布面座椅。

5. 性能参数

汽车的性能详细请参看第 5 章的内容。对家庭购车来说,主要考虑汽车的动力性指标和燃油经济性指标。动力性指标包括:最高车速、加速时间(加速能力通常以 0～100km/h 的加速时间作为评价指标)、爬坡能力等,一般厂商在广告宣传中都会列出这些参数。发动机的排量是影响动力性的一个主要方面,购车时,人们习惯把排量和动力性指标联系在一起,如 1.0L 排量以下,动力性略显不足,1.0～1.6L 排量,适合家庭使用,1.8～2.4L 排量,动力比较强劲,而 3.0L 以上排量,动力性能一般是足够了的。排量直接决定了汽车的档次(轿车是以排量分类的),档次又决定了汽车的价格,总之,性能、配置、档次、价格等之间是相互影响的。

汽车的燃料经济性是指在一定的使用条件下,以最小的燃料消耗所能完成的运输工作量的能力。评价指标普遍采用综合百公里油耗来进行定量评价。影响汽车燃油经济性的因素非常多,如发动机的油耗、传动系统的影响、汽车外形阻力的影响、汽车质量的影响、轮胎的影响、汽车技术状况的影响、驾驶技术的影响、道路条件的影响、交通环境的影响。当今油价上涨,93 号汽油的油价已经突破 7.0 元/L,燃油经济性直接关系着用车养车的成本。

6. 汽车车身颜色

1) 车身颜色与心理感觉

(1) 银灰色:最能反映汽车本质的颜色,看见银灰色就想起了金属材料,给人感觉整体感很强,银色汽车最具人气,也最具运动感。

(2) 白色:给人以明快、活泼、清洁、朴实大方的感觉,容易与外界环境相吻合而协调。另外,白色是膨胀色,容易使小车显大。

(3) 黑色:是一种矛盾的颜色,既代表保守和自尊,又代表新潮和性感,给人以庄重、尊贵、严肃的感觉。黑色也容易与外界环境相吻合。

(4) 红色:给人以跳跃、兴奋、欢乐的感觉。红色是放大色,同样可以使小车显大。阳光下感觉如同一团火焰,非常提神,跑车或运动型车非常适合。

(5) 蓝色：给人感觉是清爽、清凉、冷静、豪华和气派。

(6) 黄色：给人以欢快、温暖、活泼的感觉。黄色是扩大色，在环境视野中很显眼。

(7) 绿色：有较好的可视性，这是大自然中森林的色彩，也是春天的色彩。

2) 颜色与行车安全

有学者统计和研究表明：白色及银色车辆容易被人眼所识别，黑色车辆在清晨以及傍晚光线不好的时段最难被人眼所识别，而绿色及蓝色车辆位居其中。浅色系的汽车可视性较好，事故率较低，行车安全性较高。而黑色汽车不仅可视性低，而且事故发生率也较高。国内外大量科学研究表明，不同汽车外表颜色，发生撞车等交通事故的概率不同，黑色交通事故率最大，而银灰色较安全。不同颜色车身的事故率如图7-4所示。

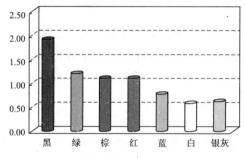

图7-4　不同颜色车身的事故率

7. 比较汽车的售后服务

售后服务，其实主要就是维修的方便性及价格，涉及到以下两个方面的对比。

1) 比较维修服务

对比不同品牌汽车在本市的专业维修点的个数、分布等，看这些专业维修点的维修水平、服务态度、价格标准。维修点的个数，间接反映保养量的多少，从降低养车成本的角度考虑，某一车型在市场上的保有量越大，则其配件、工时费、维修技术难度越低。这也是不少专家推荐买车就买出租车的原因，虽然出租车不利于个性化，但因出租车保有量都比较大，所以其配件、维修费用相对于同级别的其他车来说，是会低很多的。

2) 比较汽车的保修期

保修期分保修年数和行驶里程数两种，要分析比较。前些年，汽车动力总成的保险期一般为2年或6万km，不同厂家规定的保修期大同小异，如奥迪、宝马的保修期为2年并无行驶里程限制；大众、日产、本田、现代等为2年或6万km为保修期限；最短的是长安福特为2年或4万km。当然，目前，许多厂商的保修期都延长，与国际接轨，东风悦达起亚率先与北美标准接轨，所销售的非营运车辆发动机、变速器保修时限延长为5年或10万km，上汽荣威750的保修期由2年或6万km统一升级为3年或8万km。奇瑞A1保修期为4年或12万km，成为奇瑞旗下保修期最长的车型。华晨中华尊驰的保修期更长，为10年或20万km。比较长的保修期，会给车主省不少事和钱，而且，保修期的长短往往也是质量的见证。

8. 比较他人对汽车的评价

汽车作为一个商品进行消费，除了上述提出的那些方面之外，还有一个要考虑的就是它的口碑，主要从如下方面进行评价。

1) 请教各路专家

一方面请教设计师、工程师和汽车专业老师，这些人员的理论知识比较扎实，能把问题分析得比较清楚，另一方面，请教有经验的修理工、驾驶人、销售人员和管理人员，他们长年跟车打交道，对车比较了解，积累了丰富的经验，特别是综合维修厂一线的维修工人，他们见多识广，经验丰富，往往最具可行度。

2) 请教身边购车者

各车型一般都有车主，他们对自己所正在使用的车型，是有许多经验和感受的，向他们询问他们所用车的发动机工作是否稳定、动力性、舒适性、故障率、维修费用成本等相关情况。当然这种询问不一定完全准确,可能会带有一定的偏见和个人感情在里面,需要自己甄别借鉴。

3) 查询网上论坛和口碑

目前网络非常发达,无论是各大门户网站或者个人主页、微博上面都能找到不同人员对某一车系车型的分析与评价,而且是快人快语,无需忌讳,此类信息也可起到一定的参考作用,但鱼目混珠、龙蛇混杂,真假难辨。

4) 留意新闻媒体的报道

各类新闻媒体也会对车市车系车型进行报道,特别是其负面新闻,媒体会把它放大来报道,对消费者来说,也未尝不好,能起到一定的警示作用。

7.1.2 新车验车

在4S店选中自己满意的车型后,经适当的讨价还价后,交付定金,签订购车合同后,在约定的时间,4S店即向准车主交车,这时候,准车主就要去4S店验车选车。验车,是有很多学问和经验的,必须对汽车的维修十分了解,实践经验非常丰富的人员才能够鉴别汽车质量的好坏。所以,最好是能请上一个专业人士一同前往,才比较有保障。当然,对于新车来说,由于批量生产制造,其一致性比较好,一般来说很少会有显著差别,加上目前许多车型畅销的情况下,4S店能给客户选择的余地不多,甚至没有选择、无现车、提车加价的情况都有。验车主要包含如下内容的检查。

1. 查看出厂日期

出厂日期是标志该车从生产线上完成装配的日期。它往往被注明在发动机罩下面的一块小铝牌上。如果看到这个日期与买车的日期十分接近,说明该车较新。另外,新车的里程表上显示的行驶了10~20km是正常的,主要是新车在移位、检测等过程中所驶过的距离。

2. 查看轮胎

零公里新车的轮胎,是完全没有磨损的,包括轮胎制造过程中产生的细小痕迹以及刺状的突起。

3. 查看是否漏油漏水

打开发动机罩,观察发动机汽缸体和汽缸盖、油底壳之间有无机油渗漏,散热器周围有无水渍,蓄电池桩头附件有无污染和锈蚀,空调管路的接口处有无尘土粘连。观察底盘、转向节附近有无渗油,驱动轴的防尘套是否完好,减振器周围有无尘土粘连,减振的橡胶零件有无变形,变速器和后桥的外壳是否有渗漏的油迹,或者观察地面是否有滴油的痕迹。

4. 检查车门

试试车门开启是否灵活,听听车门开合时的声音。关门时,如果发出沉闷的"砰砰"声音,说明车门工艺精湛,密封性良好;如果关门时,发出清脆的"啪啪"声,说明车门工艺不好,密封性差。

5. 观察车身

应首先注意发动机罩、行李舱盖以及车门装配的几何尺寸是否准确,缝隙是否均匀;边角有无漆瘤或鼓包;线条是否清晰明快。从侧面迎着光线观察,这样可以了解车身的弧线是否圆滑,棱线是否笔直。

6. 车内检查

坐进驾驶室,你可以试试门窗升降是否平顺,角落边缘有无锈迹,座位有无污垢。用手晃动转向盘,上下不能有窜动现象,左右转动转向盘,应该有一定的自由行程,这个自由行程要符合使用说明书的要求,一般不超过15°。仪表板及仪表装配是否工整,有没有歪斜现象。

7. 检查汽车电气

看看蓄电池的正负极桩头是否洁净。打开电源钥匙的第一挡,仪表板上所有的指示灯应该全亮。油量指针应该有上升的变化。检查灯光时,先打开故障报警开关,此时,所有的灯光均应有节奏地闪动;拨动转向灯开关和雾灯开关,检查灯光是否完好;挂倒挡,倒挡的白色灯应该亮起;踩下制动踏板,制动灯应该点亮。检查刮水器,在中、低、高各速度上工作正常,喷水清洁器出水畅通。按动喇叭,声音应该柔和动听。

打开收录机,听音响效果。先开到最小声音,听音响对细小声音的分辨能力;然后开到最大声音,听喇叭是否失真。

8. 路试试车

(1) 静止状态下,检查一下加速踏板是否反应灵敏;离合器踏板是否过硬过沉;离合器踏板和制动踏板是否有一定的自由行程,这个自由行程是否符合使用说明书要求;踏下制动踏板到极限,有无继续向下的感觉,如果有,说明制动油路有问题。三个踏板均应复位迅速无卡滞现象。

(2) 起动发动机,看看发动机在急速时是否平稳,有无不规则颤动,转速表的指针是否上下晃动,晃动厉害,说明怠速不稳。观察转速表指示的转速是否符合说明书要求;加大节气门,发动机的声音应该是由小到大的平稳轰鸣。其中如果有极细小的金属敲击声或沉闷的碰撞声,都可能是发动机致命的缺陷。可以多试几辆车,互相区别一下它们发动机的声音,选一辆声音最小、最柔和的车辆。

(3) 在颠簸的道路上打开窗户,倾听底盘、减振器是否出现异响。

(4) 突然加大节气门开度,看看发动机的反应快慢,汽车是否有"推背感",如果有,说明加速性能良好。

(5) 轻轻转动转向盘,其反应应该及时灵敏。如果感觉很沉、很费力或自由行程过大、反应迟缓,说明转向器有问题。向左右转弯后,让它自己转回,看看是否朝正直方向前进,如果不能回到正直方向或者出现跑偏现象,说明转向器或前轮的前束有问题。

(6) 检查制动,轻轻踏下制动踏板看看是否反应灵敏,反应迟缓或过于灵敏都不好。紧急制动后,方向应仍能保持正直。

7.1.3 新车上牌照

国家的法律规定汽车必须上牌照才能在路上行驶,新车在路上行驶都需要有临时牌照或移动证,车管所、保险公司、维修厂等都是以牌照作为区别来对车辆进行管理的。所以新车在选车、付款、购买保险和缴纳购置税及安全检测后,即可去当地车管所上牌照。当然,这一系列的手续对一般的汽车来说,也是显得陌生和烦琐,一般4S店都可以代办,或者免费,或者适当收取几百元的劳务费。

新车上牌流程如图7-5所示。

7.1.4 二手车选购

旧机动车又称二手车,在国外普及率很高,美国、日本公路上跑的车大部分都是二手车,我国的二手车市场最近几年也逐渐升温。与新车相比,二手车价格相对便宜,一些实力不济无法一步到位的车迷常以二手车作为过渡,如几千元的新车是没有的,但几千元的二手车是有的,美国500美元就能买到性能还不错的二手车了;此外,对于一些驾驶技术不成熟或用车率较高的车主来说,开二手车不必担心磕碰,照料起来也比较省心。

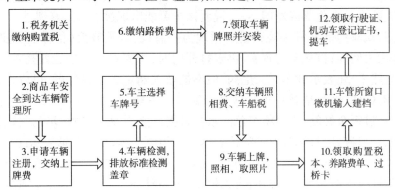

图7-5 新车上牌流程

数据显示,2011年,全国市场累计二手车交易量突破400万辆。其中,北京市场二手车交易接近40万辆,与新车销量比例接近1∶1,具有标志性意义。分析认为,二手车交易量是衡量一个市场成熟与否的重要标志。中国市场长期以来二手车与新车的交易量比例仅为1∶3,与发达国家3.5∶1的销量相比,无疑发展潜力巨大。二手车选购方面,要注意以下问题。

1. 车源确定

中国二手车市场鱼目混珠,龙蛇混杂。就车源来说,有车主喜新厌旧换车而出售的二手车,有车主资金困难而出售的二手车,有车主出国而转让的二手车,有企业破产资产转让的二手车,有大雨泡水后车主转让的二手车,有事故之后车主转让的二手车,甚至还有在抵押期间的二手车,还有强盗车、走私车等。所以,货源的选择,车源的确定非常关键,原则是尽量选择手续齐全的"一手"旧车和品牌汽车,并对该车做详细的验车和鉴定。选车的地方,一般首选4S店的二手车部,如今各4S店大多有自己的二手车部,如上海通用的诚新二手车,上海大众的特选二手车,东风雪铁龙的龙信二手车,广州本田的喜悦二手车,奔驰的星睿二手车,宝马的尊选二手车,奥迪的品荐二手车,起亚的至诚二手车,一汽丰田的安心二手车在业界都有一定名气。4S店的二手车,往往明码标价,能给人放心。其次,一些大卖场的二手车也还不错,如北京的花乡二手车市场、广州的保利捷和广骏二手车市场等,其量大,车型车系选择的余地多,比较的范围广,也是不错的选择。对于偏僻的小个体户的二手车,其可行度方面要小些,必须十分小心。

2. 详细的验车和鉴定

二手车的验车和鉴定比新车重要和复杂得多。识别事故车、强盗车、走私车、泡水车等,均靠这一环节来保证。一般包含如下工作。

1) 检测核对证件和税费凭证

对机动车来历证明(一般指购车发票)、机动车行驶证、机动车登记证书、机动车号牌、道路运输证、机动车安全技术检验合格标志、车辆购置税、养路费、年费、车船税、车辆保险单等税费缴付凭证的原件进行检查和核实,往往就能排除走私车、强盗车、抵押车等。因为走私车、强盗车、抵押车往往会手续不齐全,或者证件是伪造的。此外,应当在交警部门网站查是否违章和是否强盗车的初步查询。

2）静态检查

静态检查是在不起动发动机的情况下，主要以目测的方式，对汽车的外观、部件总成的技术状态、零配件的技术状态的检查。目测检查是否有漏水、漏气、渗油等现象。检查车身是否发生碰撞受损。站在车的前部一角往尾部观察车身各接缝，如出现不直、缝隙大小不一、线条弯曲、装饰条有脱落或新旧不一，说明该车可能出现过事故或修理过。

检查车门，从车门框 B 柱来观察是否呈现为一直线，若无波浪（俗称橘子皮）的情况发生，表示此车无大问题；再从车门查看，再未打开门时，可先看车门接缝处是否平整，如果接合的密合度自然平整，表示此车无大毛病，但不能就此断定此车没问题，可以再打开车门来详细查看 A、B、C 柱，也就是观看车门框是否能呈一平整线，如果不平整，有类似波浪的情形，表示此车经过钣金修复；也可将黑色的水胶条揭开来看是否平整，车门附近是否留有原车结合时的铆钉痕迹，留有铆钉痕迹的话表示此车为原厂车，没有的话表示此车烤过漆。最后来回开关车门检视车门开启的顺畅度，无声或开启极为顺手，表示此车无什么大问题。

检查保险杠有无明显变形、损坏，有无校正、重新补漆的痕迹。道路交通事故中汽车保险杠是最容易损坏的零部件，通过对保险杠的认真检查，能够判定被检查车辆是否有碰撞或发生过交通事故。

检查车身油漆，查看密封胶条、窗框四周、轮胎和排气管等处是否有多余油漆，如果有，说明该车车身曾经翻新重喷油漆。用一块磁铁沿车身周围移动，如果遇到磁力突然减少，表明该处局部补灰、喷漆。当用手敲击车身时，如果遇到敲击声明显比其他部位沉闷，表明该处重新补灰、喷漆。

检查发动机罩。仔细查看发动机罩与翼子板的密合度或缝隙是否一致（不要有大小不一的情况），发动机与风窗玻璃之间的间隙是否一致或留有原车的胶漆，这些都是检查的重点。发动机罩内的检查更是重点中的重点。打开发动机罩时，先检查一下其内侧，如果有烤过漆的痕迹，表示这片盖板碰撞过，因为一般不会在这个地方乱烤漆，原因是它不具备美观价值。然后可从发动机上方横梁（亦是散热器罩上方工字梁）及发动机本体下方的两条纵梁或俗称"内杠"的两内侧副梁等处查看，这些地方如无意外，都应留有圆形点焊的痕迹；若点焊形状大小不一，有可能遭受过撞击。另外，防水胶条是否平顺，亦是判断此车有无受伤的依据。发动机内消能孔是否完好，用手指摸孔内侧是否光滑，原厂一次性冲压成形的孔都比较规则圆滑，经过钣金修理一般不能恢复到出厂状态。

举升机上或地沟下检查汽车底盘的技术状态，主要包括变速器、主减速器、燃油箱是否漏油，轮胎是否偏磨磨损，悬架的下摆臂是否撞击变形，传动轴是否松动，转向节臂、转向横拉杆有无裂纹和损伤，有无拼焊接现象等。

3）仪器检查

仪器检查主要是利用一些仪器设备，对汽车的各性能参数进行定量的评价，包括底盘测功机检测底盘的输出功率，汽缸压力表测汽缸压缩压力，油耗仪测量汽车的油耗，制动试验台检查汽车的制动性能，侧滑试验台检查汽车的侧滑量，四轮定位仪测量汽车车轮定位参数，前照灯测量仪检查前照灯的发光强度和配光特性，红外线尾气分析仪测量汽油车的尾气排放（CO、HC、NO_x、CO_2 等），烟度计测量柴油车的烟度（炭烟）排放。

4）动态检查

动态检查主要是指起动发动机后，汽车处于工作状态下的检查，包括无负荷时候的技术检查和路试。机动车的动态检查是对车辆道路行驶性能的检查。路试是在机动车处于实际运行的条件下,对机动车的各种工况(如起动、怠速、起步、加速、滑行、转弯、加减挡、制动等)进行操作运行和观察,检查机动车的安全性能(操纵性、制动性能)、环保性能(排放、噪声、四漏)和它的力学性能,对机动车的技术状态做出鉴定和评估。这些内容与新车的验车检查内容基本相同,这里不再赘述。

3. 估价与交易

购买二手车,最大的好处是价格相对比较便宜。对二手车价格的评估,属于资产评估范畴,应遵守资产评估的计量标准,主要的计价标准有:

(1) 重置成本标准。重置成本是指在现时条件下,按功能重置车辆并使其处于在用状态所耗费的成本。其中属于交易类的业务,在重置成本中,是不计购置税的。二手车的评估价 P = 重置成本价 B × 成新率 C。

二手车成新率是表示二手车的功能或使用价值占全新机动车的功能或使用价值的比率。计算成新率的方法有使用年限法、行驶里程法、部件鉴定法、整车观测法、综合分析法、综合成新率法等。

(2) 现行市价标准。现行市价是指被评估车辆在公平市场上能销售的公平价格。把被评估的二手车和市场上已经成交的二手车做比较,综合它们的配置、性能等,推算出被评估的二手车的价格。这个标准和法官在判案中,按先例判刑有些类似。

(3) 收益现值标准。收益现值是指根据车辆未来的预期获利能力大小,以适当的折现率将未来收益折成现值。适合于评估出租车、营运车辆等。

(4) 清算价格标准。清算价格是指在非正常市场上限制拍卖的价格。清算价格标准适用于企业破产清算,以及因抵押、典当等不能按期偿债而导致的车辆变现清偿等二手车鉴定评估业务。

二手车交易过户实际上是分为两个步骤:车辆交易过户和转移登记过户,两个步骤缺一不可。交易过户业务在二手车交易市场办理,获取《二手车销售统一发票》;转移登记过户业务在车管所办理,主要完成《机动车登记证明书》的变更登记、核发《机动车行驶证》及机动车号牌。旧机动车交易过户手续流程如图7-6所示。

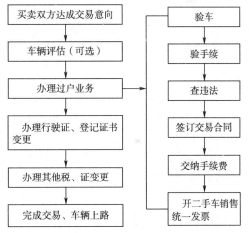

图7-6 旧机动车交易过户手续流程

7.2 汽车的使用常识

7.2.1 正确选择使用燃料、机油、轮胎、蓄电池

1. 正确选择使用燃料

对于汽油车来说,油箱加油口盖都会贴有加注什么牌号汽油的说明(图7-7),该说明是厂家根据发动机的压缩比等匹配后得出的结论。严格按照该说明加注即可。比如规定加注93号汽油,那就去加油站加注93号汽油,既不能图便宜加90号,也不能图高贵而加注97号汽油。

不少车主喜欢加低标号汽油,认为这样可以节省开支,其实这是不划算的。通常说的90号、93号、97号汽油,这个数值代表了汽油的标号,是实际汽油抗爆性与标准汽油的抗爆性的比值。如果降标使用汽油,会产生爆震燃烧,会使汽缸温度剧升,汽油燃烧不完全,发动机强烈振动,从而使输出功率下降,零件受损。高压缩比的发动机如果选用低标号汽油,发动机极容易产生爆震。发动机爆震过久,容易造成活塞烧顶、活塞环断裂等故障,加速零件的损坏。所以,通过降低汽油标号来节省开支实在是得不偿失。

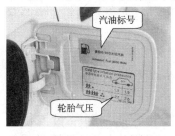

图7-7 油箱加油口盖标明汽油标号

也有一些车主热衷于使用高标号汽油,认为汽油的标号就是油品纯净度和质量的标准。其实,汽油标号的高低只是表示汽油辛烷值的大小,绝不能把标号与纯净度和质量混为一谈。如果使用低标号油的发动机硬要用高标号油就会出现"滞燃"现象,即压缩到了头它还不到自燃点,一样会出现燃烧不完全现象,对发动机也没什么好处。汽油的标号只是代表汽油抗爆性能的指标,盲目选用过高标号的汽油,会改变点火的时间,造成汽缸内积炭增加,长期使用也会有损发动机的寿命。所以说,高标号汽油不等于高品质汽油,高品质汽油还必须在硫含量、油品稳定性、胶质含量等多方面指标达到高标准。

如何选择适合标号的汽油车主应根据发动机压缩比的不同,选择不同标号的汽油,这在每辆车的使用手册上都会标明。压缩比在8.5~9.5的中级轿车一般应使用93号汽油;压缩比大于9.5的轿车应使用98号汽油。目前国产轿车的压缩比一般都在9以上,最好使用93号或97号汽油。一些进口高级轿车,如奔驰、宝马,最好使用98号汽油,或按厂家建议使用专用的汽油添加剂。

柴油车使用的柴油,也很讲究,一般夏季都无所谓,普遍选用0号柴油即可。冬季,差别就大了,对于海南、广东、广西、福建等省份,因为冬季最低气温一般都在0℃以上,所以冬季照常可用0号柴油,而北方等地,冬季气温低于0℃,此时选用柴油的原则是:-10号的柴油在-10~0℃时使用,-20号的柴油在-20~10℃使用,以此类推。不按规定使用,一是造成浪费柴油,二是气温低的时候容易使柴油结冰,使发动机无法起动。

对于补充燃料的时机和量,也比较讲究,当燃料指示还剩1/5左右,或者燃料报警灯点亮时候,就需补充燃料,因为如果等油箱完全没有油了,汽车不能行驶了,再来补充燃料的话,需要别人来施救,而且最重要的是,油箱燃料较少时,比较容易损坏油泵,油泵的冷却就是靠泡在燃油中进行冷却的。当然,对城市道路环境来说,也不需要每次加油均加满为止,一般加至4/5即可,拖满满一箱油在路上跑,增加了汽车的整车整备质量而耗油,当然,对于加油不方便,或者出车很频繁,或者要跑长途等情况除外。

2. 正确选择使用机油

机油是保证发动机正常运转的润滑剂,能起到润滑减磨、冷却降温、清洗清洁、密封防漏、防锈防蚀、减振缓冲等作用,机油分矿物机油、半合成机油和全合成机油等类型。一般对轿车来说,普及型轿车采用矿物机油,而高级轿车采用合成机油。机油标号的选择,以美国汽车工程师学会标定的为参考,有SAE15W-40、SAE5W-40、SAE10W-30等,具体的标号,严格按照车辆说明书或机油加油口盖上所写出的标号。

机油量的检查,是先起动发动机,热车后,关闭发动机,打开发动机罩,拔出机油液位尺,用干净的抹布、毛巾、纸张等擦干净机油液位尺,再插入到机油液位尺的原安装位置,插入到位后,再一次拔出,读取机油液面的位置,要求机油的油面位置位于标定的上限和下限之间。图 7-8 所示的机油量略多,最好放掉一点机油比较好。

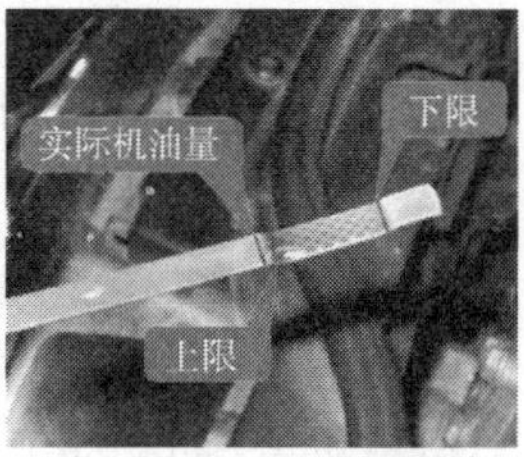

对于机油的品牌,选择正规的知名品牌,如美孚、壳牌、英国石油、嘉实多、道达尔等,其质量比较可靠,长城、昆仑等国产品牌价格比较便宜。有些车主爱车有加,一定要选择原厂机油,这个倒不一定,因为只要标号一致,品牌其实是可以选择的,不过不要把不同品牌的机油混用。

此外,因为机油工作条件和环境恶劣,为了确保其正常工作,必须按里程或时间对其进行更换,对于绝大部分车,一般是 5000km 或一个季度更换机油,而欧洲车一般是 7500km 更换机油。当然,现在许多车,仪表台上都会有维护灯,一达到更换机油的里程,维护灯就自动点亮,提醒驾驶人及时更换机油,更换成功后,用解码器手动对维护灯进行清零,又重新开始进行累计里程。

图 7-8 机油量的检查

3. 正确选择使用轮胎

高速公路的迅速延伸和汽车时速的提高,对汽车产品的质量特别对汽车轮胎的质量是一个严峻的考验。据交通安全部门介绍,由轮胎质量引起的交通事故近几年呈上升趋势。轮胎的正确选用是保证行车安全的一个重要方面。如何正确选用轮胎,现简单归纳了几个方面供参考。

1) 选择子午线轮胎,选择无内胎轮胎

子午线轮胎与普通斜交轮胎相比,具有升温低、散热快、制动性好、滚动阻力小、噪声低、节油耐久等优点。因此,子午线轮胎从安全性、经济性、高速性、耐久性、舒适性等方面来看都优于斜交轮胎。无内胎轮胎由于内腔是一层高密封性能的胶层,当轮胎不慎被刺破后,内压不是一瞬间泄漏,而是缓慢降压,驾驶人有充裕的时间做应急处理,以保证车辆行驶安全。当然现在轿车轮胎绝大多数都是子午线轮胎,都是无内胎轮胎。

2) 高速行驶的车辆要选用有速度级别的轮胎

子午线轮胎的胎侧均标有该轮胎的速度级别,速度级别是表示该轮胎的最高限速,用英文字母表示,没有速度级别的轮胎不宜做高速行驶的车辆使用。

3) 选用轮胎时要注意区别轿车(乘用)和货车(载重)轮胎

同一规格的轮胎分为轿车用和货车用轮胎,如 185/60R14 为轿车轮胎,185/60R14C 为货车轮胎,虽一字之差,其轮胎的负荷、性能相差很大,因此,不能混装代用。如果用低负荷轮胎在超负荷状态下高速行驶是十分危险的。

4) 选用轮胎要注意和轮辋匹配

不同规格的轮胎要匹配不同规格的轮辋,如果轮胎和轮辋不匹配,容易造成轮胎趾口移动而产生高温损坏趾口,俗称烧趾口,严重时会造成趾口爆破而出现危险。同时,还可造成轮胎早期磨损,减少轮胎使用寿命。一般来说,就是注意新换的轮胎和以前的轮胎的规格一致即可,如均为 210/60R16。

5) 选用轮胎要注意轮胎的花纹

不同轮胎的花纹,有各自不同的使用特性。不同用途、不同路况、不同车速的车辆应选用不同的轮胎花纹。一般来讲,在一般路面上行驶的车辆应选用横向花纹(如烟斗型、八脚型、羊角型),用于高速公路上行驶的车辆宜选用散热快、侧向稳定性好的条型花纹,而驱动轮上则宜选用混合型花纹或曲折花纹。

对于轮胎气压,一般在车辆使用说明书上、油箱加油口周围或者后右车门与车身密封处(打开车门即可见)均有标出,如图7-7所示。按照要求充足气压即可。

最后,要去正规商场、汽车超市、4S店等购买知名品牌的轮胎,如米其林、马牌(大陆)、倍耐力、普利司通、优科豪马(横滨)、邓禄普、东洋轮胎等,知名品牌轮胎相对更加有质量保障。

4. 正确选择使用蓄电池

蓄电池是车载直流电源,它和发电机并联向整车供电,当发电机不工作时候,则单独由蓄电池供电,如起动工况,则是由蓄电池向起动机供电提供起动转矩;向点火系统供电,提供点火能量;向喷油器供电而喷油等。目前,除大货车、大客车、柴油发动机等外,轿车基本采用免维护电池。所谓免维护,简单说就是不用像以前的硫酸铅电池一样要定期加电解液、定期充电维护等操作了,就是直接装上车使用即可。在选择和使用蓄电池时,应当注意以下几点:

(1)更换蓄电池时,新换蓄电池的型号要与原来的一致,如都是12V45Ah,其中的45Ah是蓄电池的容量,不要盲目去选择大容量的蓄电池,如本来是45Ah的,改选成60Ah后不见得会更加有电,可以简单理解为还剩的15Ah不用也作废了,当然不能该选45Ah而选用30Ah,否则起动几次起动机就没电了。

(2)要注意蓄电池的尺寸,一般蓄电池都是装发动机舱里面,由于发动机舱里面布置的设备多,空间小,所以很紧凑,如果更换的蓄电池的尺寸明显大于原来的尺寸,就可能因尺寸大而装不上去,或者勉强装上去,发动机罩盖下来后,蓄电池的两个接线柱短路而造成火灾。

(3)注意蓄电池正极接线柱的绝缘,一般蓄电池正极接线柱都会有个红色的绝缘套保护,更换时,要记住把红色绝缘套装好,否则也可能会发生短路而着火。这种蓄电池接线柱直接的短路,是没有经过熔断丝的,造成的后果非常严重。

(4)蓄电池在车上的安装要牢固可靠,蓄电池本身质量就比较大,惯性也大,在车加速、制动、急拐弯过程中,惯性力也大,如果没有安装牢固,很容易造成蓄电池翻倒而使得电解液外溢而腐蚀其他部件,甚至造成火灾。

(5)注意蓄电池的寿命,一般来说大概2~3年的寿命,当已经达到蓄电池寿命的时候,记住更换新的蓄电池,千万不要补充充电勉强继续使用,否则路上抛锚,所造成的拖车费、施救费远比换一个蓄电池费钱。当然,还要注意废旧蓄电池的回收,以免污染环境,修理厂可直接回收。

7.2.2 汽车在特殊条件下的使用

1. 汽车在磨合期的使用

为了使汽车获得最好的性能,具有较高的效率,保证持久的使用寿命,要求在2500km磨合期内,不能让发动机以最大输出功率工作,且必须遵守:

(1)新车在磨合期,应该在平坦良好的道路上行驶,避免在崎岖和陡坡等不良道路及尘土比较多的道路上行驶。

(2)要正确驾驶汽车,平稳接合离合器,不要将脚经常放在离合器踏板上。起步必须用一挡,发动机不要高转速运转,可以在加速踏板下方垫一个可靠的限位块(限位块本身一定要安装牢固,否则可能跑位到制动踏板下面就麻烦大了)来阻止磨合期不小心把加速踏板踩到底。不要用高速挡勉强行车,尽量避免使用紧急制动。

(3) 限制车速。汽车行驶速度过高,行驶阻力大,各部位零件承受的负荷随之增加。同时,零件运动速度加快,使温度升高,润滑油黏度降低,油膜破坏,润滑条件恶化导致零件磨损增加。因此,磨合期内汽车应严格控制车速,防止发动机转速过高,汽车各挡行驶速度不得超过发动机最高转速的70%。

(4) 经常检查轮毂、后桥、变速器和发动机是否过热和有不正常响声。

(5) 经常检查各部位螺栓和螺母的紧固情况。行驶1000km后自己利用随车工具对轮胎螺栓进行预紧。

(6) 经常观察仪表上的指示灯和警告灯工作是否正常。特别是黄色和红色警告灯是否点亮和闪烁。

(7) 磨合2500km后,更换发动机机油和机油滤清器。

2. 汽车在低温条件下的使用

汽车使用的环境温度低于−10℃时,发动机起动会困难,磨损会加剧。

提高汽车低温使用性能的主要技术措施有:汽车起动前预热;起动后,适当留出1~2min怠速预热后再上路行驶;采用低温时黏度增加不显著的冬季机油,以及采用专门牌号的冬季燃料;采用预热进气和起动时加注易燃燃料,以及采用起动液等,改善混合气的形成条件;发动机冷却系统可使用防冻剂。

3. 汽车在高原和山区条件下的使用

汽车在高原下使用时,由于海拔高、气压低、空气稀薄,发动机充其量少,导致发动机动力性和燃料经济性下降。在山区行驶时汽车需要经常制动,制动性能对行驶安全性能影响最大。

高原和山区条件下使用时的主要技术措施有:在高原地区行驶的汽车,要改善发动机的性能,一般要提高发动机的压缩比;合理选择配气相位;采用增压设备;调整油路、电路,调整油路主要防止混合气过浓;采用含氧燃料,就是在汽油中掺入酒精、丙酮及其他含氧化合物。

对于1~2h就连续爬坡或者下坡千米以上的工况,以电喷车为例,可以每隔1h找个适当的地方,停车熄火,再开钥匙开关起动。用此方法,可以让发动机电控单元(ECU)对海波高度的变化能自动适应,自我学习。

山区行驶的汽车解决制动问题的途径:有轿车采用带挡位的发动机制动来控制车速,货车可以用采用辅助制动器来控制车速或水淋制动鼓来降温,保持其工作正常,或者制动器改装先进摩擦片材料等。

4. 汽车在高温条件下的使用

汽车在高温下使用时,往往会由于发动机过热而出现发动机充气能力下降、燃烧不正常(爆震)、机油变质、零件磨损加剧、供油系统燃料蒸发严重、活性炭罐负荷大、轮胎温度上升、驻波等问题,导致汽车的经济性、动力性和行驶可靠性变坏。

夏季高温条件下用车,一定要注意观察冷却液温度表,若是冷却液温度表的指针进入黄色或红色部分,表示水位过高,此时,万万不可勉强继续使用,而是应当就地找地方停车,再联系修理厂对车进行维修。否则,冷却液温度过高会导致发动机拉缸而大修发动机,造成重大经济损失。

5. 轿车在城市道路短途行驶条件下的使用

轿车已经作为一种代步工具进入普通家庭,大、中城市不少工薪阶层都选择轿车作为上班出行的一种工具,但某些车主家庭住宅距离上班公司不到10km,特别是在气候比较冷的北方冬天,往往从家开到公司,发动机冷却液温度都还没有升至正常温度就到公司了,就停车熄火,长期这样,汽车发动机大多数情况下都在低于正常冷却液温度的情况下运行,发动机磨损严重,燃烧室积炭也严重,大大降低了发动机的使用寿命。所以城市道路的短途行驶是一种恶劣工况。

对于这种恶劣工况,相应的措施:一是维修的里程要适当提前;二是可适当提前预热一下汽车,再进入正常行驶;三是不时的上下高速公里,让发动机在高转速下正常运行,进排气系统气体流速加快,把燃烧室内的部分积炭排出去。

6. 恶劣天气下的使用

恶劣天气主要包括大风、大雨、大雾、冰雪天气等。对于恶劣天气下,当然最好的办法是不使用汽车,而改乘公共交通工具等比较安全。

(1)大风天气,一般来说,都是测向风,这时候,加在汽车上的外力多了一个侧向风力,此时汽车有跑偏的趋势,汽车要保持它原来的行驶方向或者按照驾驶人的意图改变行驶方向,驾驶人必须降低车速,同时双手紧握转向盘,防止汽车的跑偏。

(2)大雨或大暴雨天气,表现为前方视线不好,路面能见度低,路面积水严重等,使得汽车制动距离比平时会有大幅度增加。此时应当开启刮水器到高速挡,开启雾灯。当前方路面有积水而不明路面状态时,不要鲁莽涉水,一定要探明积水的深度,有把握不会让发动机进气管进水才可涉水,否则会导致发动机进气管进水而损坏发动机的机械部分。

还有,大暴雨天气停车,尽量不要把车停在地势低的地方,如地下车库等,以免地下车库排水不畅而积水淹没汽车,造成经济上的重大损失。

(3)大雾天气,表现为前方视线不好,路面能见度低,此时应开启危险灯(双闪灯),开启雾灯,同时降低车速,适当延长与前车的距离,以免发生追尾危险。

(4)冰雪天气,路面有积雪等情况,使得汽车轮胎与地面的附着系数变小,汽车很容易失控,此时,应当降低车速,稳重转向盘,匀速行驶,避免猛踩、猛抬加速踏板和制动踏板,尽量避免急打转向盘等改变汽车匀速行驶的操作。

7. 自动变速器的使用

由于自动变速器操作简单,不用驾驶人踩离合踏板就能自动换挡,换挡冲击小,起步平稳,不容易熄火,坡道不容易溜坡;特别是在交通情况复杂的繁华闹市区,安装自动变速器的车能减轻驾驶人的劳动强度,不会分散驾驶人的精力,大大地提高了驾驶的安全性和舒适性。所以现代很多轿车,特别是中高档车大多数装配自动变速器,城市公交车也有部分装自动变速器,大客车和大货车都有装自动变速器的趋势。

使用装有自动变速器的车辆,要注意以下方面:

(1)两年或6万km就要更换自动变速器油。

(2)临时停车超过40s,就要把变速杆置于P位或N位,而不能置于D位踩住制动踏板不走。

(3)踩加速踏板和松加速踏板尽量地轻踩轻放,避免对自动变速器的冲击。

(4)驾驶千万不能同时踩加速踏板和制动踏板(除进行故障诊断外),造成自动变速器烧坏,制动片烧坏。

(5)适当选择自动变速器的换挡模式,一般情况选经济模式,当对爬坡、加速超车等动力性要求高时,选择动力模式。

(6)注意仪表指示警告报警灯和平时驾驶的感觉,发现自动变速器有问题,不能勉强驾驶,一定要及时检修,否则会造成自动变速器更大的损坏。

（7）自动变速器的车坏在路上需要拖车时,要把驱动轮离地,不能让驱动轮直接在地上滚动而烧坏自动变速器。

7.2.3 省油的技巧

省油不仅仅是为了降低用车成本,还能减轻环境的负担。省油不仅取决于车辆本身的结构参数,而且和车主的使用、驾驶习惯密切相关,至于汽车本身是否省油,在新车选购的时候就要考虑,以下介绍在使用、驾驶过程中让车喝得少跑得远的诀窍。

（1）我们要保证轮胎的正常胎压,胎压不足会大大增加车轮在路面滚动的阻力,将使燃油消耗大幅提升,而且气压不足也容易损伤轮胎。所以经常检查轮胎气压很重要。

（2）我们要减轻爱车的整备质量。主要是整理行李舱,把一些不必要的东西清理出去。有些车主的行李舱会放许多物品,非常凌乱,常见的有整箱的饮料等。这些都会增加爱车的负担,提升油耗,所以尽量将行李舱清空,轻轻松松上路。

（3）要定期给爱车做维护,良好的维护也能降低油耗,如果忽视维护,发动机、变速器、主减速器等的运行状态不佳,不仅易于磨损伤车,而且油耗就会上升。

（4）良好的驾驶习惯。有句话说得很有道理,新手是用制动踏板控制车速,高手是用加速踏板控制车速。在路上驾车,我们要学会对路况提前做出判断,不要等到出现情况后再采取措施。比如,前方已经是红灯,我们就可以松开加速踏板利用惯性滑行过去,但不要空挡滑行。说到空挡滑行,许多老驾驶人都认为空挡滑行省油,现在的汽车专家则表示电喷车空挡滑行不省油,其中的道理就是电喷车在空挡时电控单元会认为是怠速,就会继续喷油,而带挡滑行时电控单元将停止喷油,因此空挡滑行比带挡滑行费油。

（5）在城市中遇到堵车时,不要频繁变道,堵车往往使人烦躁,会情不自禁地往快的车道钻,其实很多时候这样未必能快,就算快了,也快不到哪里去。而为此付出的代价就是油耗的上升,因为频繁变道时我们都会一脚踩加速踏板一脚踩制动踏板的驾驶。除了油耗增加,出现碰擦事故的概率也会相应提高。

（6）空调的使用,在夏季进入车厢后我们应该先打开车门,将热气排出,然后打开风扇,但不要起动空调,等风扇将管道内的热气吹出后,再起动压缩机,这样会大大减轻压缩机的负担,也就能省油。尽量不要一进车厢就打开空调使劲吹。同样,在到达目的地前5min,关闭空调AC开关,仅让风扇工作,这能将管道内的剩余凉气吹尽,这不仅仅提高了能源的利用效率,也能干燥空调系统,防止过多的冷凝水使管道等部件发霉。

（7）在经济车速行车,每辆车都有经济时速,大部分车型在80～90km/h这个区间内是最省油的,高于这一车速,空气阻力增加,油耗增高,低于这一车速,汽车的传动效率等降低,油耗也增加。

（8）夏季开窗还是开空调,建议车速高于80km/h的时候,开空调比开窗省油,因为开窗破坏了空气动力学特性。当然这也不是绝对,不同的车型会有不同的结果,而且高速开窗噪声很大,所以开空调舒服点。另外在速度低于60km/h的时候,开窗比开空调省油的。

（9）保持爱车清洁,国外有科学家做过实验,一辆外表干净的车比脏的车要省油,原因是外表干净,它的表面就光滑,与空气摩擦时产生的空气阻力就小,当然,这点影响是很小的。

(10)注意底盘,挡泥板的清洗,用车时间久了这些部位会溅上不少泥砂,别看好像一层不多,整个底盘上的泥砂还是有点质量的。

(11)定期跑跑高速,花钱在加油站等地买燃油清洁剂,还不如定期跑跑高速,汽车在高速路上运转时,车速较高,发动机也在高转速运转,进气和排气的流速都很快,这时可以冲掉部分积炭和垃圾,减小了发动机进排气的阻力,有利于节油。

(12)每次加油不要加得太满,城市里用车一般只需加至油箱容积的2/3即可,满载油也会增加整备质量,使得油耗增加。

7.3 汽车的维护基本知识

汽车的维护,是汽车能否继续正常工作的重要保障,话说"三分修理,七分维护",就是强调了维护的重要性。汽车的维护,其内容非常丰富,项目非常多,涉及的专业知识也很多,这里简单分为自行维护检查和专业维护。

7.3.1 自行维护检查

车主可以按时间对车进行自行检查维护,其维护的内容如下:

(1)每天的自我检查维护内容:起动汽车后,检查各报警灯和指示灯的点亮情况,起动发动机查看各报警灯是否正常熄灭,指示灯是否还在点亮,重点检查有没有黄色或红色灯点亮或闪烁。然后,用鸡毛掸把扫一下车身上的灰尘,环视汽车,看看灯光装置有没有损坏,车身有没有倾斜,地上有没有漏油、漏水等泄漏情况;检查轮胎的外表情况。查看油量表的指示,补充燃油。

(2)每周的自我检查维护内容:除了每天检查的内容外,检查调整轮胎气压、清理轮胎上的杂物。到洗车店洗一次车辆。

(3)每月的自我检查维护内容:除了每周检查的内容外,检查倒车镜的情况。检查轮胎的磨损情况,检查轮胎有没有鼓包、异常、老化裂纹和硬伤等情况。对车辆漆面打一次蜡,彻底清扫汽车内部;清洁散热器外表、机油散热器外表和空调散热器外表上的杂物。检查补充机油;检查补充冷却液、自动变速器油、制动液、动力转向机油、风窗玻璃清洗液。清理行李舱。查看各部位的管路和导线固定情况。

(4)每半年的自我检查维护内容:除了每月检查的内容外,清洗发动机外表,清洗时注意对电气部分的防水处理。如果电气部分对防水要求较高的话,应避免用高压水枪来冲洗发动机,可以用毛刷沾清洗剂清洗发动机外表。用热水冲洗蓄电池外表,清除蓄电池接线柱上腐蚀物。对轮胎螺栓进行一次紧固。清洗空调滤清器,最好用压缩空气吹去空调滤清器上的灰尘(在洗车时进行)。检查备胎气压。

(5)每年的自我检查维护内容:除了每半年检查的内容外,对角调换一次轮胎。更换散热器冷却液。每两年的自我检查维护内容,除了每年检查的内容外,更换制动液。

除此之外,还有某些特别情况下的检查与维护,如长途自驾游,自驾游回家,或者开车长途出差,或者上高速几小时等,这种突然增大汽车使用强度的情况下,要自己检查油、水、电等是否正常,是否需要补充,还要检查底盘螺栓是否松脱,需要紧固,最好是去修理厂或4S店做好检查,有备无患。

7.3.2 专业维护

而对于专业方面的维护,一般不建议车主自行进行,而是由4S店、汽车修理厂来做比较好。当然,为了降低成本,自己可以通过去正规商场购买质量有保证的相关材料。

(1)对于更换机油,矿物油5000km更换;半合成机油6500km更换,全合成机油8000~12000km更换。再者,若是一年都没开到5000km,也必须更换2次,冬季一次,夏季一次。更换机油完毕后,记住维护灯要归零。

(2)机油滤清器,俗称机油格,是用来过滤发动机油底壳经机油泵进入主油道机油中的杂质,更换时机一般与更换机油时同时更换即可(原厂机油滤清器寿命只有5000km。长效机油滤清器可以使用1000~15000km)。

(3)空气滤清器,俗称空气格,是用来过滤车外空气进入发动机进气管路中的尘土,一般是每次换机油时,即5000km时,用压缩空气,以进气的反方向对空气滤清器上的灰尘进行吹扫,15000~20000km时更换。

(4)空调滤清器,俗称空气格,是用来过滤车外空气进入驾驶室管路中的尘土,普通的空调滤清器每15000km更换,大致是一年更换一次,在来年夏季来临之际,在雨季过后使用空调之时进行更换。

(5)汽油滤清器,俗称汽油格,是用来过滤油箱到发动机供油管路中的汽油杂质,一般30000km更换。

(6)节气门/急速电动机清洗,每20000~30000km一次,急速抖动时,就需要考虑清洗。

(7)自动变速器油,首次40000km更换,以后40000~50000km更换一次,建议使用循环清洗的方法来更换(在循环换油机上进行),可以更换完全干净,自动变速器油最好选用原厂专用的自动变速器油。

(8)正时带是80000~90000km更换。国产发动机的正时带更换的周期要提前,一般60000~80000km进行更换。如果是正时链传动,则无须更换。

(9)助力转向油首次40000km更换,以后40000~50000km换一次。使用专用的方向机油或者是自动变速油。

(10)制动液必须2年或6万km更换。而且注意制动液的型号要和原来的型号一致,一般在说明书和制动储液罐上面都会写明制动液的型号。

(11)冷却液是2年或6万km更换。目前常用冷却液来代替冷却水,冷却液在防结冰、防锈、防水垢方面均好于冷却水。

(12)轮胎换位,普通轮胎每10000km进行换位,以让轮胎均匀磨损,提高轮胎的使用寿命,当换位过程中,发现轮胎有偏磨等不正常磨损,一定要去做四轮定位,更换轮胎最好成对更换,如两前轮同时更换。

(13)制动片属于耗材,每次轮胎换位时,都要留心看一下制动片厚度,如磨损厉害,就要及时更换,制动片磨损较快,制动片的更换周期,与驾驶习惯、路面状态及地形等关系很大,一般30000~40000km基本都要更换了,有些车型有制动片厚度传感器,当制动片磨损到极限位置时候,仪表台会显示更换制动片。

(14)普通火花塞25000~30000km就要更换,铂火花塞可以到40000km更换,选用铱火花塞可以延长使用里程,使用60000~80000km都可以不用更换。定期更换火花塞后,能提高点火质量和燃油的燃烧质量,改善发动机的动力性和燃油经济性。

(15) 手动变速器和主减速器,也是要定期更换润滑油的,对于轿车的手动变速器和主减速器,一般是 3 年或 6 万 km 更换齿轮油。

当然,如果车主觉得这么多内容不太好记忆,比较费事和麻烦,也可以专门长期选定某一家 4S 店进行维护,现在 4S 店的服务都很到位,车一进 4S 店,他们就会根据汽车行驶里程,询问车主已经做了哪些维护,建议车主还有做哪些项目等,甚至每个月均能收到 4S 店的短信或电话提示要做哪些等。相对来说,是比较方便。

复习思考题

1. 新车选购需要考虑哪些因素?
2. 新车上牌照需要经过哪些手续?
3. 如何正确使用汽油和柴油?
4. 如何正确使用机油?
5. 如何正确选择使用轮胎?
6. 如何正确选择使用蓄电池?
7. 磨合期(走合期)一般是多少千米?磨合期使用汽车需要注意哪些事项?
8. 为了省油,可以采取哪些途径?
9. 汽车的专业维护,主要有哪些内容?

第8章 汽车修理、检测与故障排除

本章介绍汽车修理的基本知识,汽车故障诊断的基本方法、思路和流程;介绍汽车检测的分类及汽车安全与环保检测线常见工位(侧滑、制动、尾气排放、前照灯、喇叭);最后举例介绍了发动机和底盘故障排除的实例。

8.1 汽车修理基本知识

8.1.1 汽车修理

修理,指对于损坏了的不整洁的物体和事物进行修复和理顺,对象为物品时,有维护、修葺、整治的意思。汽车修理对象是汽车,是指对汽车进行消除故障及其隐患,恢复汽车的工作能力和良好技术状态的技术作用,包含维护、诊断、修复等活动。执行汽车修理的场所一般是指汽车修理厂、4S 店的维修部门等。

1. 汽车修理的分类

汽车修理按作业范围可分为整车大修、总成大修、汽车小修和零件修理四类。

(1)整车大修。汽车在行驶一定里程后,经过检测诊断和技术鉴定,多数总成已达到使用极限时,对汽车进行的一次全面恢复性修理称为汽车大修。

对于载货汽车以发动机总成为主结合车架总成或两个以上其他总成需要送修时、对于轿车以车身为主结合发动机总成符合送修条件时即可进行大修。

(2)总成大修。为恢复总成的技术状况,修理或更换总成任何零部件(包括基础件)的修理作业称为总成大修。

(3)汽车小修。根据需要,修理或更换汽车个别零部件的修理作业称为汽车小修。

(4)零件修理。对因磨损、变形、损伤而不能继续使用的零件,利用适当的加工方法进行修理以恢复其使用性能的作业称为零件修理。

2. 汽车修理企业技术岗位

汽车修理企业技术岗位有机修工、电工、钣金工、油漆工。

汽车机修工主要负责对汽车的机械部分进行修理,包括拆解、清洗、安装、调试。

汽车电工主要负责对汽车的电气电子部分进行修理,包括空调电路。4S 店因为车系车型比较固定,往往机修和电工合二为一。

汽车钣金工主要负责对汽车碰撞事故造成的车身、车门、翼子板变形等部位进行修理。

汽车油漆工主要负责对汽车刮擦所导致的油漆脱落进行修理,包括磨平、配油漆、调色、喷漆、烤漆等。

3. 汽车零件的修复方法

1) 机械加工修复法

通过机械加工的方法使已磨损的零件恢复正确的几何形状和配合特性的修复方法称为机械加工修复法。机械加工修复法主要是修理尺寸法,即对配合副已磨损的零件按规定的修理尺寸加大或减小,再选配具有相同修理尺寸的另一个零件与之配合以恢复配合副配合性质的修理方法。

2) 镶套修复法

对零件磨损部位进行机械加工整形后,再按过盈配合镶入一个金属套以恢复零件公称尺寸的修理方法。如汽缸套的修复、气门导管的修复等均可采用镶套修复法进行修复。

3) 压力加工修复法

通过对零件施加外力,利用材料的塑性变形恢复零件损伤部位的尺寸和形状的修复方法称为压力加工修复法。

4) 焊接修复法

利用电弧或气体燃烧产生的热量将零件损伤部位局部和焊条熔化并熔合,以填补零件磨损部位或连接断裂零件的修复方法称为焊接修复法。

5) 粘接修复法

使用粘接剂粘补或连接断裂零件的修复方法称为粘接修复法。目前,一些粘接剂,如AB胶等,其强度已经达到了30MPa以上,对于非金属零件的粘补修复,已经可以满足其要求。

6) 换件修复法

经过检测诊断,判断出故障的原因是某一零件、部件或总成的损坏所导致的,即可按规范要求拆卸该零件、部件或总成,不对其进行任何修复,直接当废品处理,再更换与原零件、部件或总成型号参数一致的零件、部件或总成,即为换件修复法。换件包括更换新件和更换旧件(拆车件)。严格来说,换件修复法算不上汽车零件的修复方法,因为并没有对损坏零件进行修复。

但换件修复法与其他修复法比较,有许多的优点,换件修复的质量比焊接、粘接修复的质量要可靠,安全性高,零配件的使用寿命要比其他修复方式的长,而且修复的过程操作简单,对维修工的技术要求较低。在生产效率提高,零配件价格降低,而劳动力成本升高的今天,换件修复法在汽车修理中得到了广泛的应用。

8.1.2 汽车故障诊断

汽车诊断是指在不解体(或仅拆卸个别小件)条件下,为了确定汽车技术状况或查明故障部位、故障原因,而进行的检测、分析和判断。

1. 汽车故障诊断的基本方法

汽车技术状况的诊断是由检查、测量、分析、判断等一系列活动完成的,其基本方法主要分为四种:第一种是传统的人工经验诊断法,第二种是现代仪器设备诊断法,第三种是故障码诊断法,第四种是症状诊断法。

1) 人工经验诊断法

这种方法是诊断人员凭丰富的实践经验和一定的理论知识,在汽车不解体或局部解体的情况下,借助简单工具,用眼看、耳听、手摸和鼻闻等手段,边检查、边试验、边分析,进而对汽车技术状况做出判断的一种方法。这种诊断方法具有不需要专用仪器设备，可随时随地进行和投资少、见效快等优点。但是，这种诊断方法存在诊断速度慢、准确性差、不能进行定量分析等缺点。

2）现代仪器设备诊断法

这种方法是在人工经验诊断法的基础上发展起来的一种诊断方法，该方法可在汽车不解体情况下，用专用仪器设备检测整车、总成和机构的参数、曲线或波形，为分析、判断汽车技术状况提供定量依据。采用微机控制的仪器设备能自动分析和判断汽车的技术状况。现代仪器设备诊断法具有检测速度快、准确性高、能定量分析、可实现快速诊断等优点，但也存在投资大和对操作人员要求高等问题。使用现代仪器设备诊断法是汽车检测与诊断技术发展的必然趋势。

3）故障码诊断法

故障码诊断法又称计算机自诊断法，它采用汽车计算机故障诊断仪调取故障码，再按照维修手册中提供的故障码诊断流程图表进行故障诊断分析。故障码诊断法是仪器诊断法的一种特殊形式，它以汽车计算机故障诊断仪调出的电控系统故障码为切入点，进行汽车故障诊断分析。汽车计算机故障诊断仪在自诊断分析中最重要的是故障码和数据流这两种显示方式，故障码可以定性地描述故障点，数据流可以定量地显示数据参数，这些参数不仅能对计算机输入输出信息进行多通路地即时显示，还可以对计算机控制过程的参数进行动态变化地显示。正是这样的自诊断功能，从本质上改变了汽车故障诊断的方式，这就好比来看病的患者本人竟是一个优秀的医生，他可以自己分析阐述自己的病情，帮助医生更加准确地判断病因。因此，采用自诊断的强大功能帮助汽车维修技术人员分析判断汽车故障，是汽车计算机控制系统独特的自我诊断功能在实际汽车故障诊断中的卓越应用，它为汽车故障诊断提供了一个全新的诊断模式，使得传统汽车故障诊断的从人对车的单向测试向现代汽车故障诊断的人与车双向互动飞跃，这应该是汽车故障诊断技术在诊断方式上的重大变革。

故障码的读取一般用解码器来进行。解码器分为专用解码器和通用解码器两种。所谓专用汽车解码器即指由汽车制造厂家提供或指定的解码器，如奔驰汽车用 HHT、宝马汽车用 MODIC、大众（奥迪）汽车用 VAG1552、丰田汽车用 INTELLIGENT TESTER、日产汽车用 CONSULT–I/II、美国通用汽车公司用 TECH-II 等。通用解码器则是非汽车制造厂家提供和指定的，能够读到大部分品牌汽车的故障码的解码器。国产知名的通用解码器有：元征的 X431、博士的金德 KT600、车博士、车灵通、金奔腾、修车王等。

4）症状诊断法

症状诊断法是以故障所表现出来的症状为切入点，以汽车结构原理为基础、用故障症状与故障原因之间的逻辑关系进行分析，然后采用检测与试验的手段进行故障点诊断分析的一种方法。这种方法适用于汽车非电子控制系统和无故障码输出的电子控制汽车各个部分及系统的故障诊断。传统汽车故障诊断就是以症状诊断分析法为基础的故障诊断，症状诊断分析法同样采用人工经验诊断法和仪器设备诊断法相结合的综合诊断方式来完成。

2. 汽车故障诊断的基本思路

汽车故障诊断的基本思路是从问诊入手了解症状，经过试车验证症状，通过分析弄清楚原理，再推理假设出可能原因，最后经过测试验证故障点是否成立的全过程，图 8-1 所示为汽车故障诊断的基本思路，当验证的环节证明假设的故障点不成立时，应该返回到前一个环节提出新的假设,然后再去验证。

当提不出新的假设时,就要再向前一个环节进行重新分析,如果重新分析还得不到更新的假设,就要再向前一个环节,应更加仔细地试车发现新的特征,必要时还可以进一步重复问诊过程以了解更多的信息,重新提出新的假设并加以验证,直到发现真正的故障点为止。这就是汽车故障诊断的基本思路。

图8-1 汽车故障诊断的基本思路图

3. 汽车故障诊断的基本流程

汽车故障诊断的基本流程(图8-2)是根据汽车故障诊断的基本思路而来的,但比基本思路的内容更为详细,增加了诊断流程设计和修复后的验证环节,使之成为完备的汽车故障诊断基本流程。基本流程是汽车故障诊断中最基础的诊断过程,是对诊断内容的概括和总结,汽车故障诊断基本流程包括从故障症状出发,通过问诊试车(验证故障症状)、分析研究(分析结构原理)、推理假设(推出可能原因)、流程设计(提出诊断步骤)、测试确定(测试确认故障点)、修复验证(排除故障后验证),最后达到发现故障最终原因的目的。

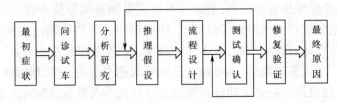

图8-2 汽车故障诊断的基本流程示意图

4. 汽车故障诊断的基本路径

汽车故障诊断的基本路径是首先进行故障码分析,按有无故障码分成故障码诊断分析法和症状诊断分析法两条诊断路径。故障码诊断分析法通常按照维修手册给出的故障码诊断流程图表来分析故障。症状诊断分析法根据维修手册有无提供症状诊断流程图表,分为按照维修手册提供的症状诊断流程图表分析故障和自行设计故障诊断流程图分析故障两条途径。

图8-3 显示出在汽车故障诊断的基本路径中,根据有无故障码和有无症状表,诊断路径分为三条,即维修手册提供的故障码诊断流程图表和维修手册提供的症状诊断流程图表,以及自行设计故障诊断流程三种路径。

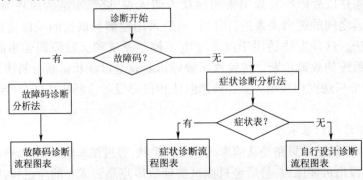

图8-3 汽车故障诊断基本路径的示意图

8.2　汽车检测简介

8.2.1　汽车检测的分类与检测站

汽车检测是指确定汽车技术状态或工作能力的检查。根据检测目的的不同,汽车检测可以分为以下三种类型。

1. 安全性能检测

安全性能检测是指对汽车实行定期和不定期的安全性能检测诊断,目的在于确保汽车具有符合要求的外观、良好的安全性能和符合污染物排放标准的排放性能,以强化汽车的安全管理。安全性能检测也就是通常我们所说的汽车年检,主要包括车辆侧滑检测、制动性能检测、汽车排放物检测、前照灯检测及噪声检测等。

安全检测站是国家的执法机构,不是盈利型企业。它按照国家规定的车检法规,定期检测车辆中与安全和环保有关的项目,以保证汽车安全行驶,并将污染降低到允许的限度。这种检测站对检测结果往往只显示"合格"、"不合格"两种,而不作具体数据显示和故障分析,因而检测速度快,生产效率高。如果自动化程度比较高,其年检车量可达数万辆次。检测合格的车辆凭检测结果报告单办理年审签证,在有效期内准予车辆行驶。这种检测站一般由车辆管理机关直接建立,或由车辆管理机关认可的汽车运输企业、汽车维修企业等企业单位或事业单位建立,也可多方联合建立。

2. 综合性能检测

综合检测站既能担负车辆管理部门的安全环保检测,又能担负车辆使用、维修企业的技术状况诊断,还能承接科研或教学方面的性能试验和参数测试。这种检测站检测设备多,自动化程度高,数据处理迅速准确,因而功能齐全,检测项目多,且深度大,可为合理制定诊断参数标准、诊断周期以及为科研、教学、设计、制造和维修等部门或单位提供可靠依据,并能担负对检测设备的精度测试。

3. 汽车维修检测

维修检测站主要是从车辆使用和维修的角度,担负车辆维修前、后的技术状况检测。它能检测车辆的主要使用性能,并能进行故障分析与诊断。它一般由汽车运输企业或汽车维修企业建立。

这里主要介绍的是汽车安全性能检测,一般汽车安全性能检测主要是通过汽车安全检测站来完成的,汽车安全检测站主要由一条至数条检测线组成。对于独立而完整的检测站,除检测线外,还应包括停车场、清洗站、泵气站、维修车间、办公区和生活区等设施。以下介绍汽车安全检测站的几个典型工位。

安全环保检测线分为手动、半自动和全自动安全环保检测线,目前国内大多数均为五工位的自动安全环保检测线。五工位一般是汽车资料输入及安全装置检查工位、侧滑制动车速表工位、灯光尾气工位、车底检查工位(带有地沟)、综合判定及主控制室工位,如图 8-4 和图 8-5 所示。全自动安全环保检测线检测项目、主要设备及其用途见表 8-1。

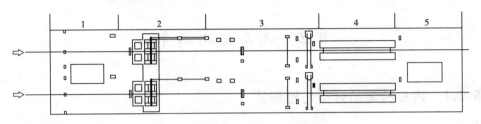

图 8-4　日本五工位全自动安全环保检测线平面布置图

1-汽车资料输入及安全装置检查工位;2-测滑制动车速表工位;3-灯光尾气工位;4-车底检查工位;5-综合判定及主控制室工位

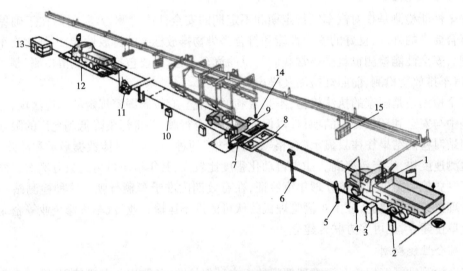

图 8-5　国产五工位全自动安全环保检测线

1-进线指示灯;2-烟度计;3-汽车资料登录微机;4-安全装置检查;5-烟度计检验程序指示器;6-电视摄像机;7-制动试验台;8-侧滑试验台;9-车速表试验台;10-废气分析仪;11-前照灯检测仪;12-车底检查工位;13-主控制室;14-车速表检测申报开关;15-检验程序指示器

全自动安全环保检测线检测项目、主要设备及其用途　　　　　　表 8-1

检测工位	主要检测项目	设备名称	设备用途
汽车资料输入及安全装置检查工位(Ⅰ工位)	汽车上部的灯光和安全装置等项目的外观检查	进线指示灯	控制进线车辆,绿灯进,红灯停
		汽车资料登录微机	登录汽车资料,并发送给主控制微机
		工位测控微机	担负工位检测过程监控,数据采集处理等项工作
		检验程序指示器	指示工位检测程序,下达操作指令,显示检测结果,引导车辆前进
		轮胎自动充气机	按设定的轮胎气压自动充气
		轮胎花纹测量器	测量轮胎花纹深度
		检测手锤	检查各连接件、车架等是否松动或开裂
		不合格项目输入键盘	将车上、车下外观检查中的不合格项目报告主控制微机
		监察电视及摄像机	供主控制室监察地沟及整个检测线的工作情况

续上表

检测工位	主要检测项目	设备名称	设备用途
侧滑制动车速表工位（ABS工位）	侧滑检测轴重检测,制动检测,车速表检测	侧滑试验台	检测转向轮侧滑量
		轴重计或轮重仪	检测各轴轴重
		制动试验台	检测各轮拖滞力、行车制动力和驻车制动力
		车速表试验台	检测车速表指示误差
		车速表检测申报开关或遥控器	当试验车速达40km/h时按下此开关或遥控器,微机采集此时的实际车速数据
		光电开关	当车轮遮挡光电开关时,光电开关产生的信号输入微机,报告车辆到位,微机安排检测开始
		反光镜	供驾驶人观察车轮到达试验台或停车线的位置
灯光尾气工位（HX工位）	前照灯检测,排气检测,喇叭声级检测	前照灯检测仪	检测前照灯发光强度和光轴偏斜量
		排气分析仪	检测汽油车排气中的CO和HC浓度
		烟度计	检测柴油车排气中的自由加速烟度
		声级计	检测喇叭声级
		停车位置指示器	指引汽车在灯光尾气工位停车线上准确停车
车底检查工位（P工位）	车辆底部外观检查	地沟内举升平台	使地沟内的检测人员在高度上处于较有利的工作位置
		对讲话筒及扬声器	用于地沟上下的通话联系
		地沟内报警灯或报警器	报告车辆到达车底检查工位
综合判定及主控制室工位	对各工位检测结果进行综合判定后,打印检测结果报告单	主控制微机	安排检测程序,对照检测标准,综合判定并存储、打印检测结果
		打印机	打印检测结果报告单
		控制台	主控制微机、键盘、显示器、打印机、监察电视等均安放在控制台上,是全线的控制中心
		主控制键盘	当微机系统出现故障不能使用时,可通过主控制键盘对各工位实施控制,以不间断检测工作
		稳压电源和不间断电源	稳定电压,不间断供电

汽车进入检测站后,在检测线上只有按照规定的检测工艺路线和程序流动,才能完成整个检测过程。对于一个独立而完整的检测站,汽车进检测站后的工艺路线流程如图8-6所示。

8.2.2 汽车侧滑的检测

汽车前轮定位参数是影响汽车操纵性和稳定性的重要因素。汽车如果没有正确的前轮定位,将引起转向沉重、操纵困难、增加驾驶人的劳动强度,同时,转向车轮在向前滚动时将会产生横向滑移现象,即车轮侧滑。因此,汽车转向轮定位值是汽车安全检测中的重点检测项目之一。

国家标准 GB 7258—2004《机动车运行安全技术条件》对汽车有关转向轮定位参数的检测作了如下一些规定：

（1）机动车转向轮转向后应能自动回正，以使机动车具有稳定的直线行驶能力。

（2）机动车前轮定位值应符合该车有关技术条件。

（3）机动车转向轮的横向侧滑量，用侧滑仪检测时，其值不得超过 5m/km。

汽车前轮定位参数的检测，有静态检测法和动态检测法两种。静态检测法是在汽车静止的状态下，用车轮定位仪或计算机四轮定位仪对前轮定位值进行检测。

动态检测法是使汽车以一定的行驶速度通过侧滑试验台，从而测量转向轮的横向侧滑量。侧滑量是指汽车直线行驶位移量为 1km 时，转向轮的横向位移量。侧滑量的单位是 m/km。汽车侧滑试验台是用以检测汽车前轮侧滑量的一种专门设备。而汽车前轮的侧滑量主要受转向轮外倾角及转向轮前束值的影响。所以，侧滑试验台就是为检测汽车转向轮外倾角与前束值这两个参数配合是否恰当而设计的一种专门的室内检测设备。

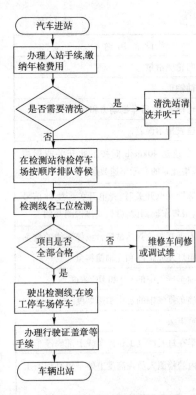

图 8-6　检测站工艺路线流程图

8.2.2.1　汽车侧滑试验台的结构与工作原理

1. 转向轮定位值引起的侧滑

经分析汽车转向轮的前束值与外倾角对其侧滑的影响比较大。

1）转向轮前束引起的侧滑

转向轮有了前束后，在滚动过程中力图向内收拢，只是由于转向桥不可能缩短，因此，在实际滚动过程中才不致真正向内滚拢。但由此而形成的这种内向力势必成为加剧轮胎磨损的隐患。

又假设让两个只有前束而没有外倾的转向轮向前驶过，如图 8-7 所示的滑动板，也可以看到左右转向轮下的滑动板在转向轮内向力的反作用力推动下，将出现分别向外侧滑移的现象，如图 8-7 中双点画线所示。其单边转向轮的外侧滑量 S_t 为

$$S_t = \frac{L' - L}{2}$$

2）转向轮外倾角引起的侧滑

转向轮外倾角的存在，在滚动过程中车轮将力图向外张开，只是由于转向桥不可能伸长，因此，在实际滚动过程中才不致真正向外滚开。但由此而形成的这种外张力势必成为加剧轮胎磨损等的隐患。

假设让两个只有外倾而没有前束的转向轮同时向前驶过两块相对于地面可以左右滑动的滑动板，就可以看到左右转向轮下的滑动板在转向轮外张力的作用力推动下，将出现分别向内侧滑移的现象，如图 8-8 中双点画线所示。其单边转向轮的内侧滑量 S_c 为

$$S_c = \frac{L' - L}{2}$$

侧滑试验台就是应用上述滑板原理来检测出转向轮的侧滑量的。

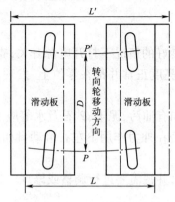

图 8-7 由车轮前束引起滑动板的侧滑

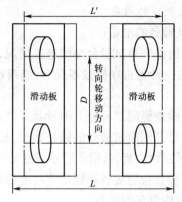

图 8-8 由车轮外倾角引起滑板的侧滑

2. 滑板式侧滑试验台的结构

滑板式侧滑试验台,按其结构又可分为单板式侧滑试验台和双板式侧滑试验台两种形式。前者只有一块侧滑板,检验时汽车只有一侧车轮从试验台上通过,后者共有左右两块侧滑板,检验时汽车左、右车轮同时从侧滑板上通过。它们一般均由测量装置、指示装置和报警装置等组成,下面主要介绍双板式侧滑试验台。

1)测量装置

测量装置由框架、左右两块滑动板、杠杆机构、复位装置、滚轮装置、导向装置、锁止装置、位移传感器及信号传递装置等组成。该装置能把前轮侧滑量测出并传递给指示装置。

滑动板的下部装有滚轮装置和导向装置,两滑动板之间连接有曲柄机构、复位装置和锁止装置。在侧向力作用下,两滑动板只能在左右方向上作等量同向位移,在前后方向上不能位移。

电测式测量装置是把滑动板的位移量通过位移传感器变成电信号,再经过放大与处理而传输给指示装置的一种结构形式,可以借助于导线,将测量结果长距离传输,或与控制单元接通,处理十分方便。

2)指示装置

指示装置多采用数字式指示装置,多以单片机进行数据采集和处理,因而具有操作方便、运行可靠、抗干扰性强等优点,同时还有对检测结果进行分析、判断、存储、打印和数字显示等功能。当滑动板侧滑时通过位移传感器转变成电信号,经过放大与信号处理后成为0~5V的模拟量,再经 A/D 转变成数据,输入微机运算处理,然后显示出检测结果或由打印机打印出检测结果。数字式指示装置如图8-9所示。

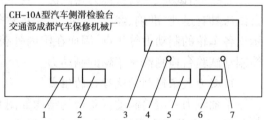

图 8-9 数字式指示装置

1-电源接通键;2-电源断开键;3-数码显示器;4-电源指示灯;5-打印键;6-复位键;7-报警灯

8.2.2.2 汽车侧滑的检测方法

侧滑试验台的型号、结构型式、允许轴重不同,其使用方法也有所区别。在使用前一定要认真阅读使用说明书,以掌握正确的使用方法。侧滑试验台的一般使用方法如下。

1. 检测前的准备

1)试验台的准备

(1)检查侧滑试验台导线连接情况,在导线连接良好的情况下打开电源开关,查看指针式仪表的指针是否在机械零点上,或查看数码管是否亮度正常并都在零位上,发现故障,及时清除。

(2)检查侧滑试验台上面及其周围的清洁情况,如有油污、泥土、砂石及水等应予清除。

(3)打开侧滑试验台的锁止装置,检查滑动板能否在外力作用下左右滑动自如,外力消失后回到原始位置,且指示装置指在零点。

(4)检查报警装置在规定值时能否发出报警信号,并视需要进行调整或修理。

2)被检汽车的准备

(1)轮胎气压应符合规定。

(2)轮胎上粘有油污、泥土、水或花纹沟槽内嵌有石子时,应清理干净。

(3)轮胎花纹深度必须符合 GB 7258—2004《机动车运行安全技术条件》的规定。

2. 检测方法

(1)拔掉滑动板的锁止销钉,接通电源。

(2)汽车以 3~5km/h 的速度垂直侧滑板驶向侧滑试验台,使前轮平稳通过滑动板。

(3)当前轮完全通过滑动板后,从指示装置上观察侧滑方向并读取、打印最大侧滑量。

(4)检测结束后,切断电源并锁止滑动板。

对于后轮有定位的汽车,仍可按上述方法检测后轴的侧滑量,从而诊断后轴的定位值是否失准。

8.2.3 制动性能检测

根据国家标准 GB 7258—2004《机动车运行安全技术条件》的规定,机动车可以用制动距离、制动减速度和制动力检测制动性能,检测设备有五轮仪、制动减速度仪和制动试验台。制动性能检测有台架试验法和路试法两种。用五轮仪和制动减速度仪检测汽车制动性能时,须在道路试验中进行,称为路试法。台试法使用制动试验台进行检测。与路试法相比,台试法具有迅速、准确、经济、安全,不受自然条件的限制,以及试验重复性好和能定量地指示出各车轮的制动力等优点,因而在国内外获得了广泛应用。这里主要介绍单轴测力式滚筒制动试验台检测汽车车轮的制动力。

1. 测力式滚筒制动试验台的组成

单轴测力式滚筒制动试验台的结构如图 8-10 所示。它由框架、驱动装置、滚筒装置、测量装置、举升装置和指示与控制装置等组成。

(1)驱动装置。驱动装置由电动机、减速器和传动链条等组成。电动机的转动通过减速器内的蜗轮蜗杆传动和一对圆柱齿轮传动后传递给主动滚筒,主动滚筒又通过链传动把动力传递给从动滚筒。减速器与主动滚筒共用一轴,减速器壳体处于浮动状态。车轮制动时,该壳体能绕轴摆动,把制动力矩传给测力杠杆。

(2)滚筒装置。滚筒装置由四个滚筒组成,左右各一对独立设置,滚筒相当于一个活动路面,被测车轮置于两滚筒之间,用来支撑被检车轮并在制动时承受和传递制动力。

(3)测量装置。测量装置主要由测力杠杆、测力传感器等组成。测力杠杆一端与传感器连接,另一端与减速器壳体连接,装在测力杠杆前端的测力传感器,有自整角电动机式、电位计式、差动变压器式或电阻应变片式等多种类型,传感器能把测力杠杆的位移或力变成反映制动力大小的电信号,送入指示与控制装置。

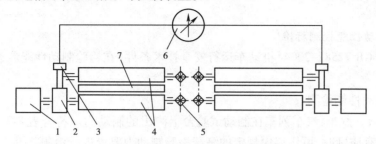

图 8-10　单轴测力式滚筒制动试验台
1—电动机;2—减速器;3—测量装置;4—滚筒装置;5—链传动;6—指示与控制装置;7—举升装置

(4)举升装置。为了便于汽车出入试验台,在两滚筒之间设有举升装置。举升装置一般由举升器、举升平板和控制开关等组成,举升器有气压式、液压式和电动式等形式。

(5)指示与控制装置。指示装置有电子式与微机式之分。电子式的指示装置多配以指针式仪表,这种仪表有一轴单针式和一轴双针式两种类型,单针式只指示一个车轮的制动力,左右车轮需分别设置,双针式可同时指示左右车轮制动力。微机式指示装置多配以数字式显示器。控制装置有手动式和微机自动式两种形式。

2. 制动试验台的检测方法

以测力式滚筒制动试验台介绍使用方法。

(1)将制动试验台指示与控制装置上的电源开关打开,按使用说明书的要求预热至规定时间。

(2)如果指示装置为指针式仪表,检查指针是否在零位,否则应调零。

(3)检查并清洁制动试验台滚筒上粘有的泥、水、砂、石等杂物。

(4)核实汽车各轴轴荷,不得超过制动试验台允许载荷。

(5)检查并清除汽车轮胎粘有的泥、水、砂、石等杂物。

(6)检查汽车轮胎气压是否符合规定,否则应充气至规定气压。

(7)升起制动试验台举升器。

(8)汽车被测车轴在轴重计或轮重仪上检测完轴荷后,应尽可能沿垂直于滚筒的方向驶入制动试验台。先前轴,再后轴,使车轮处于两滚筒之间。

(9)汽车停稳后变速杆置于空挡位置,行车制动器和驻车制动器处于完全放松状态,能测制动时间的试验台还应把脚踏开关套在制动踏板上。

(10)降下举升器,至举升器平板与轮胎完全脱离为止。

(11)如制动试验台带有内置式轴重测量装置,则应在此时测量轴荷。

(12)起动电动机,使滚筒带动车轮转动,先测出车轮阻滞力。

(13)用力踩下制动踏板,检测轴制动力。一般在 1.5~3.0s 后或第三滚筒(如带有)发出信号后,制动试验台滚筒自动停转。

(14)读取并打印检测结果。

(15)升起举升器,驶出已测车轴,驶入下一车轴,按上述同样方法检测轴荷和制动力。

(16)当与驻车制动器相关的车轴在制动试验台上时,检测完行车制动性能后应重新起动电动机,在行车制动器完全放松的情况下,用力拉紧驻车制动器操纵杆,检测驻车制动性能。

(17)所有车轴的行车制动性能及驻车制动性能检测完毕后,升起举升器,汽车驶出制动试验台。

3. 汽车制动性能检测标准

国家标准 GB 7258—2004《机动车运行安全技术条件》在检验制动性能参数标准中有以下规定。

1)行车制动性能检测

(1)制动力。汽车、汽车列车在制动试验台上测出的制动力应符合表 8-2 的要求,对空载检测制动力有质疑时,可用表中规定的满载检验制动力要求进行检测。

台式检测制动力要求　　　　　　　　　　　　表 8-2

车 辆 类 型	制动力总和与整车质量的百分比(%)		轴制动力与轴荷的百分比(%)	
	空载	满载	前轴	后轴
乘用车、总质量不大于3500kg 的货车	≥60	≥50	≥60	≥20

空载和满载状态下测试均应满足此要求。

(2)制动力平衡要求。在制动力增长全过程中,左右轮制动力差与该轴左右轮中制动力大者之比对前轴应≤20%,对后轴应≤24%。

(3)制动协调时间。制动协调时间是指在紧急制动时,从制动踏板开始动作至车轮制动力达到标准中规定的机动车充分发出的平均减速度(或标准中规定的制动力)的 75% 时所需时间。对液压制动的汽车不应大于 0.35s;对气压制动的汽车不应大于 0.6s;对汽车列车和铰接客车、铰接式无轨电车不应大于 0.8s。

(4)车轮阻滞力。车轮阻滞力是指行车和驻车制动装置处于完全释放状态,变速器置于空挡位置时,试验台驱动车轮所需的作用力。汽车各车轮的阻滞力不得大于该轴轴荷的 5%。

2)驻车制动性能检测

当采用制动试验台检查车辆驻车制动力时,车辆空载,乘坐一名驾驶人,使用驻车制动装置,驻车制动力的总和应不小于该车在测试状态下整车质量的 20%;对总质量为整备质量 1.2 倍以下的汽车,此值应为 15%。

8.2.4　汽车尾气排放物检测

随着汽车工业的发展和汽车保有量急剧增加,汽车排放的污染物是公认的城市大气主要污染公害之一,已成为严重的社会问题。因此,检测并控制汽车排气污染物的浓度,已成为汽车检测中重要的检测项目。

8.2.4.1　汽车排气污染物的主要成分

汽车排气的污染物,主要是一氧化碳(CO)、碳氢化合物(HC)、氮氧化合物(NO_x)、硫化物(主要是 SO_2)、炭烟及其他一些有害物质。如果燃用含铅汽油,排气中的污染物还包含铅化合物。汽车排气污染物中,CO、HC、NO_x 和炭烟主要来源于汽车尾气的排放,少部分来自曲轴箱窜气,其中,部分HC还来自于油箱和整个供油系统的蒸发与滴漏。

在相同工况下,汽油机排放的CO、HC和NO_x排放量比柴油机多,因此,目前的排放法规对汽油机主要限制CO、HC和NO_x的排放量。柴油机对大气的污染较汽油机轻得多,主要是产生炭烟污染,因此排放法规主要限制柴油机排气的烟度。

8.2.4.2 汽油车排气污染物的标准及检测

1. 汽油车排气污染物的检验标准

按照GB 18285—2005《点燃式发动机排气污染物排放极限值及策略方法(双怠速法及简易工况法)》和GB 3847—2005《车用压燃式发动机和压燃式发动机汽车排气烟度排放极限值及测量方法》的规定,排放污染物限值如下。

(1)装配点燃式发动机新生产汽车进行双怠速试验排气污染物限值见表8-3。从表8-3中可以看出,高怠速排放测量值应低于怠速排放测量值。

装配点燃式发动机新生产汽车的双怠速试验排气污染物限值　　表8-3

车辆类型	怠速		高怠速	
	CO(%)	HC(10^{-6})	CO(%)	HC(10^{-6})
2005年7月1日起生产的第一类轻型汽车	0.5	100	0.3	100
2005年7月1日起生产的第二类轻型汽车	0.8	150	0.5	150
2005年7月1日起生产的重型汽车	1.0	200	0.7	200

(2)装配点燃式发动机的车辆怠速试验排气污染物限值见表8-4。

装配点燃式发动机的车辆怠速试验排气污染物限值　　表8-4

车辆类型	怠速		高怠速	
	CO(%)	HC(10^{-6})	CO(%)	HC(10^{-6})
1995年7月1日以前生产的轻型汽车	4.5	1200	3.0	900
1995年7月1日起生产的轻型汽车	4.5	900	3.0	900
2000年7月1日起生产的第一类轻型汽车	0.8	150	0.3	100
2001年10月1日起生产的第二类轻型汽车	1.0	200	0.5	150
1995年7月1日前生产的重型汽车	5.0	2000	3.5	1200
1995年7月1日起生产的重型汽车	4.5	1200	3.0	900
2004年9月1日起生产的重型汽车	1.5	250	0.7	200

2. 汽油车排气污染物的检测

GB/T 3845—1993《汽油车排气污染物的测量 怠速法》规定汽油车排气污染物检测时,应采用不分光红外线分析仪(NDIR),并对检测工况和检测程序进行了具体规定。

1)不分光红外线气体分析仪的结构

不分光红外线气体分析仪,是一种能够从汽车排气管中采集气样,并对其中所含CO和HC的浓度进行连续测量的仪器。图8-11为分析仪的外形图,它由废气取样装置、废气分析装置、废气浓度指示装

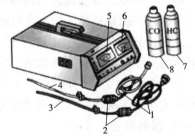

图8-11 不分光红外线气体分析仪
1-导管;2-滤清器;3-低浓度取样探头;4-高浓度取样探头;5-CO指示仪表;6-HC指示仪表;7-标准HC气样瓶;8-标准CO气样瓶

置和校准装置等组成。

(1) 废气取样装置。废气取样装置由取样探头、滤清器、导管、水分离器和泵等组成。它通过取样探头、导管和泵从车辆排气管里采集废气,再用滤清器和水分离器把废气中的炭渣、灰尘和水分等除掉,只把废气送入分析装置。

(2) 废气分析装置。按传感器形式不同,废气分析装置可分为电容微音器式和半导体式等不同类型。废气分析装置由红外线光源、气样室、旋转扇轮(截光器)、测量室和传感器等组成。该装置按照不分光红外线分析法,从来自取样装置的混有多种成分的废气中,测量出CO和HC的浓度,并以电信号形式输送给废气浓度指示装置。

(3) 浓度指示装置。综合式气体分析仪的浓度指示装置,主要由CO指示装置和HC指示装置组成,有指针式仪表和数字式显示器两种类型。从废气分析装置送来的电信号,在CO指示仪表上CO的浓度以体积百分数(%)表示;在HC指示仪表上HC浓度以正己烷当量体积百万分数(10^{-6})表示。

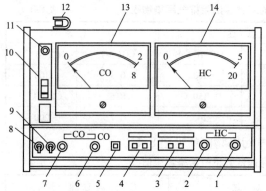

图8-12 不分光红外线气体分析仪面板图

1-HC标准调整旋钮;2-HC零点调整旋钮;3-HC读数转换开关;4-CO读数转换开关;5-简易校准开关;6-CO标准调整开关;7-CO零点调整开关;8-电源开关;9-泵开关;10-流量计;11-电源指示灯;12-标准气样注入口;13-CO指示仪表;14-HC指示仪表

指针式气体分析仪如图8-12所示,可利用零点调整旋钮、标准调整旋钮和读数挡位转换开关等进行控制。此外,还可以通过气流通道一端设计的流量计,得知废气通道滤清器是否脏污等异常情况。

(4) 校准装置。校准装置是一种为了保持分析仪的指示精度,使之能准确指示测量值的装置。在此装置中,往往既设有用加入标准气样进行校准的装置,也设有用机械方式简易校准的装置。

标准气样校准装置是把分析仪生产厂附带来的供校准用的标准气样(CO和HC),从分析仪上专设的标准气样注入口直接送到废气分析装置,再通过比较标准气样浓度值和仪表指示值的方法来进行校准的一种装置。

简易校准装置通常是用遮光板把废气分析装置中通过测量气样室的红外线遮挡住一部分,用减少一定量红外线能量的方法进行简单校准的装置。

2) 汽油车双怠速工况排气污染物检测方法

双怠速工况是怠速工况和高怠速工况的合称。怠速工况是指发动机运转;离合器处于接合位置;加速踏板与手油门处于松开位置;变速器置于空挡位置;采用化油器的供油系统,其阻风门处于全开位置。高怠速工况指在怠速工况条件下,通过加大节气门开度,使发动机转速升至50%额定转速时的发动机转速工况。双怠速工况排气污染物检测即是指在怠速和高怠速两个工况下对汽车的排气污染物所进行的检查试验。

(1) 仪器准备。

①按仪器使用说明书的要求做好各项检查工作。

②接通电源,对气体分析仪预热30min以上。

③用标准气样校准仪器,先让气体分析仪吸入清洁空气,用零点调整旋钮把仪表指针调整到零点,然后把标准气样从标准气样注入口注入,再用标准调整旋钮把仪表指针调到标准

指示值。注意：在灌注标准气样时，要关掉气体分析仪上的泵开关。

④把取样探头和取样导管安装到气体分析仪上，此时如果仪表指针超过零点，则表明导管内壁吸附有较多的HC，需要用压缩空气或布条等清洁取样探头和导管。

(2) 受检车辆或发动机的准备。

①进气系统应装有空气滤清器，排气系统应装有排气消声器，并不得有泄漏。

②汽油应符合国家标准的规定。

③测量时发动机冷却液和机油温度应达到汽车使用说明书所规定的热状态。

(3) 急速测量程序。

①必要时在发动机上安装转速计、点火定时仪、冷却液和机油测温计等测试仪器。

②发动机由急速工况加速至70%额定转速，维持30s后降至高急速状态。

③发动机降至高急速状态后，将取样探头插入排气管中，深度等于400mm，并固定于排气管上。

④先把指示仪表的读数转换开关打到最高量程挡位，再一边观看指示仪表，一边用读数转换开关选择适于排气含量的量程挡位。发动机在高急速状态维持15s后开始读数，读取30s内的最高值和最低值，其平均值即为高急速污染物测量结果。

⑤发动机从高急速降至急速状态15s后，读取30s内的最高值和最低值，其平均值即为急速污染物测量结果。

⑥若为多排气管时，取各排气管测量结果的算术平均值。

⑦测量工作结束后，把取样探头从排气管里抽出来，让它吸入新鲜空气5min，待仪器指针回到零点后再关闭电源。

8.2.4.3 压燃式发动机汽车排气烟度极限

压燃式发动机汽车排出的烟色有黑烟、蓝烟和白烟三种。其中，以其在全负荷和加速工况时排出的黑色炭烟最为常见。黑烟的发暗程度用排气烟度表示，排气烟度用烟度计检测。烟度计可分为滤纸式、透光式、重量式等多种形式。

(1) 对于GB 3847—2005实施后生产的在用汽车，自GB 3847—2005实施之日起，按该标准规定经车型核准批准生产的在用汽车，按该标准附录I的要求进行自由加速试验，所测得的排气光吸收系数不应大于车型核准批准的自由加速排气烟度排放极限值，再加$0.5m^{-1}$。

(2) 对于2001年10月1日起生产的在用汽车，自2001年10月1日起至GB 3847—2005实施之日生产的汽车，应按该标准附录I的要求进行自由加速试验，所测得的排气光吸收系数不应大于以下数值：自然吸气式为$2.5m^{-1}$，涡轮增压式为$3.0m^{-1}$。

(3) 对于2001年10月1日前生产的在用汽车，自1995年7月1日起至2001年9月30日期间生产的在用汽车，应按GB 3847—2005附录K的要求进行自由加速试验，所测得的烟度值应不大于4.5Rb；自1995年6月30日以前生产的在用汽车，应按GB 3847—2005附录K的要求进行自由加速试验，所测的烟度值应不大于5.0Rb。

检测装有压燃式发动机在用汽车排放时，可选择自由加速法或加载减速法对在用汽车排气污染物进行检查，本书不作介绍，有兴趣的读者请参看相关参考文献。

8.2.5 前照灯检测

汽车前照灯检测是汽车安全性能检测的重要项目。前照灯诊断的主要参数是发光强度和光束照射位置。当发光强度不足或光束照射位置偏斜时，会造成夜间行车驾驶人视线不清，或使迎面来车的驾驶人炫目，将极大地影响行车安全。所以，应定期对前照灯的发光强度和光束照射位置进行检测、校正。前照灯的技术状况，可用屏幕法和前照灯校正仪检测，这里仅介绍前照灯校正仪检测。

8.2.5.1 前照灯光束照射位置检验标准

根据 GB 7258—2004《机动车运行安全技术条件》的规定，汽车前照灯的检验指标为光束照射位置的偏移值和发光强度(cd)。前照灯光束照射位置应符合以下要求：

(1) 在检验前照灯近光光束照射位置时，前照灯照射在距离屏幕 10m 的屏幕上时，乘用车前照灯近光光束明暗截止线转角或中心的高度应该为 $0.7H \sim 0.9H$（H 为前照灯基准中心高度，下同），其他机动车(拖拉机运输机组除外)应为 $0.6H \sim 0.8H$。机动车(装用一只前照灯的机动车除外)前照灯近光光束水平方向位置向左偏不允许超过 170mm，向右偏不允许超过 350mm。

(2) 在检验前照灯远光光束及远光单光束灯照射位置时，前照灯照射在距离屏幕 10m 的屏幕上时，要求在屏幕光束中心离地高度，对乘用车为 $0.9H \sim 1.0H$，对其他机动车应为 $0.8H \sim 0.95H$。机动车(装用一只前照灯的机动车除外)前照灯远光光束水平位置要求，左灯向左偏不允许超过 170mm，向右偏不允许超过 350mm。右灯向左或向右偏均不允许超过 350mm。

8.2.5.2 前照灯发光强度标准及仪器检测方法

1. 前照灯发光强度的检验标准

GB 7258—2004《机动车运行安全技术条件》规定，机动车每只前照灯的远光光束发光强度应达到表 8-5 的要求。测试时，其电源系统应处于充电状态。

前照灯远光光束发光强度要求（单位：cd） 表 8-5

车辆类型	新注册车			在用车		
	一灯制	两灯制	四灯制	一灯制	两灯制	四灯制
三轮汽车	8000	6000	—	6000	5000	—
最高设计车速小于 70km/h 的汽车	—	10000	8000	—	8000	6000
其他汽车	—	18000	15000	—	15000	12000

注：四灯制是指前照灯具有四个远光光束；采用四灯制的机动车其中两只对称的灯达到两灯制的要求时视为合格。

2. 前照灯校正仪检测发光强度和光轴偏斜量

前照灯校正仪是按一定测量距离放在被检车辆的对面，用来检测前照灯发光强度与光轴偏斜量的专用设备。光轴偏斜量表示光束照射位置。

1) 前照灯校正仪的结构

按照前照灯校正仪的结构特征与测量方法不同，常用汽车前照灯校正仪可分为聚光式、屏幕式、投影式和自动追踪光轴式四种类型。这里介绍自动追踪光轴式。

自动追踪光轴式前照灯检测仪采用受光器自动追踪光轴的方法检测前照灯发光强度和光轴偏斜量。一般检测距离为 3m。其结构如图 8-13 所示。

检测时，前照灯的光束照射到检测仪的受光器上。此时，若前照灯光束照射方向偏斜，则主、副受光器的上下光电池或左右光电池的受光量不等，由其电流的差值控制受光器上下移动的电动机运转,或使控制箱左右移动的电动机运转,并通过传动机构牵动受光器上下移动或驱动控制箱在轨道上左右移动,直至受光器上下、左右光电池受光量相等为止。在追踪光轴时,受光器的位移方向和位移量由光轴偏斜指示计指示,此即前照灯光束的偏斜方向和偏斜量,发光强度由光度计指示。

2)前照灯发光强度和光轴偏斜量的检测方法

（1）检测前的准备。

①前照灯检测仪的准备。在不受光的情况下,调整光度计和光轴偏斜量指示计是否对准机械零点。若指针失准,可用零点调整螺钉调整。

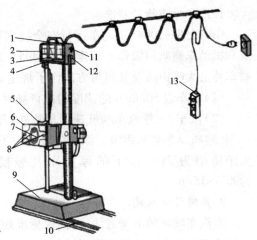

图8-13 自动追踪光轴式前照灯检测仪
1-在用显示器;2-左右偏斜指示计;3-光度计;4-上下偏斜指示计;5-车辆摆正找准器;6-受光器;7-聚光透镜;8-光电池;9-控制箱;10-导轨;11-电源开关;12-熔断丝;13-控制盒

检查聚光透镜和反射镜的镜面上有无污物。若有,可用柔软的布料或镜头纸擦拭干净。

检查水准器的技术状况。若水准器无气泡,应进行修理或更换。若气泡不在红线框内时,可用水准器调节器或垫片进行调整。

检查导轨是否沾有泥土等杂物。若有,应扫除干净。

②被检车辆的准备。清除前照灯上的污垢。轮胎气压应符合汽车制造厂的规定。前照灯开关和变光器应处于良好状态。汽车蓄电池和充电系统应处于良好状态。

（2）检测方法。

①将被检汽车尽可能地与前照灯检测仪的轨道保持垂直方向驶近检测仪,使前照灯与检测仪受光器相距3m。

②用汽车摆正找准器使检测仪与被检汽车对正。

③开亮前照灯,接通检测仪电源,用控制器上的上下、左右控制开关移动检测仪的位置,使前照灯光束照射到受光器上。

④按下控制器上的测量开关,受光器随即追踪前照灯光轴,根据光轴偏斜指示计和光度计的指示值,即可得出光轴偏斜量和发光强度值。

⑤检测完一只前照灯后用同样的方法检测另一只前照灯。检测结束,前照灯检测仪沿轨道或沿地面退回护栏内,汽车驶出。

8.2.6 噪声检测

噪声作为一种严重的公害已日益引起人们的关注,目前世界各国已纷纷制定出控制噪声的标准。噪声的一般定义是:频率和声强杂乱无章的声音组合,造成对人和环境的影响。更人性化的描述是,人们不喜欢的声音就是噪声。

随着汽车向快速和大功率方面的发展,汽车噪声已成为一些大城市的主要噪声源。汽车噪声主要包括:发动机的机械噪声、燃烧噪声、进排气噪声和风扇噪声,底盘的机械噪声、制动噪声和轮胎噪声,车厢振动噪声,货物撞击噪声,喇叭噪声和转向、倒车时的蜂鸣声等。这里主要介绍喇叭噪声的检测。

1. 汽车噪声检验标准

GB 7258—2004《机动车运行安全技术条件》对客车车内噪声级、汽车驾驶人耳旁噪声级和机动车喇叭声级作了规定,GB 1495—2002《汽车加速行驶车外噪声限制及测量方法》对车外最大噪声级及其测量方法作了规定。

(1) 客车以 50km/h 的速度匀速行驶时,客车车内最大允许噪声级不大于 79dB(A)。

(2) 汽车(三轮汽车和低速货车除外)驾驶人耳旁噪声级应不大于 90dB。

(3) 机动车喇叭声级。喇叭声级在距车前 2m、离地高 1.2m 处测量时,其值对发动机最大净功率为 7kW 以下的摩托车及轻便摩托车为 80~112dB(A),对其他机动车为 90~115dB。

2. 声级计的结构

在汽车噪声的测量方法中,国家标准规定使用的仪器是声级计。

声级计是一种能把噪声以近似于人耳听觉特性测定其噪声级的仪器。可以用来检测机动车的行驶噪声、排气噪声和喇叭声音响度级。声级计一般由传声器、放大器、衰减器、计权网络、检波器、指示表头和电源等组成。其工作原理是:被测的声波通过传声器被转换为电压信号,根据信号大小选择衰减器或放大,放大后的信号送入计权网络作处理,最后经过检波并在以 dB 标度的表头上指示出噪声数值。图 8-14 所示为我国生产的 ND2 型精密声级计。

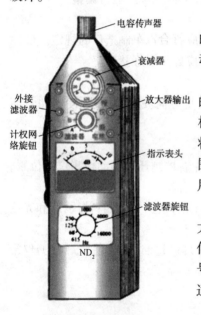

图 8-14 ND2 型精密声级计

(1) 传声器。传声器是将声波的压力转换成电压信号的装置,又称话筒,是声级计的传感器。常见的传声器有动圈式和电容式等多种形式。

电容式传声器由金属膜片和金属电极构成平板电容的两个极板,当膜片受到声压作用时发生变形,使两个极板之间的距离发生变化,电容量也发生变化,从而实现了将声压转换为电信号的作用。电容式传声器具有动态范围大、频率响应平直、灵敏度高和稳定性好等优点,因而应用广泛。

(2) 放大器和衰减器。在放大线路中都采用两级放大器,即输入放大器和输出放大器,其作用是将微弱的电信号放大。输入衰减器和输出衰减器是用来改变输入信号的衰减量和输出信号衰减量的,以便使表头指针指在适当的位置上。衰减器每一挡的衰减量为 10dB。

(3) 计权网络。计权网络一般有 A、B、C 三种。A 计权声级模拟人耳对 55dB 以下低强度噪声的频率特性,B 计权声级模拟 55~85dB 的中等强度噪声的频率特性,C 计权声级模拟高强度噪声的频率特性。三者的主要差别是对噪声低频成分的衰减程度不同,A 衰减最多,B 次之,C 衰减量最少。A 计权声级由于其特性曲线接近于人耳的听感特性,因此目前应用最广泛,B、C 计权声级已逐渐不被采用。

(4) 检波器和指示表头。为了使经过放大的信号通过表头显示出来,声级计还需要有检波器,以便把迅速变化的电压信号转变成变化较慢的直流电压信号。这个直流电压的大小要正比于输入信号的大小。根据测量的需要,检波器有峰值检波器、平均值检波器和均方根值检波器之分。峰值检波器能给出一定时间间隔中的最大值,平均值检波器能在一定时间间隔中测量其绝对平均值。

3. 声级计的检查与校准

(1)在未接通电源时,先检查并调整仪表指针的机械零点。可用零点调整螺钉使指针与零点重合。

(2)检查电池容量。把声级计功能开关对准"电池",此时电表指针应达到额定红线,否则读数不准,应更换电池。

(3)打开电源开关,预热仪器10min。

(4)校准仪器。每次测量前或使用一段时间后,应对仪器的电路和传声器进行校准。根据声级计上配有的电路校准"参考"位置,校验放大器的工作是否正常。如不正常,应用微调电位计进行调节。电路校准后,再用已知灵敏度的标准传声器对声级计上的传声器进行对比校准。

常用的标准传声器有声级校准器和活塞式发声器,它们的内部都有一个可发出恒定频率、恒定声级的机械装置,因而很容易对比出被检传声器的灵敏度。声级校准器产生的声压级为94dB,频率为1000Hz;活塞式发声器产生的声压级为124dB,频率为250Hz。

(5)将声级计的功能开关对准"线性"、"快"挡。由于室内的环境噪声一般为40~60dB,声级计上应有相应的示值。当变换衰减器刻度盘的挡位时,表头示值应相应变化10dB左右。

(6)检查计权网络。按上述步骤,将"线性"位置依次转换为"C"、"B"、"A"。由于室内环境噪声多为低频成分,故经三挡计权网络后的噪声级示值将低于线性值,而且应依次递减。

(7)检查"快"、"慢"挡。将衰减器刻度盘调到高分贝值处(例如90dB),通过操作人员发声,来观察"快"挡时的指针能否跟上发声速度,"慢"挡时的指针摆动是否明显迟缓。

(8)在投入使用时,若不知道被测噪声级多大,必须把衰减器刻度盘预先放在最大衰减位置(即120dB),然后在实测中再逐步旋至被测声级所需要的衰减挡。

4. 汽车喇叭噪声的检测

汽车喇叭噪声检测之前,先按前面所述对声级计进行检查和校准。现场检测汽车喇叭声的测点位置如图8-15所示,测量时应注意不被偶然的其他声源峰值所干扰。测量次数宜在2次以上,并注意监听喇叭声是否悦耳。

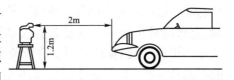

图8-15 喇叭噪声的测点位置

8.3 汽车常见故障及排除

8.3.1 发动机故障4例

1. 不能起动

不能起动的故障原因所涉及的范围非常广,包括防盗系统、油路、起动电路、起动机、蓄电池、自动变速器的变速杆位置、点火电路及发动机机械部分故障等。

电喷发动机不能起动的诊断流程如图 8-16 所示。

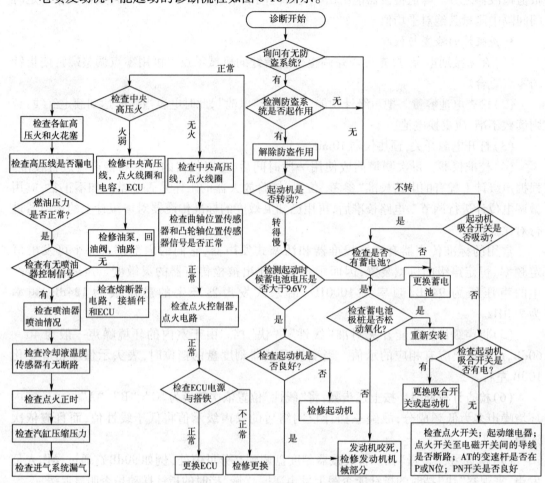

图 8-16　电喷发动机不能起动的诊断流程

2. 怠速不稳与怠速喘车

怠速不稳的特征是怠速时发动机抖动较严重。怠速喘车的特征是怠速时发动机转速忽快忽慢。造成怠速不稳和怠速喘车的原因很多,怠速不稳的原因主要有:混合气过浓或过稀、点火能量小或高压线漏电造成某缸不工作、燃油压力过低、喷油器工作不良、各缸喷油量不平衡、传感器信号不正确致使发动机 ECU 发出不正确指令等。造成怠速喘车故障的原因基本与造成怠速不稳相同,但怠速控制阀有故障、真空漏气、点火正时不正确和废气再循环阀在怠速时不能关闭是发生怠速喘车的主要原因。怠速不稳与怠速喘车的诊断流程如图 8-17 所示。

3. 发动机动力不足与加速不良

发动机动力不足、加速迟缓通常是由于混合气过稀或过浓、点火系统有故障、发动机机械系统故障等原因引起的。

造成上述故障的具体原因:燃油系统油压过高或过低、喷油器喷油不良、传感器信号错误、点火能量小、点火正时不正确、汽缸压缩压力低、排气管堵塞等。

发动机动力不足的诊断流程如图 8-18 所示。

发动机加速不良一般有两种现象:一种是踩下加速踏板,发动机加速迟缓;另一种是踩下加速踏板,发动机转速不但不上升反而下降。踩下加速踏板,节气门开度增加,进气量增加,发动机 ECU 根据进气量和节气门位置传感器信号和信号变化率,修正增加喷油量。如果踩下加速踏板,进气量急剧增加,但由于传感器信号出错,喷油不增加或增加量不足,或点火能量弱,就会使发动机转速下降。

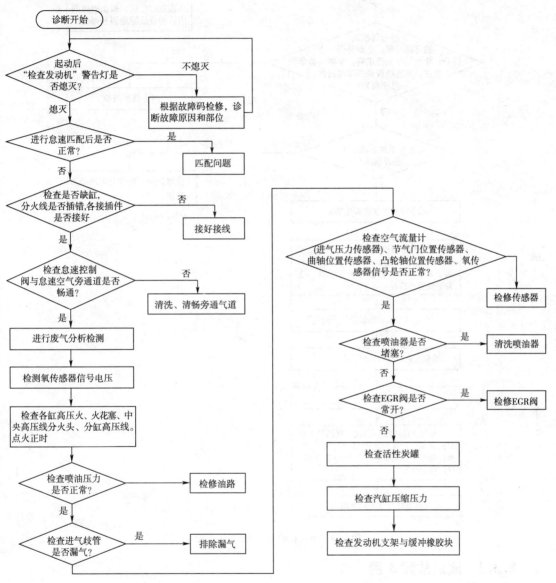

图 8-17 怠速不稳与怠速喘车的诊断流程

4. 油耗大

电喷发动机的喷油量是发动机 ECU 根据传感器和开关信号,经精确计算而发出信号控制喷油器实现的,所以电喷发动机的优点之一是油耗低。造成油耗大的原因有:传感器或开关信号错误、燃油压力过高或喷油器有故障、点火系统有故障、发动机机械部件有故障、驾驶人驾驶习惯不对、轮胎气压不足、空调问题等。油耗大的诊断流程如图 8-19 所示。

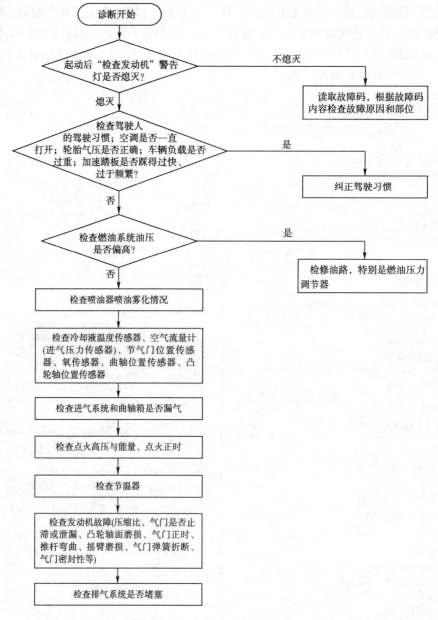

图 8-18 发动机动力不足的诊断流程

8.3.2 底盘故障 3 例

1. 自动变速器打滑

1) 故障现象

变速器打滑造成驱动无力,当汽车起步时踩下加速踏板,发动机的转速很快升高,但车速升高缓慢;行驶中踩加速踏板加速时,车速不能随发动机转速上升而迅速提高;汽车在平坦道路上行驶时基本正常,但上坡无力,且发动机转速异常高。

2) 故障原因

(1) 自动变速器漏油使液面太低。

(2) 自动变速器油面太高,运转中被行星齿轮机构剧烈搅动后产生大量气泡。

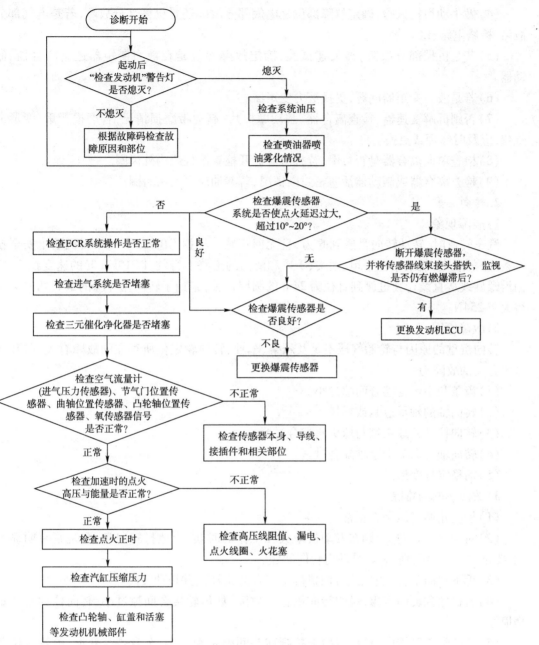

图 8-19 油耗大的诊断流程图

(3) 离合器、制动摩擦片、制动带磨损过甚或烧焦。
(4) 油泵磨损过甚或主油路泄漏,造成供油压力过低。
(5) 单向离合器打滑。
(6) 离合器或制动器活塞密封圈损坏,导致漏油。

3) 故障诊断与排除

(1) 读取故障码,若有故障码,按故障码提示进行诊断。
(2) 检查自动变速器油面高度和油品质,确保其符合规定。
(3) 自动变速器油液若有大量气泡,则是因油压、油温过高。

(4)做手动换挡试验,确定故障部位是电气部分故障还是机械部分故障,若是电气部分故障,检修电路、ECU 等。

(5)若是机械部分故障,做失速试验,确定故障部位是在液力变矩器还是离合器、制动器。

(6)若是液力变矩器问题,更换液力变矩器。

(7)否则拆解变速器,检查离合器、制动摩擦片、制动带磨损情况,若磨损严重、变形或烧焦,应及时修理或更换。

(8)检查单向离合器是否打滑,若打滑应拆开检查滚柱或内外齿圈。

(9)检查离合器或制动器活塞密封圈情况,若漏油应更换密封圈。

2. 转向沉重

1) 故障现象

汽车转弯时,转动转向盘感到吃力,且无回正感。根据 GB 7258—2004《机动车安全技术条件》的规定,机动车在平坦、硬实、干燥和清洁的道路上行驶,以 10km/h 的速度在 5s 之内沿螺旋线从直线行驶过渡到直径为 24m 的圆周行驶,施加于转向盘外缘的最大切向力不得大于 254N。

2) 故障原因

转向沉重的原因与轮胎气压不足及悬架、车轴、转向轮定位所存在的故障有关,与转向系统有关的故障为:

(1)齿条和小齿轮啮合间隙过小。

(2)转向轴的轴承过紧或损坏。

(3)转向拉杆的球头销与球头座配合过紧。

(4)转向轴万向节十字轴配合过紧。

(5)前稳定杆变形。

3) 故障诊断与排除

(1)检查轮胎气压是否正常。

(2)对于动力转向,分别在发动机熄火和工作的时候,原地打转向盘,看是否有明显区别,要是没有明显区别,表示是动力转向问题。

(3)拆下转向节臂(齿轮式方向机拆下左右横拉杆),并转动转向盘。

(4)若仍感到转向沉重,说明转向机存在故障,如齿轮接合间隙过小、转向柱轴套严重磨损等。

(5)若感觉不到转向沉重,应检查拉杆球头间隙是否过小、车身是否变形、前轮定位角是否满足要求等。

3. 制动踏板软绵绵

1) 故障现象

制动作为汽车安全行驶的关键部分,每位驾驶人都应特别重视。每次驾驶前,可以试验一下制动踏板的工作状态。在未起动发动机之前制动踏板会很硬,发动机正常起动后,制动踏板轻微下沉一点,这是正常的。

有时我们踩下制动踏板会感觉制动踏板软绵绵的,制动距离明显加长,制动无力。

2) 故障原因

(1)不同品牌制动液混合使用,造成制动效能下降,超过厂家规定更换期限继续使用制动液造成制动液变质,沸点下降。

(2)制动液内含有气体。

(3)制动软管外表橡胶破损或起包造成泄压。

(4)制动主缸和制动轮缸渗油。

(5)密封不良。

(6)制动片摩擦是否为原装产品。

3)故障诊断与排除

(1)首先检查制动液的液面高度是否在规定的范围之内。是否不同品牌的制动液混用。

(2)若制动液液面高度偏低,应检查制动管路、制动主缸、制动轮缸是否有湿漏、漏油迹象。对漏油部位进行修复。

(3)更换制动液,进行排空操作,排除制动管路中的空气。

复习思考题

1.汽车故障诊断的基本方法有哪些?

2.汽车故障诊断的基本思路是什么?

3.汽车故障诊断的基本流程是什么?

4.汽车检测分为哪些类型?各适合于什么场合?

5.汽车侧滑量是如何反映出车轮定位的?

6.简述侧滑试验台的组成及机动车侧滑检查的步骤。

7.单轴测力式制动试验台是由哪些装置构成的?简述其对汽车制动性能进行检测的步骤。

8.如何用不分光尾气分析仪检测汽车的排放?

9.如何检测汽车前照灯?现行标准对前照灯发光强度的要求是什么?

10.试述声级计对喇叭噪声进行检查的步骤。

第9章 汽车金融、保险、物流及汽车营销

汽车金融、保险、物流和营销是汽车后市场的四个主要方面。目前提供汽车金融服务的机构主要包括商业银行、汽车金融服务公司、信托公司、信贷联盟、保险公司等。汽车保险的种类中,主要有车辆损失险、第三者责任险和其他附加险。其中汽车理赔是汽车保险的一项非常重要的内容。汽车整车及其零部件的物流是各个环节衔接得十分紧密的高技术行业,是国际物流业公认的最复杂、最具专业性的领域。我国现阶段的汽车营销模式主要包括4S专卖店模式、汽车超市模式和网络销售模式。

9.1 汽车金融

9.1.1 汽车金融概述

汽车金融是在汽车生产、销售、维修服务及消费者购买过程中,通过货币流动和信用渠道所进行的筹资、融资及相关金融服务的一系列金融活动的总称。换一句话说,汽车金融是指资金在汽车领域如何流动的。其基本任务是运用多种金融方式和金融工具筹集和融通资金,支持汽车生产、流通、维修服务和消费,促进汽车再生产过程中的资金良性循环,保障汽车再生产过程的顺利进行。它是汽车制造业、流通业、维修服务业与金融业相互结合渗透的必然结果,涉及政府法律政策行为以及金融保险等市场的相互配合,是一个复杂的交叉子系统。

汽车金融是在汽车生产、销售、使用过程中,由金融及非金融机构向汽车生产、流通及消费环节提供的融资及其他金融服务,包括对生产商、经销商提供的短期融资、库存融资和对用户提供的消费信贷或融资租赁等,是汽车生产、流通、消费的各个环节中所涉及的资金融通的方式、路径,包括从资金供给者到资金需求者的资金流通渠道。

汽车金融的含义可以分为两个层次:第一层次是针对汽车制造商、零部件企业的传统金融业务。如各类长期贷款、短期贷款、委托贷款、银行承兑汇票融资贴现、保函、保理业务等金融产品,为汽车整车及零部件生产企业进行项目融资和营运资金融通等服务;以及由保险公司提供财产险、机器损坏险、产品责任险,运输险等保险服务。第二个层次是针对流通和消费环节提供的金融服务,主要是汽车消费信贷、融资租赁、经销商库存融资、营运设备融资等零售业务。

汽车金融作为一个完整的整体,其资金融通应是一个全方位的资金融通过程,作为汽车金融领域的资金需求者,既应该有汽车需求者,也应该有汽车供应者;作为资金供应者,既应该有银行等金融机构,也应该有资本市场上的广大投资者,还应该有汽车投资基金等新的资金来源。

汽车金融服务主要是在汽车的生产、流通、购买与维修服务等消费环节中融通资金的金融活动,包括资金筹集、信贷运用、抵押贴现、证券发行和交易,以及相关保险、投资活动,具有资金量大、周转期长、资金运动相对稳定和价值增值性等特点。汽车金融服务机构包括商业银行、信贷联盟、信托公司等金融机构,也包括汽车金融服务公司等非金融机构等。汽车金融服务模式包括分期付款销售方式、融资租赁方式、汽车销售融资公司的再融资方式、信托租赁方式等几种主要的形式。

9.1.2 开展汽车金融业务的主要机构

从国外从事汽车金融服务的机构来看,服务提供方主要的类型有商业银行、汽车金融服务公司、信托公司、信贷联盟、保险公司等。

1. 商业银行

商业银行的作用表现在:一方面是直接参与汽车信贷业务,为个人消费者或汽车厂商、汽车销售商提供融资需求;另一方面是为其他的汽车金融机构提供资金上的支持,比如汽车金融公司在自身资金周转不利的情况下可以向商业银行金融资金拆借等。20世纪60年代中期,美国商业银行提供了56%的汽车贷款,1998年年底美国商业银行的这一比例有所下降,但仍然高达35%。目前,商业银行提供的汽车消费信贷服务,也是我国汽车金融服务的主要形式。

2. 汽车金融服务公司

汽车金融服务公司是办理汽车金融业务的企业,通常隶属于汽车销售的母公司,向母公司经销商及其下属零售商的库存产品提供贷款服务,并允许其经销商向消费者提供多种选择的贷款或租赁服务。设立汽车金融服务公司是推动母公司汽车销售的一种手段,由于它们与汽车制造商、经销商关系密切,具有成熟运作的经验和风险控制体系,整合资源能力更强,优势更突出。目前世界上三大汽车金融服务公司分别是通用、大众、福特汽车金融公司。

3. 信托公司

汽车金融服务也是目前信托公司从事的主要业务之一。近年来,信托公司的资产组合越来越趋于分散化,它们与商业银行的差别也越来越小,而且自20世纪70年代以来,这类非银行金融机构开始大力开拓新的业务领域,并采取许多措施提高其竞争力。

4. 信贷联盟

信贷联盟是由会员共同发起,旨在提高会员经济和社会地位,并以公平合理的利率为其会员提供金融服务的一种非盈利性信用合作组织。加入某一信贷联盟的条件是与信贷联盟中的其他会员存在共同利益或共同点。

5. 保险公司

汽车金融是汽车服务环节必不可少的一部分,但是只要涉及"金融",伴随的就是"风险",所以,无论是社会管理部门还是汽车金融服务的供需双方都有规避风险的偏好。另一方面,保险公司是进行风险管理的专业商业机构,客观上哪里有风险,哪里就是保险公司生存的市场。因此,汽车金融服务领域中,保险公司是一个相对重要的参与主体。

9.1.3 汽车金融服务的作用

完整的汽车金融业服务体系具备三项主要职能:

(1) 为厂商维护销售体系,整合销售渠道,提供市场信息。
(2) 为经销商提供存贷融资、营运融资、设备融资。
(3) 为直接用户提供消费信贷、租赁融资、维修融资、保险等业务。

汽车金融业最初的职能仅仅是向汽车生产企业的经销商及其下属零售商的库存产品提供贷款服务,并允许其经销商向消费者提供多种选择的贷款或租赁服务。随着其业务范围和职能的不断拓展,汽车金融服务公司开始逐步向消费者、经销商和生产商提供多种形式的全方位金融服务;现代成熟的汽车金融业已经衍生出行业金融职能:除了汽车消费信贷服务外,还包括融资性租赁、购车储蓄、汽车消费保险、信用卡等,渗透到了从制造→销售→消费,直到最后报废的整个汽车产业每个环节以及与之相关联的其他产业,包含有条件融资、储蓄、信用卡、贷款、保险与担保等业务,形成了比较完整的金融服务业链。有人甚至认为汽车产业有两条腿,其中一条就是汽车金融。可见,未来意义上的汽车金融业既是汽车产业的主要盈利方式,同时,这种金融业与大金额、高复杂性、高附加值且属于大众化消费商品的"同体化"经营又将是金融业发展的新途径。

9.1.4 汽车金融公司和商业银行提供的车贷业务对比

(1) 提供担保不同。通过银行贷款购车时,一般需要购车者提供户口本、房产证等资料,同时通常还需以房屋做抵押,并找担保公司担保,缴纳一定的保证金及相关手续费。而汽车金融公司则不需贷款购车者提供任何担保,只要购车者有固定的职业和居所、稳定的收入及还款能力,个人信用良好,就可申请办理贷款购车。

(2) 首付比例有别。目前多数银行的车贷规定首付款为车价的30%,贷款年限一般为3年,需缴纳车价10%左右的保证金及相关手续费。相比而言,汽车金融公司的首付比例低,贷款时间长。一般汽车金融公司要求的首付款最低为车价的20%,最长贷款年限为5年,不用缴纳抵押费,只要消费者在厂家授权的销售店办理"一站式"购车、贷款、保险等全部业务就可以。

(3) 还贷方式不同。汽车金融公司为客户提供了三种还款方式,分别是等额本金、等额本息和智慧型。其中"智慧型"还款是一种全新的还款方式,以一款价格6.88万元的新赛欧首付2.58万元、贷款3年为例,如果采取等额本息还款方式,平均月还款额在1300元左右;如果选用"智慧型"每月还款则只要985元,最后一个月还款金额最多,为1.4万元以上。

(4) 利息率高低有别。汽车金融公司的利息率通常要比银行高一些,银行的车贷利率是依照银行利率确定,而汽车金融公司的利率通常要比银行现行利率高出一些,例如上海通用汽车金融公司车贷利息率为7.94%,比银行利息率高1.91%左右。当然也有些金融公司为提高部分非畅销车型的销量,也会采取免息贷款业务,如福特金融公司的免息贷款业务。通过汽车金融公司贷款买车,车要抵押给金融公司,客户不还款车就会被收回,客户的档案将会上"黑名单",再次贷款买车几无可能性。银行贷款同样是将车抵押给银行,如果客户不能还款,也会将车收回。逾期还款,金融公司与银行都要收取相应的滞纳金。

9.1.5 汽车金融的特点

汽车金融有别于我国传统意义上的汽车消费信贷,它包含了汽车消费信贷,含义更为广泛。它为消费者提供全方位的服务,一方面大大分散了银行对汽车消费信贷的风险;另一方面提供汽车金融服务的组织可以从中获得良好的收益,消费者本身也享受到了全面周到的服务。汽车金融具有以下几个突出特点。

1. 促进汽车销售

在欧美发展成熟的汽车金融市场中,汽车金融服务公司成为汽车金融服务的主角,并且和母公司利益密切相关。典型的汽车金融服务公司是附属于汽车制造商的,与其母公司利益息息相关。因此,能够保证汽车金融服务公司对汽车产业连续、稳定的支持。汽车产业是典型的资金密集型规模产业,当大量投资形成大批量生产能力时,必须通过强有力的金融服务才能形成相应速度的需求增长。同时,汽车产业又是一个受经济周期影响很大的行业,在经济不景气时,由于缺乏直接的利益关联,银行为了减少风险,很可能收缩在这一领域的金融服务。而作为汽车制造商附属的汽车金融公司,最主要的目的是帮助母公司销售汽车,在经济不景气时,不但不会减少汽车金融服务,相反,可能会推出显然是亏损的零利率汽车贷款,以换来汽车销售的增长。

2. 存在规模效益

汽车产业规模越大,所取得的经济利润也越大。目前,随着汽车市场竞争程度的加剧,汽车产业的利润越来越向服务领域转移。2001年全球汽车商(含生产、销售、服务)实现的总利润大约为8000亿美元,其中一半的利润来自与汽车服务有关的市场,这远远高于汽车工业本身的销售利润,汽车服务市场被经济学家们称为汽车产业链上最大的利润"奶酪"。当年,通用和福特的汽车信贷公司,仅汽车金融服务带来的利润就占据这两大集团全部利润的36%,由此可见一斑。汽车产业是典型的资金密集型规模经济行业,当大量投资转化为大批量生产能力时,必须通过强有力的金融服务才能形成相应的需求增长速度,否则生产能力的闲置将导致大量的投资浪费,制约汽车工业的发展。然而,金融服务属于典型的零售金融业务,必须有一定的客户规模才能盈利。所以,不仅汽车产业的发展必须以连续稳定的市场需求、一定的规模作保证,相应的金融服务也要有一定的规模,这样,才能产生规模效益,实现预期的目标。

3. 服务内容多样化

广义的汽车金融服务机构不仅覆盖了汽车售前、售中、售后的全过程,并延伸到汽车消费的相关领域。汽车金融服务机构除了提供汽车金融贷款外,还包括提供融资租赁、购车储蓄、汽车消费保险、信用卡等服务。相比之下,银行的服务比较单一,仅局限于汽车金融贷款,而购买汽车是一次性的行为,但汽车消费属于经常性行为。汽车金融服务机构将服务延伸到消费领域,即增加了金融服务的收益,又有利于经常监控客户风险。通过汽车金融公司的核心业务是购车贷款,这一业务侧重于为通过通用汽车特许经销商出售的汽车提供服务。公司向通用汽车经销商们提供他们所需的资金,用以维持一定的汽车库存,并且提供给零售客户多种多样的方式,方便客户购买或租赁各类新、旧汽车。

4. 经营管理专业化

在风险控制方面,专业汽车金融服务机构能够根据汽车消费特点,开发出专门的风险评估模型、抵押登记管理系统、催收系统及不良债权处理系统等。在业务营运方面,汽车金融服务机构对金融产品设计开发、销售和售后服务等,都有一套标准化的操作系统。汽车金融公司作为附属于汽车制造企业的专业化服务公司,可以通过汽车制造商和经销商的市场营销网络,与客户进行接触和沟通,提供量体裁衣式的专业化服务。汽车产品非常复杂,售前、售中、售后都需要专业的服务,如产品咨询、签订购车合同、办理登记手续、零部件供应、维护修理、保修、索赔、新车抵押等,汽车金融公司可以克服银行由于不熟悉这些业务,而带来的种种缺陷。这种独立的、标准化的金融服务,不仅大大节省了交易费用,而且大幅提高了交易效率,从而获得了规模经济效益,同时给消费者带来了便利。

5. 资金来源多样化

汽车金融服务机构的发起设立方式,决定了其资金的来源。除银行以外,目前西方国家的政府规定,汽车金融服务机构不能吸收社会公众的存款,其资金来源除资本金和正常利润留存外,主要依靠资本市场和银行信贷。但是"依附型"汽车金融服务公司,还有可能从母公司那里获得资金的融通与支持。一般来讲,较小的汽车金融服务公司除资本金外,融资方式主要为银行信贷和其他金融财务公司贷款。大型汽车金融服务公司由于有较高的信用评级,资产规模较大,资本运作的能力和手段的优势较多,还可以通过投资银行或者自己发行商业票据、债券融资,以及将汽车信贷资产证券化来获取资金。

9.1.6 未来中国金融走向

在欧美等发达国家,汽车金融服务经过近百年的发展,目前已成为位居房地产金融之后的第二大个人金融服务项目。目前,在全世界每年超过1.3万亿美元的汽车销售总额中,现金销售额为30%左右,近3900亿美元,而汽车金融服务融资为一万亿美元左右,约占70%。我国个人汽车信贷近年来增长迅猛,是仅次于个人房贷的第二大个人信用市场,但是目前我国的车贷率(贷款买车的比例)还不到买车人数的20%,远远低于全球市场70%的平均水平。因此发展汽车金融对我国来说非常重要。

有人认为,若干年后汽车金融公司将有可能成为汽车企业生存的条件。目前跨国汽车企业利用其汽车金融服务(汽车贷款)来提高他们在中国的市场份额。事实证明:金融服务做得越好,市场份额也就越大。我国汽车消费信贷将进入一个汽车金融公司与非汽车金融公司并存竞争的时代,有条件的汽车厂商都应该建立自己的汽车金融公司,从而使车贷手续大大简化,老百姓将享受到前所未有的低利率贷款和其他便利,并将逐渐取代银行贷款成为未来主流贷款购车方式。

9.2 汽车保险

9.2.1 汽车保险的概念

汽车保险市场的增长与汽车市场的增量紧密相连,呈正比相关。2006年财产险保费总收入:车险、企财险、货运险和责任险保费收入合计1377.96亿元,同比增长24.9%,占财产险保费收入的91.3%。其中,车险保费收入为1107.87亿元,同比增长29.1%,占财产险公司业务比重为70.1%,稳居产险业第一大险种。

汽车保险是以汽车本身及其相关利益为保险标的的一种不定值财产保险。换句话说,汽车保险是财产保险的一种,是以汽车本身及其第三者责任为保险标的的一种运输工具保险。

汽车保险承保的保险标的包括:汽车、电车、电瓶车、摩托车、拖拉机、各种专用机械车以及特种车。例如,双燃料汽车归属汽车范畴;大型联合收割机归属专用机械车范畴;两轮或三轮摩托车、轻便摩托车、残疾人三轮或四轮摩托车归属摩托车范畴;只有企业自行编号、仅在特定区域内使用的其他车辆,视其使用性质和车辆用途确定其是归属于汽车还是专用机械车、特种车范畴。

汽车保险一般包括基本险和附加险两种险别,其中基本险又包括车辆损失险和第三者责任险。附加险是针对车辆损失险和第三者责任险的部分责任免除而设置的,不能单独承保。

随着保险业的发展,汽车保险的保险标的已从最初的汽车扩展到各种机动车辆,但是世界上许多国家至今仍沿用汽车保险这一名称,而我国已经将其更名为机动车辆保险。

9.2.2 汽车保险的参与人

1. 汽车保险人

汽车保险人又称为汽车承保人,是经营汽车保险业务、收取保险费和保险事故发生后负责赔偿损失的机构法人,通常为保险公司。

2. 汽车投保人

汽车投保人是指对汽车保险标的具有可保利益,并且与汽车保险人签订保险合同,按保险合同负有支付保险费义务的人。自然人和法人都可以成为汽车投保人。当投保人为自己的利益投保,且保险人接受其投保时,投保人就变成了被保险人。

3. 被保险人

被保险人是指其车辆等财产或者人身受保险合同保障,享有保险赔偿请求权的人。被保险人有一定的范围。由于对保险汽车的使用可能是被保险人本人,也可能是被保险人以外的其他人,所以机动车辆第三者责任险中所承保的被保险人,除了被保险人本人,即保险单中所载明的被保险人外,还包括被保险人允许的合格驾驶人员。

4. 汽车保险中介人

汽车保险中介人是指介于保险人与投保人之间,专门从事汽车保险业务咨询与招揽、风险管理与安排、价值衡量与评估、损失鉴定与理赔等中介服务活动,并从中获取手续费或佣金的单位或个人。

9.2.3 汽车保险的作用

(1)可以分担运输企业和个人的风险。汽车保险是汽车运输企业正常经营的一个不可或缺的重要环节。

(2)可以在被保险车辆发生交通事故,造成第三者人身伤亡和财产损坏或损失时,得到经济补偿,促使交通事故损害赔偿纠纷得以及时解决,促进社会的稳定。

(3)可以减少事故的发生,降低事故的发生率。世界各国对机动车辆保险业务一般都有严格的监管规定,尤其对其中的第三者责任险,绝大部分的国家通过立法的形式,将其规定为法定保险。

(4)可以促进汽车工业发展。机动车辆保险业务自身的发展对于汽车工业的发展起到了有利的推动作用。机动车辆保险的出现,解除了企业和个人对在使用汽车过程中可能出现风险的担心,扩大了对汽车的需求。此外,汽车消费贷款保证保险和汽车售车信用保险对促进汽车消费有重要作用。

(5)可以扩大保险利益。机动车辆保险条款一般规定:被保险车辆在发生保险事故时,只要驾驶人是被保险人允许的合格驾驶人,保险人都要承担赔偿责任,此规定是为了对被保险人和第三者提供了更充分的保障,并非是对保险利益原则的违背。但如果在保险合同有效期内,保险车辆转卖、转让、赠送他人,被保险人应当书面通知保险人并申请办理批改,否则保险事故发生时,保险人对被保险人不承担赔偿责任。

9.2.4 汽车保险险种

汽车保险险种的设计因各国国情与社会需要的不同而有所差异,我国现行汽车保险一般包括车辆损失险、第三者责任险和附加险三部分。

对于车辆损失险,不同国家的保险公司的承保范围有所不同。对于第三者责任险,保险业发达的国家在承保内容上均力求扩张,以便所有事故受害人都能得到合理的赔偿,这也是现代保险业发展的必然趋势。附加险是针对车辆损失险和第三者责任险的部分责任免除而设置的,不能单独承保。

1. 车辆损失险

车辆损失险是指保险车辆遭受保险责任范围内的自然灾害或意外事故,造成保险车辆本身损失,保险人依照保险合同的规定给予赔偿。

各保险公司的车辆损失险条款基本上都包括保险责任、责任免除、保险金额、保险期限、保险费、赔偿处理、保险人义务、投保人、被保险人义务、无赔款奖励、其他事项等章节。

虽然各保险公司的具体条款的内容在一定程度上有所不同,但在某些内容上较为相似,例如:

(1)在保险责任方面,保险公司负责赔偿由碰撞、倾覆、火灾、爆炸、暴风、龙卷风引起的保险车辆的损失,及发生保险事故时,被保险人或其允许的合格驾驶人对保险车辆采取施救、保护措施所支出的合理费用。

(2)在责任免除方面,保险公司对由下列原因造成的保险车辆损失不负责赔偿:战争、军事冲突、恐怖活动、暴乱、扣押、罚没、政府征用;竞赛、测试;在营业性维修场所修理、维护期间;利用保险车辆从事违法活动;驾驶人饮酒、吸食或注射毒品、被药物麻醉后使用保险车辆;保险车辆肇事逃逸。

2. 第三者责任险

第三者责任险是指保险车辆因意外事故致使第三者遭受人身伤亡或财产的直接损失,保险人依照保险合同的规定给予赔偿。

虽然各保险公司的具体条款的内容在一定程度上有所不同,但在某些内容上较为相似,例如:

(1)在保险责任方面,保险人负责赔偿:被保险人或其允许的驾驶人在使用保险车辆过程中发生意外事故,致使第三者遭受人身伤亡或财产直接损毁,依法应当由被保险人承担的经济赔偿责任。

(2)在责任免除方面,保险车辆造成下列人身伤亡或财产损失,不论在法律上是否应当由被保险人承担赔偿责任,保险人均不负责赔偿:被保险人及其家庭成员的人身伤亡、所有或代管的财产的损失;本车驾驶人及其家庭成员的人身伤亡、所有或代管的财产的损失;本车上其他人员的人身伤亡或财产损失。

(3)保险人不负责赔偿下列损失和费用:保险车辆发生意外事故致使第三者停业、停驶、停电、停水、停气、停产、通信中断的损失以及其他各种间接损失;精神损害赔偿;第三者财产因市场价格变动造成的贬值、修理后因价位降低引起的损失;因污染(含放射性污染)造成的损失等。

3. 附加险

附加险是针对车辆损失险和第三者责任险的部分责任免除而设置的,不能单独承保。只有是在投保车辆损失险和第三者责任险的基础上,保险公司才进行附加险的承保。

目前,各保险公司一般在保险业务中规定:在投保车辆损失险的基础上,可以投保全车盗抢险、玻璃单独破碎险、自然损失险、车辆停驶损失险等车辆损失险的附加险;在投保第三者责任险的基础上,可以投保无过失责任险、车上人员责任险、车上货物责任险等第三者责任险的附加险;在同时投保车辆损失险和第三者责任险的基础上,可以投保不计免赔险(特约条款)。

为适应客户的实际需要和自身的发展要求,各保险公司还开发了许多新的附加险险种。例如,中国人民财产保险股份有限公司的火灾、爆炸、自燃损失险,车身划痕损失险;中国太平洋财产保险股份有限公司的沿海气象灾害险、地陷险、地质灾害险、冰雪灾害险、过渡险、里程变频特约条款、价值损失特约条款、换件特约条款、指定部位赔偿特约条款、救援费用特约条款、法律服务特约条款等;中国平安财产保险股份有限公司的代步车费用险。

9.2.5 车险理赔

车险理赔是指保险汽车在发生风险事故后,保险人依据保险合同的约定对被保险人提出的索赔请求进行处理的行为。汽车事故损失有的属于保险责任,有的属于非保险责任,即使属于保险责任,因多种因素制约,被保险人的损失不一定等于保险人的赔偿额,所以说,汽车保险理赔涉及保险合同双方的权利与义务的实现,是保险经营中的一项重要内容。保险理赔流程如图9-1所示。

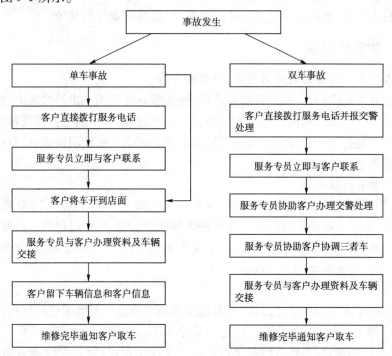

图9-1 保险理赔流程

友情提示:

◇ 客户出险后如果是单车事故,直接将车开到店面,服务专员即可帮助您办理车辆报案、定损、理赔、维修,省心省力。

◇ 客户出险若是双车事故,不必担心,只需拨打服务电话即可,服务专员将立即与您联系,帮助您解决交通事故,并将您的爱车定损、理赔、维修事宜安排。您只需提供车辆理赔资料即可确定取车时间,所有麻烦都将由我公司为您排除。

◇ 客户出险后若有第三者受伤,应及时保护第一现场,对受伤人抢救,然后报警,并打我们电话,我们将全程跟踪本次事故,让您的爱车享受标准服务。

◇ 车辆出险理赔需提供:车辆保险卡(单)、行驶证、驾驶证、当地派出所证明或事故责任认定书、被保险人身份证(单位车需提供单位公章)。

车险理赔涉及面广,情况复杂。为确保工作快捷与高效,应遵循八字原则:"主动、迅速、准确、合理"。主动是指主动热情受理案件,要积极主动展开调查。迅速是指迅速查勘,迅速定损,迅速赔偿。迅速是效率原则的关键,能提高满意度,否则"想说爱你(保险公司)不容易"。准确是指准确认定责任,准确核定赔付,保证双方权益。不准确表现包括以下情况:同样案子不同公司尺度不一样;同一公司不同理赔员标准不一样;同一理赔员不同时间标准不一样。合理是指实事求是,坚持条款,结合案情,合理理赔。

9.3 汽车物流

汽车物流是集现代运输、仓储、保管、搬运、包装、产品流通及物流信息于一体的综合管理,是沟通原料供应商、生产商、批发商、零件商、物流公司及最终用户的桥梁,更是实现商品从生产到消费各个流通环节的有机结合。汽车整车及其零部件的物流是各个环节衔接得十分紧密的高技术行业,是国际物流业公认的最复杂、最具专业性的领域。

9.3.1 物流的特点

1. 物流本身不创造物品的使用价值,但创造价值

物流活动并不生产产品,但它具有生产性,物流活动要耗用一定量的人力、物力和财力,即要支付所必需的费用。物流过程作为一种特殊生产过程,它不创造物质资料的使用价值,在流通过程中它能把生产领域中创造的使用价值转化成现实的使用价值,没有这种转化,物品的使用价值就不能最终实现。

2. 物流活动具有服务性

物流的目的是实现物品能及时、准确、保质、保量、安全、可靠地满足消费者对物质资料的需要。例如,流通过程的物流服务于生产消费和生活消费,生产过程的物流服务于生产过程的需要。因此,物流要服务于市场,从满足生产和消费出发,为生产建设和提高人们生活水平服务,这也是物流活动的出发点。

3. 物流与商流比较的特点

商流是物品作为商品在流通过程中,通过买卖活动所发生形态变化的过程,即由货币形态转化为商品形态,以及由商品形态转化为货币形态的过程,这种转化需要通过一系列活动,诸如订购合同的签订、采购、谈判、货币结算等才能实现,这就是常说的商品所有权的转移,或称价值形态的转移;物流与商流对应来看,是指商品的实体运动,即在流通过程中商品使用权的转移过程,也就是商品使用价值的实现过程。所以,商品与物流相比,物流具有与商流不同的特点:

(1) 物流在商品流通过程中表示为运动的内容真正是"实际流通";商流在流通中表现为运动形式是"观念上的流通"。

(2) 物流交换表现为流通的结果,即商品使用价值的实现,形成交换表现为物质交换的媒介和手段。也就是说,商品在能够作为使用价值实现以前,必须先作为价值来实现,只有通过买卖活动的"穿针引线",物流交换才有具体的运动方向,所以商流是前提,物流是基础,物流是因商流而产生的。

(3) 物流表现为商流的外部形式,物流的深度和广度制约着商流发挥作用的范围和程度,这是因为物流范围、规模、能力都在一定程度上限制商流活动的界限。因此,发展物流技术、增加物流设施是发展社会主义市场经济的重要一环。

4. 社会主义市场经济下的物流特点

社会主义市场经济下的物流特点表现为市场是在国家宏观调控下实现物流资源的合理配置。在社会主义市场经济下,市场对资源配置的基础性作用,是建立在统一开放、竞争有序的市场体系的基础上,这是毋庸置疑的。但是,我国是社会主义国家,所推行的基本经济制度是以社会主义公有制为主体、多种所有制共同发展的制度。所以,根据物流过程的客观规律,按照市场对物流的需求,加强物流基础设施的建设,运用国家宏观调控的职能,在全国范围内统筹规划,有计划、有步骤地建立信息流通中心、商流中心、物流中心、配送中心,以形成全国统一开放的、布局合理的现代流通网络。这样,无疑对发挥流通的综合能力、实现物流的最佳效益起着重要的意义。

9.3.2 汽车物流的基本功能

汽车物流的基本功能是指物流活动应该具有的基本能力以及通过对物流活动最佳的有效组合,形成物流的总体功能,以达到物流的最终经济目的。汽车物流的基本功能体现在如下几方面。

1. 包装

包装是保证整个物流系统流程顺畅的重要环节之一。包装是包装物及包装操作的总称,是物品在运输、保管、交易、使用时,为保持物品的价值、形态而使用适当材料的容器进行保管的技术和被保护的状态。包装是生产的终点,同时又是物流的起点,具有保护性、单位集中性和便利性三大特性,同时具有保护商品、方便物流、促进销售、方便消费四大功能。包装具有保护物品、便利储存运输的基本功能。包装存在物流过程各环节,包括产品的出厂包装,生产过程中在制品、半成品的换装,物流过程中的包装、分装、再包装等。一般来讲,包装分为工业包装和商业包装。工业包装也称为运输包装、大包装,它既是生产的终点,又是企业外部物流的始点,其作用在于按单元包装,便利运输和保护物品。工业包装的对象有煤炭、矿石、棉花、粮食等。工业包装的原则是便于运输、便于装卸、便于保管,能保质、保量、促销。工业发达的国家,在产品设计阶段还考虑包装的合理性、搬运装卸和运输的效率性以及尊重搬运工人的能力性(如每个包装单位不超过24kg,这样的质量妇女也可以承受)等。商业包装也称为销售包装、小包装。商业包装的目的主要是促进销售,包装精细、考究,以利于宣传和吸引消费者购买。同时,为了实现工业包装和商业包装的目的,包装的研究还包括包装形式和包装方法的选择,包装单元的确定,包装形态、大小、材料、质量和包装标记、标志的设计等。

2. 装卸搬运

装卸搬运是指在一定的区域内,以改变物品存放状态和位置为主要内容的活动。它是伴随输送和保管而产生的物流活动,是对运输、保管、包装、流通加工和配送等物流活动进行衔接的中间环节。在物流运动中,装卸搬运作业的频率比较高,也是生产物品损坏的重要原因之一。对装卸搬运的研究,主要是对装卸搬运方式的选择,装卸搬运机械的选择,以及通过对装卸搬运物品灵活性和可运性的研究,提高装卸搬运效率。装卸和搬运质量的好坏、效率的高低是整个物流过程的关键所在。装卸搬运工具、设施、设备不先进,搬运装卸效率低,商品流转时间就会延长,商品就会破损,就会增大物流成本,影响整个物流过程的质量。由于目前我国装卸作业水平、机械化、自动化程度与发达国家相比还有很大差距,野蛮装卸造成包装破损、商品丢失现象时有发生,人工费用居高不下,货物破损率一直很高,因此重视搬运装卸环节显得非常重要。装卸搬运的功能是连接运输、保营和包装各个系统的节点,该节点的质量直接关系到整个物流系统的质量和效率,而且又是缩短物流移动时间、节约流通费用的重要组成部分。装卸搬运环节出了问题,物流过程中的其他环节就会停顿。

3. 运输

运输是物流系统中最为重要的功能要素之一,是通过运输手段使货物在不同地域范围间以改变"物"的空间位置为目的的活动。运输在物流活动中占有重要的地位,是社会物质生产必要条件之一。

运输职能主要是实现物质资料的空间移动。生产社会化、专业化程度的提高,生产与消费在同一地点几乎成为不可能,运输本身就是解决物质资料在生产地点和需要地点之间的空间差异,创造物品的空间效用,实现物质资料的使用价值。运输包括内部的运输以及城市之间、农村与城市之间、国与国之间运输等。所以,实现物质资料的空间位移,运输是一个极为重要的环节,在物流运动中处于中心地位,是物流的一个支柱。对运输问题进行研究的内容主要有:运输方式及运输工具的选择,运输线路的确定,以及为了实现运输安全、迅速、准时、价廉的目的所施行的各种技术措施的研究等。运输方式有公路运输、铁路运输、船舶运输、航空运输、管道运输等。没有运输,物品只能有存在价值,没有使用价值,即生产出来的产品,如果不通过运输送至消费者进行消费,等于该产品没有被利用,因而也就没有生产使用价值。没有运输连接生产和消费,生产就失去了意义。

4. 仓储

仓储与运输在物流活动中同等重要,可以消除生产和消费之间的时间间隙,产生时间功效,同时仓储具有以调整供需为目的的调整时间和价格的双重功能。一般来讲,仓储是通过仓库的功能来实现的。由于生产与消费的各自规律性,生产与消费在同一时间内完成是很不现实的。在生产过程中,没有一定数量的原材料、半成品的储存,生产的连续性就可能受到破坏;或者由于经济运输的需要,或者为了预防突然事件的发生等,都需要有一定数量的物质资料的储存。所以,物质资料的储存,是社会再生产过程中客观存在的现象,也是保证社会再生产连续不断运行的基本条件之一。有物质资料的储存需求,就必然产生如何保持储存物质资料的使用价值和价值不致于发生损害的问题,为此就需要对要储存的物品进行以维护为主要内容的一系列技术活动和保管作业活动,以及为了进行有效的保管,需要对保管设施的配置、构造、用途及合理使用、保管方法和维护技术的选择等作适当处理。可见,仓储是物流的重要职能,它与运输构成了物流的两大支柱,在物流活动中处于中心地位,其他物流活动都是围绕仓储与运输而进行的。

5. 配送

配送是物流的一种特殊的、综合的活动形式,它几乎包括了物流的所有职能,是物流的一个缩影或在某一范围内物流全部活动的体现。一般来讲,配送是集包装、装卸搬运、保管、运输于一体,并通过这些活动完成将物品送达的目的。配送问题的研究包括配送方式的合理选择,不同物品配送模式的研究,以及围绕配送中心建设相关的配送中心地址的确定、设施的构造、内部布置和配送作业及管理等问题的研究。配送是现代物流发展的产物,也是市场竞争的产物。企业受利润、市场份额的驱动想方设法提高送货的服务水平,降低送货的成本,扩大自己的市场,急需寻找一种方法。随着物流学的诞生,配送这个新事物一出现就立刻引起企业的关注。于是,便出现了合理的货物配备、合理的车辆调配、合理的路线规划、合理的配装及送达这些新的内涵。这些新内涵的进一步延伸就形成了现代社会的配送。

6. 流通加工

流通加工是流通中的一种特殊形式。它是指在物品从生产领域向消费领域流动的过程中,为促进销售、维护产品质量和提高物流效率,而对物品进行加工,使物品发生物理、化学或形状变化的活动。通过流通加工,可以节约材料、提高成品率,保证供货质量和更好地为用户服务,所以,对流通加工的作用同样不可低估。流通加工是物流过程中"质"的升华,使流通向更深层次发展。流通加工的主要作用是优化物流系统,表现为:增加物流系统服务功能;提高物流对象的附加价值,使物流系统可以成为"利润中心";降低物流系统成本等。对流通加工的研究,包括的内容非常丰富,诸如流通过程中的装袋、单元小包装、配货、挑选、滚装等,生产外延流通加工中的剪断、打孔、拉拔、组装、改装、配套等,以及因经济管理所进行的规模、品种、方式的选择和提高加工效率的研究等,所有这些都是物流的职能。

7. 物流信息

物流信息主要是指物流数量、物流地区、物流费用等信息。与其他领域相比,物流信息具有其特殊性,表现在:

(1)物流信息原点多,信用量大,信息缺乏通用性,这是物流活动范围的广阔性及物流管理未统一化、标准化决定的。

(2)物流信息动态性能特别强,决定了信息的收集、加工、处理应及时、快速。

(3)物流信息各类繁多,不仅要收集处理本系统内部的各类信息,还要收集与之相关的生产、销售等系统的信息,这样物流信息的分类、研究、筛选难度加大。

物流整体职能的发挥,是通过物流各种职能之间的相互联系、相互依赖和相互作用来实现的。也就是说,各种职能的作用不是孤立存在的,这就需要及时交换信息。物流信息的基本职能在于如何对信息的收集、加工、传递、存储、检索、使用,包括其方式的研究,以及管理信息系统的开发与应用研究等,目的在于保证信息的可靠性和及时性,以达到促进物流整体功能的发挥。

9.3.3 提升中国汽车物流业的对策

(1)形成物流战略联盟。目前,我国汽车物流企业尚处于起步阶段,与国际同行业比较,在资金、实力、规模等方面与均存在很大的差距,只有合作才能利用现有资源以最快的速度实现整个行业的提升,提高我国汽车物流企业的竞争力。因此,企业间合作将越来越多,不同地域的物流公司将会加大以运力互换、对流等模式提高车辆利用率。部分中小车队将会与全国性公司形成联盟,将车辆委托大型物流公司统一管理,以降低市场风险。

（2）缩短汽车物流供应链流程。汽车物流供应链流程的缩短可以从以下两个方面进行：

①提高汽车生产技术水平。汽车物流的发展与中国汽车生产能力紧密相连，提高中国汽车制造技术水平是发展中国汽车物流的基本前提。

②合理规划汽车物流网络，这其中包括生产、销售、配送等网络。通过完善这些物流网络开展共同配送，把物流各环节紧密连成一个有机整体加以运营管理，对于消除空载等不合理运输，减少不必要的中间环节，减少损耗和分散库存造成的各种浪费都极为有利，也扩大了利润空间，从而不断提升企业的核心竞争力。

（3）推广汽车物流标准化建设。汽车物流应广泛采用标准化、系列化、规范化的运输、仓储、装卸、搬运、包装机具设施及条形码等技术。汽车物流作业中的标准化建设主要包括物料容器具的标准化和编码的标准化。编码的标准化是整个中国汽车物流行业信息化的前提，物料编码的统一和标准化便于同一个物料的编码在不同的企业之间传递和识别，能大大缩短供应链流程时间。

（4）提高企业管理规范化、标准化。企业应为加快先进适用技术的应用，在物流上应广泛采用标准化、系列化、规范化的运输、仓储、装卸、搬运、包装机具设施及条形码等技术。

（5）提高企业的信息化水平。目前，一些汽车生产企业内部各部门基本上已实现了信息化管理，通过信息技术、互联网技术，实现资源共享、信息共用，能提高决策的合理性、有效性，能对物流各环节进行实时跟踪、有效控制与全程管理，优化整条供应链的物流甚至行业物流。

（6）物流一体化的发展方向。汽车物流是信息化、现代化、社会化的物流，是采用网络化的计算机技术和现代化的硬件设备、软件系统和先进的管理手段所进行的一系列工作，是以物流系统为核心，由整车生产企业经由物流企业、销售企业，直到消费者供应链的整体化和系统化的物流一体化，这是汽车物流的发展方向。

（7）加强物流从业人员培训。高素质的物流人才是现代汽车物流发展的关键因素。针对目前汽车物流专业人才匮乏、管理水平较低的突出问题。可通过长期培训与短期培训、学校培养等方式，尽快增加高等院校物流专业布点，提高教学质量。并且企业要强化员工培训和继续教育，重视培养"复合型"人才，培养一大批熟悉物流业务，具有跨学科综合能力的汽车物流管理人员。

9.4 汽车营销

9.4.1 我国汽车销售渠道的模式

汽车是一种快捷、舒适的交通工具，随着汽车产业的发展，大量轿车进入中国普通人的家庭。近几年我国汽车产销量平均以20%左右的速度增长，城市私人小型汽车每年的增长速度更是高达20%～30%，2006年，中国汽车产销量超过700万辆，增长了27%，是2000年汽车产销量200万辆的3倍多；我国将逐渐成为一个汽车大国，各种资本纷纷进入汽车行业，新车型频频推出，多数汽车厂家开始运用各种营销手段，打造强势品牌，重心也开始由制造生产向销售及售后服务方面延伸，这表明中国汽车业已进入汽车营销时代，可以预计21世纪汽车业竞争的焦点将转移到汽车营销方面。

1. 现阶段的汽车营销模式

目前,我国的汽车营销尚处于成长阶段。在汽车销售市场中比较常见的主要模式有以下三种:

(1)4S专卖店模式。4S专卖店是集整车销售、售后服务、零配件供应和信息反馈功能于一体的四位一体模式,是目前汽车厂家积极推行的主要营销模式。这种专卖店经营、销售和服务都较规范,营销服务项目不断扩展,标识十分醒目,并讲究外在形象的塑造,从而可以为消费者提供更完善的服务。不过,4S专卖店为客户提供维修和其他服务的费用较高,导致4S专卖店的运营成本也较高。

(2)汽车超市模式。这种模式也称之为汽车城、汽车园、汽车大道等,就是在城市中规划出一块专业销售汽车的市场,其中聚集了各种品牌的汽车专卖店,同时还建有保险公司、金融机构、餐饮服务店等,集汽车销售、服务、信息、文化等多种功能于一体。这种销售模式营业面积较大,销售品种齐全,市场内部竞争激烈,因此,消费者可以从这种模式中获得更多的收益,由于中国消费者喜欢"扎堆"和货比三家,这种模式具有很大的吸引力。但是,这种模式需要高额的投资,动辄就是几千亩地,几亿元的投入,增加了中间环节的成本,影响到了汽车产业的竞争力。

(3)网络销售模式。在网络经济时代,随着网络信息技术的发展,电子商务活动影响到了汽车产业,在汽车营销中也充分运用了网络所带来的优势开展网上汽车直销。这种模式可以让消费者轻松地了解、比较各种汽车产品的信息,可以通过定制服务、一对一营销来满足消费者个性化的需求,也可以将自己的需求公布在网页上进行商品招标。同时,网络的信息丰富、实时传递、成本低廉、跨越时空限制等优点让消费者从网络销售模式中获得更多的实惠。它将是信息社会汽车营销模式中新的发展趋势。

2. 汽车交易有形市场

在我国,汽车经销商会通过与厂家或品牌专卖店及汽车代理商联合形成若干种销售渠道模式。表现的形式一般有汽车交易市场、汽车工业园、汽车连锁销售等。由于尚处于发展阶段,渠道交叉现象明显,呈现多元化的特点。

1)汽车交易市场

汽车交易市场一般指多家经销商共营的汽车交易市场。如北京亚运村汽车交易市场就是这一模式的典型代表。由于市场内汽车品种齐全,交易规范,吸引了全国各地的用户到交易市场购车。

2)汽车工业园区

汽车工业园区相对于汽车交易市场和品牌专卖点的最大优势是实现了功能多元化,以3S、4S店集群为主要形式。

【案例9-1】 北京国际汽车贸易服务园区设计了九大功能园区——国际汽车贸易区、汽车试车区、二手车贸易区、汽车特约维修区、国际汽车检测中心、汽车物流配送中心、北京国际汽车保税区、休闲娱乐区、汽车解体厂,在某种程度上诠释了汽车园区的功能内涵。实现现金交易、信贷交易、租赁交易三种方式集成,并且具有销售、融资、办理手续一站式的服务功能,成为国际汽车交易中心、售后服务中心、展览信息交流中心和国内外汽车厂商咨询服务中心。

3)汽车连锁销售

汽车连锁销售是指通过与制造商建立品牌专卖或买断资源经营方式,建立全国性的统一服务网络,利用连锁的规模为用户提供服务。目前中国汽车市场已经全面进入品牌经营时代。在这种模式中,如何将连锁经营的规模优势与制造企业的品牌经营结合起来,利用网络和资金优势,强化品牌,是当前亟需解决的问题。

【案例 9-2】 北京亚飞汽车连锁总店是 1997 年 3 月成立的汽车连锁销售公司,已在全国 218 座城市设立了近 400 家连锁分店。亚飞总店与分店采用"统一订货、统一配送、统一管理、统一形象、统一服务标准",以消费信贷、租赁销售等新方式进行销售。在推动汽车流通和市场秩序化方面发挥了一定的作用,并且形成一个具有较强市场覆盖力和突破力的销售网络。

9.4.2　汽车营销策略

1. 当前我国汽车营销策略发展现状

(1)通过互联网进行汽车营销。这种营销模式被人们称之为"网路营销"。据统计,2010 年我国互联网用户购车欲明显高于 2009 年,已有 37.8% 的网络购车订单和 28.3% 的网民表示会在近几个月内购车。随着网络科技的发展和其本身特点(如互动性、低成本、精准性等),许多新技术的应用会更加加速汽车营销模式的网络化发展。

(2)通过组织公益活动展开汽车营销。汽车行业属于高科技产业,由于它的高利润率和市场地位,就注定了它要承担更多的社会责任。国外很多企业会利用慈善业提高企业的知名度和品牌形象。

(3)通过组织体育赛事或赞助球队营销。汽车企业通过体育活动进行品牌推广已有很久的历史,从 F1 赛事的发展历史就可以看出。通过举办或赞助体育赛事,既能促进体育赛事的成功举办,在赛事成功举办的同时又提升了赞助企业的品牌影响力和竞争力。

(4)文化艺术营销。汽车企业在出售一台汽车时,消费者不仅仅看的是汽车自身的技术和性能,有时候更关注这款汽车所隐含的文化和艺术因素。现代企业都注重自身的企业文化,汽车行业也一样,如丰田公司的广告就很有创意:"车到山前必有路,有路就有丰田车"。

2. 我国汽车营销策略的发展趋势

(1)建立以消费者为导向的营销模式。传统的营销模式中,营销设计往往以企业自身为中心,忽略市场和消费者在营销中应有的重要性。现在更多的外国企业转变营销模式,提出"顾客是上帝"的营销理念,根据消费者的需求定做汽车。如丰田公司提出的关怀式服务。新型的营销模式在理念上从满足消费者需要到满足消费者欲望和增加消费者体验转变,更加侧重的是给消费者难忘的消费体验。

(2)建立汽车营销的模块化战略发展模式。进行模块化营销战略发展模式首先要求企业能够最大限度地搜集消费者的信息资料,建立自己的全面化数据资料库,并且要定期更新数据库;然后根据不同的消费人群划分不同的营销模块;通过举办车展和特定消费群体热爱的活动拉近和消费者或潜在消费者之间的关系;然后通过和消费者的不断接触,零距离了解该类消费群体的需求来制定未来的销售策略;最后通过合理的促销活动,达到销售目标。

(3)环保型营销策略。近年来,全球变暖、能源缺乏、空气污染等问题越来越突出,节能和发展清洁能源已经成为时代的主题。

(4)建立具有多样性的汽车营销模式。由于我国特殊的国情限制和汽车工业的发展现状,以及各种不同形式的汽车营销模式具有不同的优缺点,都具有特定的适用范围和消费者群体,这就决定了在我国不能建立单一的汽车营销模式,而是要依据市场规律和变化的市场,结合生产企业的特征和特定的消费者群体,建立具有特色的多种形式的汽车营销模式,以便适应各种不同层次的消费者的需求。当前,除了建立代理制、专卖店营销、特许连锁经营、汽车超市、4S 专卖店等形式的营销模式外,还可以建立网上购车、汽车电子商务、买断销售、品牌形象代言人等形式的汽车营销模式,并积极探索新的汽车营销模式。实现各种模式取长补短、协调发展,通过市场的竞争来实现优胜劣汰,从而提高我国汽车营销的整体实力。

9.4.3 二手车交易

二手车交易不同于其他商品交易,有以下特殊性:(1)二手车交易是机动车交易的一种,应符合和遵循汽车交易的一系列法律制度和市场营销规律。

(2)二手车交易是旧货交易的一种,应符合旧货交易的一系列法律法规和交易技巧。

(3)二手车交易是有明确政策和法律制度规范的行为事件,应该在遵循政策法规制度前提下才能充分发挥二手车营销工具的作用来进行交易。

(4)二手车交易在我国将是快速发展中的行业之一,发展潜力和濡的交易量在我国都很大,应该在遵守现行政策和法律制度的基础上,利用政策和法律制度的保护,充分发挥人的创造性和主观能动作用,合理选择目标市场,整合各类相关资源,以求在满足二手车消费者需求的前提下获取利润,实现企业的长足进步和稳定发展。

二手车交易是汽车交易的一种,具有汽车交易的共同特点,同时又有别于新车交易。

(1)技术性和专业性。汽车商品是经过复杂加工而制成的产品,包含着丰富的技术内容,具有很强的技术性,有些汽车商品甚至还与专利、商标或专有技术相联系,特别是二手车可能还与原使用者的特别身份或者特别事件相联系。

(2)结构复杂性。汽车商品的结构很复杂,尤其是在一般消费者看来更是觉得复杂。现代汽车至少由几千个零件组成。有的总成也要有几十个甚至数百个零件组成。

(3)交易技巧要求高。很多二手车交易需要经过询价、比价、接受、订立合同这些交易程序。

因此,二手车交易人员不仅需要一般的业务知识和语言交流能力,还必须具备汽车技术知识和谈判技巧,且需要全面的业务知识和能力。

1. 二手车交易的类型

二手车交易的类型根据交易双方行业和参与程度的不同可以分为以下几种类型。

1)收购

二手车的收购是二手车交易市场的经营业务之一。它是指二手车经营主体为方便客户进场直接购置的前提下,按照客户的要求,代为购置二手车的一种经营活动。收购价格由于受到快速变现原则的作用,其价格大大低于"市场价格"。二手车经营主体是指经工商行政管理部门依法登记,从事二手车经销、拍卖、经纪、鉴定评估的企业。

2)销售

二手车经营主体为方便客户的旧车进场直接销售,按照客户的要求,代为销售二手车的一种经营活动。二手车的销售价格是决定二手车流通企业收入和利润的唯一因素,因此,企业必须综合考虑成本因素、供求关系、竞争状况以及国家的相关政策法规,并运用一定的定价方法和定价技巧为产品制定切实可行的销售价格。

3) 寄售

卖车方与二手车经营主体签订协议,将所售车辆委托二手车经营主体保管及寻找购车方,二手车经营主体从中收取一定的场地费、服务费及保管费的一种交易行为。

4) 代购

在无须客户进场直接购置的前提下,二手车经营主体按照客户的要求,代为购置二手车的一种经营活动。

5) 代销

在无须客户进场直接销售的前提下,二手车经营主体按照客户的要求,代为销售二手车的一种经营活动。

6) 租赁

二手车经营主体将二手车向客户提供租赁,以获取租金为目的的一种经营活动。

7) 拍卖

二手车拍卖机构以公开竞价的形式将二手车转让给最高应价者的经营活动。对于公务车辆、执法机关罚没车辆、抵押车辆、企业清算车辆、海关获得的抵税和放弃车辆等,都需要对车辆进行鉴定估价,以在预期之日为拍卖车辆提供拍卖底价。

8) 经纪

二手车经纪机构以收取佣金为目的,为促成他人交易二手车而从事居间、行纪或者代理等经营活动。

9) 鉴定评估

二手车的鉴定评估,是指二手车鉴定评估机构对二手车技术状况及其价值进行鉴定评估的经营活动。

10) 置换

汽车置换指的是过去卖新车的品牌专场店参与二手车的经营,取代存在争议的中介机构,品牌专卖店用"以旧换新"的方式促进新车的销售,这就是汽车置换。汽车置换在国外很普遍,经营模式已相当成熟,以美国为例,很多汽车品牌专卖店都有经营二手车的业务。在我国汽车置换业务还处于起步阶段,上海通用汽车"诚新二手车"率先在国内以品牌化的方式经营旧车业务,这其中包括以旧车(任何品牌)换新车(别克品牌)的置换业务。

11) 直接交易

二手车所有人,不通过经销企业、拍卖企业和经济机构等经营主体,将车辆直接出售给买方的交易行为。我国2005年颁布的《二手车流通管理办法》规定直接交易应当在二手车交易市场进行。

2. 旧机动车交易的程序

旧机动车交易的程序大致可以分为汽车检验、建档评估、信息发布、订立协议、办理过户手续、售后服务六个步骤。

1) 汽车检验

旧机动车的检验包括车源、证照的检验和车况的检验。

(1) 车源、证照的检验。在汽车申请进入流通领域之前,首先要调查卖主身份(查验身份证或单位介绍信),证实其车来源,查看各种必备证件(原始购车发票、购置附加费凭证、行驶证、车船使用税"税讫"标志、养路费交纳凭证、营运证、旧车过户凭证、保险单、汽车牌照等),且证件与车辆应相符。

(2)车况查验。在旧车进入旧机动车交易市场前,汽车销售部门应对汽车车况进行全面检验。汽车一般可分为四种状态:①很好,②较好,③一般,④较差。

2)建档并进行评估

汽车估价人员根据汽车品牌、基价(指目前市场可购该款新车售价而非当年购价)、使用年限、行驶里程、车容车貌、主要零部件技术状况、距报废期的年限等项指标进行估价,并建立用户档案,以备查询。

3)信息发布

通过相关渠道发布旧机动车信息,吸引消费者的注意。

4)订立书面协议

书面协议是旧机动车交易的凭证,订立协议有助于保护双方的权益。汽车市场对旧机动车的处置方式大致有三种方法:①汽车置换,在旧机动车交易过程中,将旧机动车折成一定的现金,直接进行车型置换;②交易双方通过中间环节,直接进行交易;③汽车销售商将旧机动车收购,然后售出,交易双方不直接发生关系。

5)办理过户,转移保单

就大多数消费品而言,只要消费者支付了足额购置费,就自然获得了该商品的使用权。但汽车消费者在支付了购买旧车的款项后,还需履行过户手续,使车辆所有权发生转移,才能获得合法使用及上路行驶的权利,否则,一旦发生产权纠纷,法律上不会承认新车主。对卖方而言,只有办理了过户手续,该车才与原车主脱离关系,否则,一旦它发生交通事故,原车主也将负连带责任。

6)售后服务

对旧机动车进行售后服务保障是维护消费者权益、培养品牌忠诚度的重要内容。汽车销售企业在将旧机动车交付消费者使用之前,应对该车型进行全面检查,消除事故隐患,同时保证一定时段和里程的售后服务,从而实现汽车交易全方位的服务,培养忠诚顾客。

复习思考题

1. 简述汽车保险的种类?
2. 汽车整车及其零部件的物流简介。
3. 简述我国现阶段的汽车营销模式有哪些?

第10章 汽车文化

汽车是现代人类不可缺少的交通工具、也是人类文明发展的象征。汽车文化的形成与发展,促进了汽车的发展,也促进了人类文明的发展,汽车文化的内涵越来越丰富。

10.1 汽车展览

10.1.1 汽车展览概述

汽车展览(Auto show)是由政府机构、专业协会或主流媒体等组织,在专业展馆或会场中心进行的汽车产品展示展销会或汽车行业经贸交易会、博览会等。通过车展,厂商展示公司的历史、文化,发布产品信息、传达设计理念,展示新产品和新技术;消费者可以了解汽车品牌、汽车文化、汽车技术等相关知识,尤其有助于了解汽车制造工业的发展动向及世界汽车的发展趋势。

汽车展览有国际性质和区域性质之分。国际汽车展览会是汽车制造商宣传品牌、展示最新汽车科技、发布新车的最佳场所,是真正的汽车峰会,因而也备受关注。经由"世界汽车工业国际协会"认定并被国际社会普遍认同的德国法兰克福车展、法国巴黎车展、瑞士日内瓦车展、美国底特律车展和日本东京车展被誉为当今国际五大车展。在中国,每两年一届的北京车展也较有影响。

具有国际影响力的车展,大都有较长的历史和特色。德国法兰克福车展创办于1897年,是世界最大的车展,有世界汽车工业"奥运会"之称。前34届车展举办地在柏林,后移至法兰克福,并确定一届为轿车展,一届为商用车展。展览时间一般在9月中旬,每2年举办一届。展览场地净面积22万m²,展品有轿车、跑车、商用车、特种车、改装车及汽车零部件等。展会运用了各种高科技手段,大型互动媒体演示、模拟驾驶等亲身体验,让参与者欲罢不能。为配合车展,德国还举行了不同规模的老爷车展览。法兰克福车展的地域色彩很强,因为是名车的发源地,来看车展的民众不但有全面的汽车知识,且消费心理非常成熟。对他们来说,看车展就是逛街,理性实用的成分居多。

巴黎车展源于1898年的国际汽车沙龙会,直至1976年每年一届,此后每两年一届,是世界第二大汽车展。展览时间在9~10月间,与德国法兰克福车展交替举办,展览地点位于巴黎市区,有8个展馆,展品主要有轿车、跑车、商用车、特种车、改装车、古董车、电动车及汽车零部件等,每次车展都有一个老爷车展馆,此外还特别照顾一些不知名的超小型车,这在其他车展上少见。巴黎车展是国际车展中商业味最浓的一个,其散发的资料都以价格表居多,展会上还举行二手车拍卖。近几年,一些有地方特色的日用百货展览也参与到法兰克福车展和巴黎车展。

北美车展创办于 1907 年,是世界最早的车展之一,先为"底特律车展",1989 年更名为"北美国际汽车展"。每年 1 月 5 日左右在美国汽车城底特律的 Cobo 会议展览中心开展,展览面积约 8 万 m^2,有会议室、会谈室近百个,每年推出四五十款新车。近年来,概念车在北美车展上所占的比例越来越高,全球各汽车大公司都利用这一平台推出自己的概念车,给人以科幻、离奇甚至怪异的感觉。车展每年为底特律带来了可观的经济收益,年平均在 4 亿美元以上。众多人被吸引到车展的原因,除了对汽车的兴趣外,还因为车展办得像个大的假日集会,吃喝玩乐,热闹非凡。

瑞士日内瓦车展创始于 1924 年,从 1931 年起,每年一届在日内瓦举办。车展在日内瓦机场附近的巴莱斯堡国际展览中心举行,总面积达 7 万 m^2。从车展大厅望去,所有展位尽在眼底。展览规则详尽细致,不允许有过大的公司标牌和展位阻挡视线。车展多在每年的 3 月举行,素有"国际汽车潮流风向标"之称。各大汽车公司总是选择日内瓦车展为自己最新旗舰车型的首发地。展品以豪华车及高性能改装车为主,比较个性化,每年有 30 多个国家 900 多辆车参展。车展期间日内瓦大小饭店均告客满,许多人只得住到苏黎世、伯尔尼等城市甚至邻近的法国,给这些地方带来不菲的旅游收入。

日本东京车展创办于 1954 年,在五大车展中历史最短,是亚洲最大的国际车展,被誉为"亚洲汽车风向标",具亚洲东方风韵。车展单数年为轿车展,双数年为商用车展,每年十月在东京附近的千叶县幕张展览中心举行,这是目前世界最新、条件最好的展示中心。展品主要是整车及零部件,其鲜明的特点是以日本汽车公司出产的千姿百态的小型汽车为主角,汽车电子设备和技术也是展会的一大亮点。车展上各类电子三维展示装备让参观者有"头晕目眩"的奇妙感。1999 年的东京车展创下了参观人数达 140 万人的世界纪录,热闹非凡。

10.1.2 汽车展览的策划与组织

汽车展览是汽车业界的盛会,世界各国的汽车制造商都十分重视汽车展览,并将展会作为宣传企业品牌、展示最新汽车科技、发布新车信息的最佳场所;而参观者也往往对汽车展览抱以厚望,希望通过展览会了解汽车品牌、新车信息、汽车前沿技术及世界汽车的发展趋势等知识,希望能看到令人耳目一新的东西。能否最大限度实现汽车制造商的意愿和满足参观者的需求,是汽车展览的组织策划关注的核心问题,而制定一份详细和完善的展会方案是展会成功与否的关键和前提。一个优秀的展会方案不仅要体现展会组织者组织展会的目的,更重要的是通过它来吸引广大汽车制造商家参展、消费者参会,以获得良好的经济效益和社会效益。

10.2 汽车竞赛

10.2.1 一级方程式简介

一级方程式赛车(Formula One,简称 F1)全名是"一级方程式锦标赛",是由国际汽车运动联合会(FIA,Federation Internationale de l'Automobile)举办的最高等级的年度系列场地赛车比赛。1905 年在法国举行了首次汽车场地赛,当时及以后相当长的时间内,人们对汽车赛没有做任何限制,比赛的输赢在很大程度上取决于汽车自身的性能。1950 年,国际汽车运动联合会出于安全和汽车技术发展的需要,颁布了汽车竞赛规则,对赛车的长度、宽度、最小质量、发动机排量及功率等技术参数都作出了一系列的规定,使车赛趋于公平,比赛的胜负不再由发动机的功率而更多是由车手的技术来决定,于是有了"方程式"的概念。Formula 既有方程式的意思,也有准则、方案的意思,联系到车赛,理解为规则、级别更合理。以共同的方程式(规则限制)所制造出的车称为方程式赛车。方程式赛车按发动机排量和功率分为3个级别:一级方程式车赛(简称F1,发动机排量3.5L,功率487kW,最高车速超过315km/h)、二级方程式车赛(简称F2,发动机排量3L,功率350kW)、三级方程式车赛(简称F3,发动机排量2L,功率125kW),其中等级最高的是一级方程式车赛,也是所有汽车比赛中最精彩、最刺激的。

1. F1赛车

F1赛车(图10-1)主要出自德国的波尔舍和宝马公司、意大利法拉利公司、美国福特公司和日本丰田公司等世界著名的汽车公司。

图10-1　F1赛车

发动机是F1赛车取胜的关键因素,F1赛车走过几十年的历程,变化最大的也是发动机技术。一辆赛车发动机造价13万多美元,而且每一场比赛用过之后必须更换。出于安全的考虑,从1989年起,FIA规定禁止使用废气涡轮增压器,一律使用排量不大于3.5L(1995年又限定为3.0L)、汽缸数目不超过12个的自然吸气式发动机(禁止使用转子式发动机),并且限定了进排气门的尺寸。F1的发动机与传动机械部分常常靠牺牲使用寿命来减轻质量,提升加速性能,完美的F1发动机设计是使用一两场比赛后正好可报废,若太耐用就代表发动机设计还有减重的空间。

F1赛车包括人及燃料在内质量不得低于600kg,其车速可达350km/h以上,0~100km/h加速时间为2.3s。由于过高的车速会产生很大的空气阻力及升力,因此,比赛采用的赛车车身造型是综合考虑减少车身迎风面积和增加与地面的附着力,以及F1赛车运动规则而设计的。赛车为单座四轮,轮胎周围不装叶子板,敞开式座舱,发动机位于中后部。这种设计可将车身尺寸减至最小,使得正前方的迎风面积大大减少,同时可减少车身上半部质量,降低重心,从而增加操控稳定性。赛车车身呈流线型,以降低空气阻力系数,在其前、后部设有扰流装置和翼子板,使赛车高速行驶时具有足够的下压力,增加轮胎的附着力,使赛车紧贴地面运动。为了减轻质量,底盘材料采用航空航天设备使用内夹铝制蜂窝状结构板,比传统铝板质量轻一倍而强度高一倍。

轮胎也是赛车的关键技术之一,赛车使用的轮胎采用特殊合成橡胶制造。为了增加轮胎与地面的附着力以充分发挥发动机的动力,轮胎都很宽,前、后轮胎的断面宽度分别约为290mm和380mm。不同的天气要选用不同的轮胎。在无雨时要选用表面光滑、无花纹的轮胎,以利于与地面的良好贴合;在湿地条件下则要选用有良好排水功能花纹的湿地轮胎,以保证轮胎与地面必要的附着力。比赛前,工作人员还要利用特制的轮胎毯对其进行加热或保温,使橡胶具有黏性和韧性,以获得较大的附着力。由于高速行驶以及频繁的强力转向和紧急制动使轮胎磨损极快,经常需要在中途更换轮胎,因此为便于拆装,轮胎只用一颗螺栓安装。

2. F1赛车手

根据国际汽车联合会规定,参加F1比赛的车手必须持有由FIA签发的"超级驾驶执照(FIA Super Licence)"才能获得上场比赛的资格,全世界有资格驾驶F1的车手每年不超过

100人,因此,为了能跻身于F1赛场,每名车手都要过五关,斩六将。

F1赛车不光是车速的比试,同时也是车手体能和意志的较量。这是由于F1赛车的驾驶方式和车手所必须承受的强大离心力、制动力、高温等和驾驶一般车辆有天壤之别,因此,F1车手不仅要体能状态优于常人,更要有沉着冷静分析的头脑。F1车手几乎都有粗壮的颈部,因为在驾驶F1赛车时戴着安全帽的头部是外露于驾驶舱之外的部分,除了在过弯时必须承受4个g的横向离心力之外,在制动时往前的减速度更超过5个g,在那样的高离心力状态之下,头部和头盔的质量会变成原来的5倍,约25kg,因此需要有特别强壮的颈部来抵抗离心力,并保持头部在一定的位置。其次他们的手臂及手腕肌肉是极度发达,这是由于以往操作F1赛车转向盘需要约30kg的力,即使今日F1赛车可使用动力转向,但是在高速时空气下压力的作用之下,转动转向盘仍然很费力,过弯时更需要强壮的手臂来把赛车维持在车手想要的路线上。此外,起跑时赛车手心跳高达每分钟190次,比赛过程中的心跳都在每分钟160次,因此赛车手的心肺功能必须异于常人的强壮。而身体的耐热性对F1车手也是重要的,在凉爽的欧洲地区赛站比赛时,驾驶舱内的温度就可高达50~60℃,虽然不断补充水分,但将近2h的比赛下来身体脂肪的消耗及脱水总和将超过4kg,若是一般人在那样大量脱水的情况会造成休克,而F1车手在下车后却还能谈笑自若。

3. F1大赛规则简介

FIA规定:专用赛道为环形,每圈长3~8km,赛道宽7~18m,每场比赛距离为300~320km;赛场不允许有过多过长的直道,目的在于限制高速,以免发生危险。为安全起见,赛道两旁一般铺设宽阔的草地或沙地,以便将观众与赛道隔开。近年来,申办F1大赛的国家越来越多,分布在世界各国的地理环境迥然相异:有的建在空气稀薄的高原,用以考验车手的身体素质;有的则是街道串成赛场,路面相对狭窄曲折,容易出现撞车事件;有的虽然路面宽阔,但有上下坡考验车手的技术;有的建在树木葱郁的树林,跑道起伏不平,车手很难控制赛车。2004年9月26日,F1方程式汽车大赛在我国上海首次登陆,上海赛道由赛车界享有盛名的德国专家蒂尔克设计,赛道总长为5451.24m,具有7处左转弯道和7处右转弯道。主看台可容纳5万名观众,最长的直道长度为1175m,赛道的宽度在13~15m之间,一般为14m,在弯道处加宽到最大20m,上海F1国际赛车场如图10-2所示。

正式比赛分计时排位赛和决赛两个阶段。每场比赛只能有26辆赛车参加决赛,如果报名者超过26辆,则对以往成绩较差的车手进行一次预赛,取出前4名与上一场的26辆赛车一起编组进行计时排位赛,最后确定26辆参加决赛。计时排位赛安排在决赛前两日进行,通过60min的跑车,分别计得每部赛车跑

图10-2 上海F1国际赛车场

得最快一圈所用的时间,用时最少的赛车在决赛中将排在赛道的最前面(如果赛道的第一个弯道是右弯,头位车就排在右边;反之则位于左边),其他依次类推。如果两部以上的赛车最快圈所用时间相同,则率先跑完计时赛的车手占先。赛车在赛道上的排位相当重要,排在前面的车手将有抢先拐第一个弯道(优先使用内弯)的优势。决赛当天,车手先有23圈自由练习机会,用以检查车子各部位的工作情况。赛前半小时所有赛车必须进入排定位置,开赛前5min开始倒计数,当剩下最后1min时,发动机开始起动。一旦绿旗出现,赛车便起步进行最后一圈热身赛,但中途不准超车,也不准更换赛车(练习赛时可以更换)。一圈之

后仍按原顺序排好,静待即将开始的决战。几秒之后,信号一发,决赛正式开始,赛车似脱缰的野马,拼尽全力向前冲去。

出于安全起见,赛车尾部必须安装一只红色信号灯,而且在整个比赛过程中一直亮着。赛车在比赛中可以更换轮胎,也可以加油,出了故障也可以修理,但需占用比赛时间。所以当车手发现赛车发生故障后,要预先用通信设备通知维修站做好准备。如果赛车因发生故障而停在赛道,将被赛场工作人员推走,并因此失去比赛资格。

10.2.2 勒芒24h世界汽车耐力锦标赛简介

勒芒(Le Mans)位于法国巴黎西南约200km处,是一个人口约为20万人的商业城市,因为24h汽车耐力赛而闻名于世。24h勒芒大赛同世界一级方程式锦标赛、世界汽车拉力锦标赛并称为世界最著名和最艰苦的三大汽车赛事。勒芒24h耐力赛从1923年开始举办以来,赛道长度虽然几度增减,与赛的车辆也不断演进,但比赛的形态大致维持着当年的样子,而且除了第二次世界大战期间有几年和1936年法国大罢工停赛外,这项比赛几乎年年不间断,每年6月定期举行。参赛车队必须由主办大会邀请,多数欧亚著名汽车公司皆应邀参赛,使勒芒大赛成为大公司之间品牌赛。

1993年前,参赛的车型主要是C组运动原型车,如图10-3所示。此种车可乘2人,轮番驾驶。从1984年开始,FIA规定,C组车车重不低于850kg,对于100km赛程耗油量不超过60L。1992年,FIA又规定C组车一律采用无增压发动机,一般赛程为480km。

图10-3 勒芒GTE、GTC组赛车

勒芒环行跑道全长13.5km,它是将当地的高速公路和街区公路封闭而成,其中绝大部分是公用高速公路,赛车在其2/3的路段上时速达370km/h左右,C组车一般只用3.5min左右的时间就能跑完一圈的路程。在跑道上有一段约6km的直路,赛车在这段路上飞速驶过,速度达到390km/h,哪怕是稍有疏忽,后果都不堪设想。

汽车耐力赛是一项艰苦并充满了危险的比赛,它对汽车的性能和车手的耐力都是极大的考验。历年来,24h勒芒大赛完赛的车辆大多不超过60%。FIA规定每辆赛车只准3名车手轮番驾驶,每人连续驾驶时间不超过4h,主车手总驾驶时间不超过14h。尽管勒芒汽车大赛危险重重,由于它是世界上最重要的比赛之一,且这项比赛给车手们的分数相当于其他世界锦标赛的3倍,故吸引着越来越多的赛车高手来参与。汽车厂家也不惜耗资数百万美元来参赛,希望以在大赛中获胜来提高公司的声誉。

10.2.3 世界汽车拉力锦标赛简介

世界汽车拉力锦标赛(WRC,World Rally Championship)始于1973年,与F1齐名,但是与F1不同的是所有参赛车辆必须以量产车研发制造而成,并在世界各地的雨淋、泥泞、雪地、沙漠及蜿蜒山路等不同的路况进行比赛,是最严酷的赛事之一。拉力赛一词取自英文"Rally(集结)",表示参赛车辆必须严格按照比赛规定的行驶路线,在规定的时间内,到达分站点目标并在规定时间内完成车辆的维修检测。

拉力赛的赛段为各种临时封闭后的普通道路,包括山区和丘陵的盘山公路、砂石路、泥泞路、冰雪路等,也有无法封闭的沙漠、戈壁、草原等地段。复杂的地形和漫长的赛程不仅考验车手的车技和经验,还要考验领航员的配合、车辆的性能以及维修的力量。

WRC 的比赛规则十分详细,比如参赛车辆必须为各大汽车厂家年产量超过 2500 辆的原型轿车,同时对于赛车改装后的尺度、质量以及排量、功率等都有严格的限制。WRC 是每辆赛车必须同时搭乘一名车手和一名领航员。车手只管开车,充分发挥自己高超的驾车水平,而领航员既要在比赛期间安排好一些生活琐事,而且还要在比赛时为车手指明每一天比赛的正确方位和路线,并在赛段里及时准确地提供前方的路况。

10.3 汽车名人、汽车品牌

10.3.1 欧洲著名汽车公司与汽车品牌

欧洲是现代汽车的发源地,拥有奔驰、奥迪、宝马、大众、标致雪铁龙、菲亚特等著名的汽车公司,在世界车坛有着举足轻重的地位。

1. 戴姆勒股份公司

戴姆勒股份公司(Daimler AG)是汽车工业的鼻祖。1883 年卡尔·本茨创立了奔驰发动机公司,1890 年哥特利布·戴姆勒创立了勒戴姆机动车公司,两家公司于 1926 年合并为戴姆勒-奔驰汽车公司。1998 年 9 月,戴姆勒—奔驰汽车公司和美国克莱斯勒汽车公司合并组建了戴姆勒—克莱斯勒公司。由于年年亏损,戴姆勒—克莱斯勒公司于 2007 将旗下克莱斯勒公司中 80.1% 的股份出售给美国瑟伯勒斯(Cerberus)资本管理公司,公司更名为戴姆勒股份公司,并继续拥有克莱斯勒公司余下 19.9% 的股份。2010 年戴姆勒股份公司又与雷诺日产(Renault-Nissan Alliance)合组为全球第三大汽车联盟。

戴姆勒股份公司不追求汽车产量的扩大,而以高质量、高性能的豪华轿车闻名于世,同时也是世界上最著名的重型车和大客车生产厂家。其轿车主要品牌有奔驰(Benz)、迈巴赫(Maybach)和斯马特(Smart,又称精灵)。

奔驰已有 100 多年的历史,世人皆知,是高质量高档次的象征。奔驰轿车的车标(图 10-4)为吉祥的三叉星,迎风傲立,气度高雅。

迈巴赫被视为顶级豪华轿车,于 1919 年由"设计之王"威廉·迈巴赫(Wilhelm Maybach)与其子卡尔·迈巴赫(Carl Maybach)共同缔造。1941 年迈巴赫因战争被迫停产,60 年后在梅赛德斯—奔驰集团的支持下复出。如图 10-5 所示,车标由 2 个交叉的 M 围绕在一个球面三角形里组成,初为 Maybach motorenbau 的缩写,现为 maybach manufaktur 的缩写。

图 10-4 奔驰轿车车标

图 10-5 迈巴赫轿车车标

2. 大众汽车集团

大众汽车集团(Volkswagen Group)是欧洲最大的汽车生产商。集团的核心大众汽车公司由世界著名的汽车设计大师波尔舍创立于 1937 年,总部在沃尔斯堡。大众集团以技术创新和质量第一为宗旨,世界汽车史上产销量最高的甲壳虫和高尔夫轿车均是其杰作。目前拥有 9 大汽车品牌:大众汽车(德国)、奥迪(德国)、保时捷(德国)、兰博基尼(意大利)、宾利(英国)、布加迪(法国)、西亚特(西班牙)、斯柯达(捷克)、大众商用车(德国)和斯堪尼亚卡车(瑞典)。

大众汽车的德文为 Volkswagen,意为大众使用的汽车。车标(图 10-6)是德文 Volkswagen 单词中的两个字母(V)olks(W)agen 的叠合,镶嵌在一个大圆圈内。图形商标形似三个"V"字,也寓"必胜—必胜—必胜",文字商标标在车尾的行李舱盖上,以注明该车的名称。

奥迪汽车公司生产的奥迪是历史悠久的豪华汽车品牌。车标为银色相交四环标志,象征公司成员平等、互相协作的紧密关系和奋发向上的精神(图 10-7)。奥迪公司主要有轿车和敞篷车、运动车系列。

保时捷是德国著名的汽车公司,1930 年由费迪南德·波尔舍建于斯图加特,以生产高级跑车而著名,其保时捷 911 是最畅销的跑车。保时捷车标(图 10-8)采用斯图加特市的标志,中央是一匹马,上部标有 STUTTGART(斯图加特)字样,左上方和右下方是鹿角的图案,寓该地出名马且曾是狩鹿之地。右上方和左下方的黄色条纹是成熟麦穗的颜色,意味着肥沃的土地和带给人们的幸福,红色则象征着人们的智慧。

图 10-6　大众汽车车标　　图 10-7　奥迪汽车车标　　图 10-8　保时捷汽车车标

3. 宝马集团

宝马集团(Bayerische Motoren Werhe AG)是世界上最成功和效益最好的汽车及摩托车制造商之一,以生产豪华轿车、摩托车和高性能发动机闻名于世。收购英国的陆虎和劳斯莱斯后,宝马集团成为一个后起的跨国大公司。2000 年 3 月将麾下的陆虎分拆出售。

宝马集团主要品牌有宝马、劳斯莱斯、迷你等,以高质量、高性能的豪华轿车著称。

宝马车标(图 10-9)采用了内外双圆圈的图形,在圈环上方标有"BMW"字样。整个商标像蓝天白云和运转不停的螺旋桨,寓含宝马公司悠久的历史,有品质优秀、技术领先、驰骋全球之意。

劳斯莱斯汽车公司(Rolls-Royce Motor Cars Limited)1906 年由查理·劳斯(Charles Stewart Rolls)和亨利·莱斯(Frederick Henry Royce)创立。劳斯莱斯以其雍容高贵被誉为豪华轿车的"皇冠"。因大量使用手工劳动,年产量只有几千辆,这也是它价格惊人的原因之一。车标(图 10-10)中的两个"R"取自于查理·劳斯和亨利·莱斯姓名,两个"R"重叠在一起,象征着你中有我,我中有你。

迷你(Mini)品牌是成立于 1952 年的英国汽车公司(British Motor Corporation,BMC)的作品。1959 年苏伊士运河危机使英国的汽油紧张,宝马集团决定生产经济省油的小型汽车。迷你汽车如图 10-11 所示。

4. 标致雪铁龙集团

1848 年,阿尔芒·标致(Armand Peugeot)家族在法国巴黎创建了一家生产拉锯、弹簧和齿轮的工厂。1896年，标致在蒙贝利亚尔创建了标致汽车公司。1976年标致公司与法国雪铁龙公司合并组成标致雪铁龙集团（Peugeot Societe Anonyme，PSA）。在欧洲，标致雪铁龙集团是仅次于德国大众的汽车制造商，是法国最大的汽车企业集团，有标致和雪铁龙两大品牌。

图10-9　宝马汽车车标　　　　10-10　劳斯莱斯汽车车标　　　　图10-11　迷你汽车

标致汽车目前有206、307、407、607及807等车型，车标（图10-12）是一头站立的狮子，这最初是所生产的钢锯的标识，现已成为一个无止境追求高质量的企业形象。

雪铁龙公司由安德列·雪铁龙创立于1915年。1900年，安德烈·雪铁龙发明了人字形齿轮，人字形齿轮就成为雪铁龙公司产品的商标，雪铁龙车标也沿用人字形齿轮，如图10-13所示。

5. 菲亚特汽车股份公司

菲亚特汽车公司（FIAT S.P.A）1889年7月由乔瓦尼·阿涅利（Giovanni Agnelli）创立于意大利都灵市，世界十大汽车公司之一，以率先生产微型车著称。有菲亚特、兰西亚、阿尔法·罗密欧、玛莎拉蒂、法拉利等轿车品牌和伊维柯工程车品牌。菲亚特公司的标志几经变迁，1931年开始使用矩形商标FIAT。为统一车头上的字体，现在菲亚特车头标志都是采用现在的矩形商标，如图10-14。

图10-12　标致汽车车标　　　　图10-13　雪铁龙汽车车标　　　　图10-14　菲亚特汽车车标

法拉利（Ferrari S.P.A）公司由恩佐·法拉利创建于1929年，是世界上最知名的赛车、运动跑车生产商，总部在意大利摩德纳。法拉利汽车以优异的性能及绝佳的操控性著称，大部分采用手工制造，因而产量很低，堪称艺术品。法拉利车标（图10-15）是一匹跃起的马，底色为公司所在地摩德纳的金丝雀的颜色。

阿尔法·罗密欧汽车公司（Alfa Romeo S.P.A）创建于1910年，总部在米兰，以运动车和赛车闻名。其优雅的造型和超群的性能带有浓烈的意大利风采。

6. 雷诺—日产

雷诺汽车公司由路易斯·雷诺（Louis Renault）三兄弟创立于1898年，是法国第二大汽车公司。其车的质量及可靠性堪称一流。车标（图10-16）是四个菱形拼成的图案，象征雷诺三兄弟与汽车工业融为一体，也寓"雷诺"能在无限的（四维）空间中发展。

日产汽车公司（Nissan Motor Co. Ltd）成立于1933年，是日本三大汽车制造商之一，总部在东京。"NISSAN"是"日产"的罗马音形式，车标（图10-17）将NISSAN放在一个火红的太阳上,表明了公司名称并突出了日本的形象。

1999年3月,雷诺和日产达成一项"全球伙伴协定",组成世界第四大汽车制造集团。

图10-15 法拉利汽车车标　　图10-16 雷诺汽车车标　　图10-17 日产汽车车标

10.3.2 美国著名汽车公司与汽车品牌

1. 通用汽车公司

通用汽车公司(GM,General Motro Corporation)的前身是1907年由戴维·别克创办的别克汽车公司,1908年美国最大的马车制造商威廉姆·C.杜兰特收购别克。同年,杜兰特以别克汽车公司和奥兹汽车公司为基础成立了通用汽车公司。之后,通用汽车公司先后联合或兼并了凯迪拉克、雪佛兰、庞蒂克、克尔维特、悍马等公司。通用汽车公司总部位于底特律。公司注重质量和新技术的应用,其车典型地体现了美国汽车豪华、宽大、内部舒适、速度快、储备功率大等特点。

通用公司生产轿车的有:GMC商用车分部、凯迪拉克分部(Cadillac)、别克分部(Buick)、雪佛兰分部(Chevrolet)、庞蒂亚克分部(Pontiac)、奥兹莫比尔分部(Oldsmobile)和土星分部(Saturn);澳大利亚的霍顿、德国的欧宝和英国的伏克斯豪尔三个子公司。2009年6月1日,通用汽车申请破产保护。2009年7月10日成立新通用汽车有限公司,结束破产保护。新公司标志保持不变,只保留"雪佛兰"、"凯迪拉克"、"别克"和"GMC"4个核心汽车品牌。

雪佛兰分部主要生产经济型车及中、高级跑车,现为通用低端品牌。车标(图10-18)是抽象化了的蝴蝶结,象征着雪佛兰汽车的高雅与风度。

凯迪拉克分部生产豪华轿车和跑车,为通用高端品牌。在韦伯斯特大词典中,凯迪拉克被定义为"同类中最为出色、最具声望事物"的同义词。车标(图10-19)是凯迪拉克家族在古代的宗教战争中使用的纹章图案。"冠"上的七颗珍珠象征家族具有皇家贵族血统,"盾"象征英勇善战、攻无不克。

别克分部现生产通用的中端品牌。别克车具有大马力、个性化、实用性和成熟的特点。车标(图10-20)是以一个圆圈中包含三个盾为基本图案,源于汽车制造业的奠基人大卫—邓巴—别克的家徽。

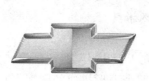  

图10-18 雪佛兰汽车车标　　图10-19 凯迪拉克汽车车标　　图10-20 别克汽车车标

2. 福特汽车公司

福特汽车公司(Ford Motor Company)由亨利·福特于1903年创办,总部在底特律,是一个以生产汽车为主,业务范围涉及电子、航空、钢铁和军工等领域的综合性跨国工业集团。福特汽车公司有福特分部(福特公司主体部分)、林肯—水星分部、首席汽车分部、载重汽车分部,还有历史悠久的英国汽车公司、德国福特汽车公司、美洲虎汽车公司、阿斯顿·马丁公司、沃尔沃轿车公司。

福特是福特汽车公司最早的品牌。福特 T 型车、福特 V8 型车是其经典名车。车标(图 10-21)为福特英文字样,蓝底白字。因亨利·福特喜欢小动物,Ford 英文画成一只小白兔样。

林肯·水星分部生产林肯系列和水星系列汽车。优良的性能、高雅的造型以及良好的舒适性,使林肯成为美国历届总统的首选车,是名望、地位、财富的象征。林肯车标(图10-22)为一个矩形中闪闪放光的星辰,象征林肯总统是美国联邦统一和废除奴隶制的启明星,也喻示轿车光辉灿烂。

图 10-21　福特汽车车标

美洲虎(Jaguar,又译为美洲豹、捷豹)是福特公司收购的英国品牌,以豪华的美洲虎运动车而闻名。美洲虎优雅迷人而又动感激情,多次取得勒芒 24h 汽车耐力大赛冠军,也是英皇室御用轿车。车标(图 10-23)为一只正在跳跃前扑的"美洲豹",矫健勇猛,既代表了公司的名称,又象征力量与速度。

阿斯顿·马丁(Aston Martin)为福特公司收购的英国品牌。生产敞篷旅行车、赛车和限量生产的跑车。其运动跑造型别致、精工细作、性能卓越。2007 年,福特公司将阿斯顿马丁出售。阿斯顿·马丁车标(图 10-24)为一只展翅飞翔的大鹏,并注有阿斯顿、马丁英文字样,寓大鹏从天而降的冲刺速度和远大志向。

图 10-22　林肯汽车车标

兰德·路虎(Land Rover,Rover 又译为罗孚、陆虎、路华)是福特公司收购的英国品牌,以四驱车举世闻名。2008 印度塔塔集团收购福特旗下的捷豹和路虎两大品牌,在国际车坛引起震动。路虎车标(图 10-25)就是英文 LAND-ROVER。

沃尔沃汽车公司(Volov Group,Volov 又译为富豪)是北欧最大的汽车企业,也是瑞典最大的工业企业集团,创立于 1924 年,1999 年 4 月被福特汽车公司收购。沃尔沃汽车以质量和性能优异在北欧享有声誉,其安全系统品质卓越。车标(图 10-26)由图标和文字商标两部分组成。其图形商标画成车轮形状,并有指向右上方的箭头。文字商标"VOLVO"为拉丁语,是滚滚向前的意思,寓兴旺发达,前途无量。

图 10-23　美洲虎汽车车标

图 10-24　阿斯顿·马丁汽车车标

图 10-25　路虎汽车车标

图 10-26　沃尔沃汽车车标

10.3.3 亚洲著名汽车公司与汽车品牌简介

1. 丰田汽车公司

丰田汽车公司(トヨタ自動車株式会社,Toyota Motor Corporation)由丰田喜一郎创立于1933年,是日本最大的汽车公司。第二次世界大战后通过引进欧美技术发展迅速,其著名的丰田生产管理模式,大大提高了生产效率和产品质量。丰田汽车公司自2008年开始逐渐取代通用汽车公司而成为世界最大的汽车生产商。现与韩国现代汽车公司结成合作伙伴。

丰田公司轿车主要有丰田(Toyota)、凌志(Lexus)和赛恩(Scion)系列。

丰田车标(图10-27)由三个椭圆构成,大椭圆代表地球,中间由两个椭圆垂直组合成一个T字,代表丰田公司,它表示丰田公司志在全球。

雷克萨斯(Lexus)是丰田旗下的豪华车品牌,车标(图10-28)采用车名"Lexus"中字母"L"的大写,"L"的外面用一个椭圆包围的图案。椭圆代表地球,取遍布全球之意。

赛恩(Scion)是丰田为迎合下一代新用户于2002年推出的新品牌,遵循时尚、多功能、惊奇三要素设计。

2. 本田汽车公司

本田(Honda)汽车公司全称是本田技研工业公司(Honda Moter Ltd.),其前身是本田技术研究所,由本田宗一郎(Soichiro Itonda)于1946年创建,世界十大汽车厂家之一,也是世界最大的摩托车生产厂家。轿车主要有本田(Honda)系列和阿库拉(Acura)系列。

本田系列汽车的标志(图10-29)是带框的"H",取Honda的第一个字母。本田车系中的雅阁和思域汽车历年被用户评为质量最佳和最受欢迎的汽车。

图10-27　丰田汽车车标　　　　图10-28　雷克萨斯汽车车标　　　　图10-29　本田汽车车标

阿库拉汽车为本田公司为角逐北美高档汽车市场于1989年创立的豪华品牌。阿库拉汽车源于拉丁语中的"Accuracy",意为"精确"。阿库拉汽车车标(图10-30)是一卡钳,两个钳把之间加入了一个小横杠,又为字母"A",寓阿库拉汽车对细节的关注和技术的精湛。

3. 中国第一汽车集团公司

中国第一汽车集团公司是中国汽车工业的摇篮,1953年7月15日在长春市创立,制造出新中国第一辆解放牌卡车和第一辆红旗牌高级轿车(图10-31)。一汽是中国最大的汽车企业集团,拥有直属专业厂10家,分公司三家,全资子公司36家,控股子公司29家,其中包括一汽轿车、一汽富维等股份上市公司和一汽—大众、天津一汽丰田等22家合资企业,并在海外设有11家办事机构(包括组装厂)。目前拥有解放、红旗两大民族品牌,以及大众、奥迪、丰田、马自达等合资合作品牌。

4. 东风汽车公司

东风汽车公司前身是1969年始建于湖北十堰的"第二汽车制造厂",现有十堰、襄樊、武汉、广州四大生产基地。东风汽车车标(图10-32)以艺术变形手法,取燕子凌空飞翔时的剪形尾羽图案,寓双燕舞东风。

5. 上海汽车工业(集团)总公司

上海汽车工业(集团)总公司简称上汽集团,其下属企业包括上海大众汽车有限公司、上海通用汽车有限公司、上海汽车股份有限公司、韩国双龙汽车(上海)有限公司等,拥有名爵、荣威、双龙、桑塔纳、帕萨特、POLO、GOL、别克、塞欧、君威、凯越、五菱等品牌。

图 10-30　阿库拉汽车车标　　　图 10-31　红旗轿车　　　图 10-32　东风汽车车标

2006 年,上海汽车推出了自主命名的中国汽车工业的第一个国际化品牌荣威(ROEWE),取意于"创新殊荣,威仪四海"。荣威车标(图 10-33)图案中西合璧,体现了经典、尊贵的气质。

10.3.4　汽车名人

1. 卡尔·本茨(图 10-34)

卡尔·本茨(KarlBenz,1844—1929):现代汽车工业先驱,世界第一辆内燃机驱动三轮汽车的发明人,德国奔驰汽车公司创始人,被誉为"汽车之父"。

1872 年,卡尔·本茨组建了"奔驰铁器铸造公司和机械工场",于 1879 年 12 月 31 日制造出第一台单缸煤气发动机,之后研制成单缸汽油发动机,并将其安装在自己设计的三轮车架上,诞生了世界上第一辆三轮汽油汽车,并于 1886 年 1 月 26 日取得了专利权。同年戈特利布·戴姆勒也发明了一部四轮汽油汽车,为此,人们把 1886 年称为汽车诞生年。

2. 戈特利布·戴姆勒(图 10-35)

戈特利布·戴姆勒(Gottlieb Daimler,1834—1900):现代汽车工业的先驱者,是世界第一辆内燃机驱动四轮汽车的发明人,德国戴姆勒汽车公司的创始人。

图 10-33　荣威汽车车标　　　图 10-34　卡尔·本茨　　　图 10-35　戈特利布·戴姆勒

1872 年,戴姆勒设计出四冲程发动机,1883 年,他与著名的发明家威尔赫姆·迈巴赫(Wilhelm Maybach)合作,成功研制出使用汽油的发动机,并于 1885 年将此发动机安装于木制双轮车上,从而发明了摩托车。1886 年,戴姆勒把这种发动机安装在他为妻子 43 岁生日而购买的马车上,创造了第一辆戴姆勒汽车。1890 年,戴姆勒创建了自己的汽车公司。1926 年 6 月 29 日戴姆勒公司和奔驰汽车公司合并,成立了世界上举足轻重的戴姆勒—奔驰汽车公司,生产的汽车命名为梅赛德斯—奔驰(Mercedes-Benz)。

3. 威廉姆·迈巴赫（图10-36）

威廉姆·迈巴赫（Wilhelm Maybach，1846—1829）：德国"汽车发明大王"。威廉·迈巴赫于1901年设计了第一辆梅赛德斯汽车，这是汽车历史上公认的第一辆现代轿车，他由此被尊为"设计之父"。1909年，与儿子卡尔·迈巴赫（1879—1960）创办了自己的公司，于1919年缔造象征完美和昂贵的传奇品牌迈巴赫，再创奇迹。

4. 费迪南德·保时捷（图10-37）

费迪南德·保时捷（Ferdinand·Porsche，1875—1952）：出生于波西米亚，是世界上最杰出的汽车设计大师之一，保时捷、大众的创始人，设计了甲壳虫汽车。1937年创立大众汽车公司。1934年以全新理念设计了外形新颖、性能优良的V16保时捷赛车，先后打破了8项世界纪录；1939年8月生产出第一批"大众"轿车，即甲壳虫汽车，该车取得了极其辉煌的成就，累计产销2100多万辆。

5. 亨利·福特（图10-38）

亨利·福特（Henry Ford，1863—1947）福特汽车公司的创始人，美国和世界汽车工业的奠基者，被誉为"汽车大王"和"给世界装上轮子的人"。1893年汽油机试验成功，1896年制造了他的第一辆汽车，1903年6月，福特第三次与其他人合作，按股份制模式成立了汽车公司，制造性能稳定、物美价廉的T型车。其装配线的生产方式使汽车成为一种大众产品，将人类带入了汽车时代。

 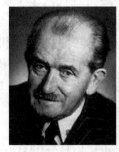 

图10-36　威廉姆·迈巴赫　　　图10-37　费迪南德·保时捷　　　图10-38　亨利·福特

6. 威廉·杜兰特

威廉·杜兰特（William Crapo Durant，1861—1947）1861年12月8日出生于美国马萨诸塞州，美国通用汽车公司的缔造者，美国汽车工业的先驱。

杜兰特是美国最大的马车制造商，1904年8月，接管别克汽车公司，并使之成为美国顶尖的汽车制造商。1908年10月，将别克公司出售给新成立的通用汽车公司，加入通用。此后通用公司成功地收购了凯迪拉克（Cadillac）、奥兹莫比尔、Northway和奥克兰（Oakland，庞蒂亚克汽车公司的前身）等公司，迅速发展。

7. 安德烈·雪铁龙

安德烈·雪铁龙（A. Citroen，1878—1935）：法国雪铁龙汽车公司的创始人，发动机前置前轮驱动汽车技术的发明者。

1898年，雪铁龙发明了人字形齿轮传动系统，并获得专利。1913年他创立雪铁龙公司生产齿轮传动机。1915年，他创建了雪铁龙汽车公司，这是法国第一家采用流水线生产汽车的公司。1976年10月，标致公司接管了遇到财务危机的雪铁龙公司，两家公司合并成立了标致雪铁龙集团（法文：PSA Peugeot Citroen）。图10-39为安德烈·雪铁龙。

8. 阿尔芒·标致

阿尔芒·标致(Armand Peugeot,1849—1915):法国标致汽车公司的创始人。1889年,阿尔芒和著名的蒸汽动力学家莱昂·塞伯莱合作,制造了一辆三轮蒸汽动力汽车,以标致命名,并在巴黎万国博览会上展出。1890年,阿尔芒·标致用德国的戴姆勒发动机,试制成功了法国第一辆汽车。1891年制成了四轮汽车。1896年,创建标致汽车公司。

9. 恩佐·法拉利

图10-39 安德烈·雪铁龙

恩佐·法拉利(Enzo Ferrari,1898—1988)意大利的著名赛车手,法拉利汽车公司的创始人。1929年,创建了"法拉利赛车俱乐部",1947创立法拉利汽车公司。曾赢得了14次勒芒24h拉力赛冠军和9次F1总冠军,被誉为"赛车之父"。他设计的F1赛车在世界上共夺得100多次胜利,至今无人打破这个纪录。

10. 丰田喜一郎(图10-40)

丰田喜一郎(Kiichiro Toyoda,1894—1952):丰田汽车公司创始人,"日本汽车之父"。

丰田喜一郎1937年8月28日创立"丰田汽车工业株式会社",以"不是照搬美国,而要结合本国国情创造性地运用批量生产方式,生产出性能和价格两方面都能与外国车抗衡的国产车"为指导思想。创造了风靡全球的"丰田生产方式"(TPS),以生产过程的合理组织和科学管理,追求企业利润的最大化和成本的最低化。

图10-40 丰田喜一郎

11. 饶斌

饶斌(1913—1987):先后担任中国第一、第二汽车制造厂厂长、中国机械工业部部长和中国汽车工业公司董事长,中国汽车工业的奠基人和开拓者。

12. 孟少农

孟少农(1915—1988):汽车设计制造专家,中国科学院学部委员,中国汽车工业的创始人和汽车技术领域的奠基人。

 复习思考题

1. 简述世界知名的五大车展。
2. 简述一级方程式赛车的"方程式"概念。
3. 简述世界最著名和最艰苦的三大汽车赛事。
4. 简述欧洲著名汽车公司及其主要的轿车品牌。
5. 简述福特汽车公司目前主要的轿车品牌。
6. 简述中国汽车工业知名的民族品牌。
7. 简述汽车之父卡尔·本茨对汽车工业的主要贡献。
8. 简述汽车之王亨利·福特对汽车工业的主要贡献。

第11章 汽车电气与电控系统

汽车电气与电控系统是汽车的四大组成部分之一,通常可以把汽车电子设备归纳为两大类:一类是汽车电子控制设备,即"机电一体化"的汽车电控系统(发动机控制、底盘控制、车身控制和电源控制);另一类是车载电子设备(车载音视系统、通信系统、导航系统等)。越来越多的汽车电子设备通过汽车总线联成网络,汽车总线将向更高的通信带宽、更低的成本等方向发展。

11.1 汽车电气与电控系统概况

汽车电气与电控系统已成为汽车上继发动机、底盘、车身后的第四大重要组成部分,且在一辆汽车中所占的分量还处在不断攀升阶段,对汽车性能的影响也越来越明显。汽车电气与电控系统性能的好坏直接影响汽车的动力性、经济性、工作可靠性、操作稳定性、舒适性及行车安全性。

11.1.1 汽车主要电气简介

现代汽车上所装电气与电子设备种类繁多且功能各异,按功能划分,汽车电气与电子设备可以划分为供电设备和用电设备两大类。

供电设备包括蓄电池、发电机及其调节器。用电设备包括点火设备、起动设备、照明与信号设备、仪表显示设备、辅助电气、娱乐电气及电子控制设备等。

1. 蓄电池

蓄电池是汽车上两个供电设备之一,它是靠内部的化学反应来储存电能和向外供电的。在汽车上应用最广泛的是起动型铅酸蓄电池。

铅酸蓄电池都是由正负极板、隔板、电解液、外壳、联条和接线柱等主要部件构成,如图 11-1 所示。12V 和 24V 起动型铅酸蓄电池一般由 6 个或 12 个单格电池串联构成,每个单格标称电压为 2V,由若干单格电池串联组成蓄电池总成,以满足汽车用电设备的需求。

铅酸蓄电池的基本工作状态是放电和充电。所谓放电,就是在使用时把化学能转变为电能向用电设备供电;充电就把外面输入的电能转变为化学能储存在蓄电池里。

蓄电池中发生的化学反应是可逆的。一般认为双极(或双重)硫酸盐化理论(简称双硫化理论)能较确切地说明蓄电池中的化学反应过程。蓄电池正极板上的活性物质是二氧化铅(PbO_2),负极板上地活性物质是海绵状纯铅(Pb),电解液是硫酸水溶液(H_2SO_4)。据双硫化理论,接通用电设备时,蓄电池可以放出电流,而放电后又以相反的方向通过电流,可以使极板上的活性物质恢复到原来的状态。在正常合理的使用条件下,蓄电池能反复进行充、放电循环,发挥供电和储电的特殊功能,因而又被称为二次电池或再生电池。国产蓄电池一般的充放电循环次数为 250~500 次。

蓄电池是汽车电气系统的心脏,在发动机未运转时,蓄电池供给用电设备所需的全部电能。在发动机工作时,用电设备所需电能主要由发电机供给。铅酸蓄电池的主要用途如下。

(1)起动供电:汽车发动机起动时,蓄电池向起动机和点火装置供电。起动发动机时,蓄电池必须在短时间内(3~5s)给起动机提供强大的起动电流(汽油机为200~600A。柴油机有的高达1000A)。

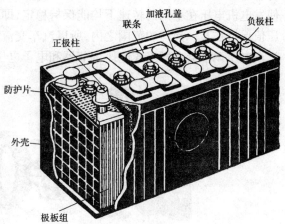

图 11-1 铅酸蓄电池的构成

(2)低速供电。在发电机不发电或发动机处于低速使得发电电压较低时,蓄电池向点火系统及其他用电设备供电,同时向硅整流发电机供给励磁电流。

(3)超载供电。当用电设备同时接入较多而使发电机超载时,蓄电池协助发电机向用电设备供电。

(4)储存电能。当蓄电池存电不足,而发电机负载又较少时,可将发电机的电能转变为化学能储存起来,即充电。

(5)稳定电网。蓄电池还有稳定电网电压的作用。当发动机运转时,发电机向整个系统提供电流,蓄电池起稳定电气系统电压的作用,蓄电池相当于一个较大的电容器,可吸收发电机的瞬时过电压,保护电子设备不被损坏,延长其使用寿命。

除铅酸蓄电池外,还有胶体电解质蓄电池、铁镍蓄电池、镉镍蓄电池、锌银蓄电池、免维护蓄电池、锂电池等。

2. 发电机及调节器

汽车上虽然装有蓄电池,但其存储的电能非常有限。每次起动发动机时,起动机要消耗蓄电池的大量电能,如不及时对其进行充电,就不能满足汽车上用电设备的需求,也就很难保证汽车的频繁起动与正常运行。所以说,在汽车上两个供电设备之一的发电机是汽车电气系统的主要供电设备。

发电机的作用是将发动机的部分机械能变成电能,向除起动机以外的所有用电设备供电,并及时对蓄电池进行补充充电。

1)发电机

目前,在汽车上普遍使用的是交流发电机,国内外生产的交流发电机结构基本相同,都是由三相同步交流发电机和硅二极管整流器两大部分构成。图11-2 所示为交流发电机的组件图。

三相同步交流发电机的作用是产生三相交流电。它主要由转子、定子、前后端盖、风扇及带轮等组成。硅二极管整流的作用是将三相交流电变为直流电向外输出,它由一块元件板和六只硅二极管组成。

2)调节器

由于交流发电机在结构一定、磁场强度不变的条件下,其输出电压的大小与发电机的转速成正比,而发电机是由发动机带动而运转的,其转速是由发动机转速决定的。当汽车正常行驶时,发动机的转速变化范围很大。这势必对发电机输出电压的大小有很大影响。为了使发电机电压在不同的转速下均能保持稳定,即能随发电机转速的变化而自动调节,使其电压值保持在某一允许的范围之内,所以汽车交流发电机必须配有电压调节器与其联合工作。汽车电压调节器有触点式电压调节器和电子电压调节器两大类。

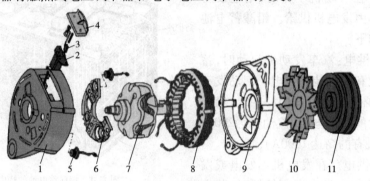

图11-2 交流发电机的组件图

1-后端盖;2-电刷架;3-电刷;4-电刷弹簧压盖;5-硅二极管;6-散热板;7-转子;8-定子总成;9-前端盖;10-风扇;11-带轮

触点式电压调节器可分为双级触点式电压调节器(两对触点)和单级触点式电压调节器(一对触点)两种。其基本原理都是以发电机的转速为基础,通过改变触点的开闭时间,改变励磁电流,维持发电机电压恒定。

电子电压调节器可分为晶体管调节器、集成电路调节器、数字电路调节器等。

电子电压调节器既无触点又无线圈,更无可动部件,所以不但结构简单,而且不可能产生触点烧蚀、氧化、熔焊、绕组损坏及振动机构失灵等现象,因此电子调压器性能可靠、故障少,不必经常维修和调整。图11-3所示为电子电压调节器原理图。

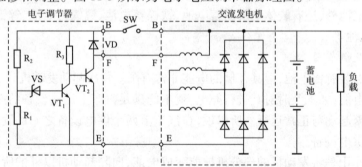

图11-3 电子电压调节器原理图

3. 起动机

发动机是靠外力起动的。通常把汽车发动机曲轴在外力作用下,从开始转动到急速运转的全过程,称为发动机的起动。起动机的作用就是将电能转变为机械能,带动发动机曲轴旋转,使发动机起动。完成起动任务之后立即停止工作。

在现代汽车上广泛采用的起动机是电力起动机,它是由直流电动机通过传动机构将发动机起动的,起动机具有操作简便、体积小、质量轻、安全可靠、起动容易而迅速等特点,且具有重复起动的能力。图11-4为起动机示意图。

4. 点火设备

发动机的点火方式有炽热点火、压缩着火和电火花点火三种。在汽车所使用的发动机中,柴油机采用压缩着火方式,而汽油机均采用电火花点火方式。

电火花点火设备自1910年使用在凯迪拉克汽车上以来,至今被大部分汽车沿用。正是由于电火花点火设备长期以来在汽车上得到广泛应用,故被誉为传统点火设备。

点火系统的功用主要有两方面:

(1)将电源的低电压转换成高电压,为发动机缸内的火花塞提供高电压脉冲,产生电火花。

(2)将所产生的电火花适时、按次序地送到各个汽缸之中,点燃压缩混合气使发动机做功,以获得高效的燃烧。

图11-4 起动机示意图

为了保证在各种工况和使用条件下发动机混合气均能准确着火,从而提供汽车正常运行所需动力,点火装置应该满足以下三个基本要求。

①提供足以击穿火花塞电极间隙的高电压。一般来说,汽车发动机起动时常需9~17kV的高电压,在满负荷低速时需8~10kV的高电压,而正常点火所需点火电压一般均在15kV以上。考虑到各种不利因素的影响,为了保证可靠着火,点火装置所提供的高电压均在15~20kV以上,但电压过高,又会造成绝缘困难,成本提高,一般次级电压限制在30kV以内。

②提供足够的电火花能量与持续时间。为了保证可靠点火,一般应保证有50~80mJ的点火能量,起动时应能产生大于100mJ的火花能量,而且还要保证点火时间不少于500μs。

③提供适时的点火时机。点火时机对发动机工作性能的影响比较大,必须保证最佳点火时刻。

传统点火设备主要由电源、点火开关、点火线圈、断电分电气、电容器、高压导线、火花塞等组成。点火系统的工作原理及工作过程详见第3章。

5. 照明与信号设备

为了方便汽车行驶,保证行车安全,在汽车上都安装有多种照明及信号设备。现代汽车对汽车照明及信号系统的要求日趋完备、可靠、实用、美观,同时还要结构合理、经济耐用、维修方便。

汽车照明与信号设备包括车外照明和车内照明以及各种信号灯等。汽车照明与信号设备构成了汽车电气系统中一个独立电路系统。一般轿车有15~25个外部照明灯和约40多个内部照明灯,这就说明了该系统在现代汽车上的重要作用。

常用的照明与信号设备有:前照灯(大灯、头灯)、小灯(示廓灯、停车灯、示位灯)、转向照明灯、转向信号灯(方向指示灯)、尾灯(后灯)、雾灯、制动灯、倒车灯、牌照灯、仪表灯、顶灯、各种指示灯(远光、转向、充电、油量、油压、冷却液温度、气压等)、工作灯等。图11-5为双丝灯泡远近光示意图。

除此之外,现代汽车上还有各种特种灯、危险警告灯、踏步灯、壁灯、门灯、阅读灯等。

现代汽车上除各种灯光信号之外,还装有音响信号,如电喇叭,消防车、救护车、警车等特种车上还使用音响报警设备(蜂鸣器)。

6. 仪表及显示设备

汽车仪表及显示设备用来指示汽车运行以及包括发动机在内各大总成正常运转的状

况,以便驾驶人随时了解汽车各系统的工作情况,保证汽车可靠而安全地行驶。

仪表及显示设备包括各种机械式、机电式或电子式的燃油表、机油表、冷却液温度表、转速表、车速里程表及各种显示装置;在现代汽车中,它还包括各种电子控制设备的正常使用与故障信号的显示。图11-6所示为电子仪表照片。

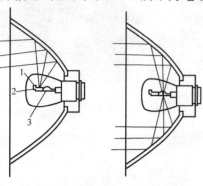

图11-5 双丝灯泡远近光示意图
1-遮光片;2-近光灯丝;3-远光灯丝

图11-6 电子仪表照片

7. 辅助电气

辅助电气包括电动刮水器、电动玻璃升降器、电动后视镜、电动座椅、空调、采暖等设备,可以提高汽车行驶的安全性、经济性和舒适性。

8. 娱乐电气

汽车上的娱乐电气主要有:收音机、CD、VCD、DVD、游戏机、车载电话、车载电视等各种音响、声像、娱乐设备。

11.1.2 汽车电子设备发展概况

1. 汽车电子设备的历史渊源

从1886世界上第一辆汽车诞生直至20世纪中叶,可以说汽车几乎是一种纯机械的产品,唯一带"电"的成分只有蓄电池及其点火系统。

汽车科学家及工程师们从来就没有停止过对汽车性能提高的研究与努力,但用传统的机械方法提高汽车的性能可以说是已经到了"山穷水尽疑无路"的境界,比如提高汽车的动力性,降低汽车的排放污染等,真的是挖空了心思,因此迫切需要一种新方法新技术去改善汽车的性能,这种内在的需要也正是汽车这一古老的产品能够经久不衰的动力之所在。到了20世纪中叶,电子技术正以燎原之势发展,它也把脚跨进了汽车这一领域。汽车上最初采用的电子设备是收音机,在20世纪50年代初还是电子管收音机,到了1955年晶体管收音机的装车率就开始不断提高了……

随着世界汽车保有量的迅猛增长,在20世纪60年代末,汽车排气对大气造成的污染成为一种严重的社会公害,引起了世界各国的关注;进入20世纪70年代初,两次世界性的石油危机,又迫使人们对汽车提出了更高的节能要求;而且每天都在发生的惨不忍睹、触目惊心的交通事故,迫使人们对汽车行驶的安全性能提出了更高的要求……,这一切用传统的方法去解决已经无能为力了。而20世纪60年代以来,半导体集成电路技术的进步,带来了微电子技术特别是微机技术的蓬勃发展,与此同时,传感器技术也得到了长足的发展,正好可以在汽车领域大显身手。

正是在这种内在需求与外在力量两种势力的推动下,电子技术在汽车领域得到了愈来愈广泛的应用。计算机技术、传感器技术、信息技术等在汽车上的应用,使汽车的性能得到了前所未有的提高与改善,大大提高了汽车的动力性、燃油经济性、安全性、可靠性、操纵稳定性、舒适性及使用方便性,从根本上控制了汽车排气对大气的污染等。电子技术和传统的机械产品汽车的结合——汽车机电一体化被认为是近年来汽车技术发展的重大突破,汽车电子化程度的高低已成为衡量该国汽车现代化水平的重要标志。

2. 汽车电子技术的发展历程及趋势

汽车电子技术的发展历程可以划分为三个阶段:单独控制阶段、集中控制阶段及网络控制阶段。

1) 单独控制阶段

这一阶段又可以分为初始阶段和成长阶段两个过程。从 20 世纪 50 年代到 60 年代,是电子技术发展的初始阶段,这一时期的特征是出现替代机械构造的置换型分立电子装置,发展独立性的零部件,如发动机的电子点火模块等,解决的主要问题是减少维修,提高汽车有关性能和降低成本。从 20 世纪 60 年代后期到 70 年代,汽车电控系统多采用模拟电路的 ECU(电子控制单元——Electronic Control Unit),单独对汽车某一系统,如燃油喷射系统、点火系统等进行控制,这一时期解决的主要问题是节能、减少污染、提高安全性。由于在采用模拟电路的 ECU 控制系统中,如果要增加控制功能,就必须增加与实现该项功能控制逻辑相应的电路,这样必然会使 ECU 的尺寸增加很大,对于安装空间有限的汽车来讲很不适用。所以这一时期的汽车电控系统采用一个 ECU 控制汽车的一个系统的单独控制方式。

2) 集中控制阶段

随着电子技术的迅猛发展,用于汽车电控系统的 ECU 由于采用了数字电路及大规模集成电路,其集成度愈来愈高,微处理机 CPU 运算速度的不断提高和存储容量的增加使其控制功能大大增加,并具有各种备用功能。另外,与汽油喷射控制、点火控制及其他控制系统相关的各种控制器,由于所用的传感器很多都可以通用,如冷却液温度传感器、进气温度传感器、车速(转速)传感器等,因此将控制功能集中化,就可以不必按功能不同设置传感器和 ECU,而是将多种控制功能集中到一个 ECU 上,不同控制功能所共同需要的传感器也就只设置一个。这种控制方式就叫集中控制系统,也就是汽车微机控制系统。

3) 网络控制阶段

随着电子技术的发展,汽车中的电控系统大大增加。20 世纪 90 年代以前,多数汽车中的电控系统各自独立地进行,不同的控制单元对一些传感器信息进行重复或冗余的处理。一辆利用传统布线方式设计的高档车中,其电线长度可达 2000 多米,电气节点数可能高达 1500 余个,而且根据经验,上述数字大约每 10 年翻一番。在这种情况下,粗大的线束与汽车中有限的可用空间的矛盾就日益尖锐。继续采用集中控制方式当然是最可行的方式之一,但由于存在计算机运算速度的限制及汽车电子设备实时控制的需求矛盾,在汽车中纯粹采用这种控制方式就有点不合适了。

采用网络控制方式,在一些控制单元(ECU)中实现数据共享,不但在不增加新的传感器的情况下可优化系统的整体性能,而且还可以简化整车电气布线,克服了线路杂乱现象,便于故障诊断,并可以实现汽车控制信息传输的网络化。目前,国外各大知名汽车制造和汽车电气设备厂家已经开发出了多种汽车电气网络,如 ABUS、CAN、LIN、J1850、PALMNET、VAN 等。目前,在汽车上得到广泛应用的网络技术是 CAN 总线技术。

可以预见,在不久的将来,汽车电气网络还会得到更加广泛的应用和发展,网络化将成为不可阻挡的发展潮流,就像当今世界全球化发展趋势一样。除内部 ECU 联成网络,实现数据信息、控制信息网络化流动,实现内部网络控制外,并有可能与外界网络联网,比如与交通信息网,甚至与 INTERNET 网等外界网络联络,互通数据及控制信息,进而可以对汽车的运动进行远程控制,使汽车最终成为能"在不规则路面上高速自动行驶的智能机械人"。

3. 汽车电子设备分类

目前,电子技术的应用几乎已经深入到汽车所有的系统,但还没有统一的分类标准。一般可以把汽车电子产品归纳为两大类。一类是汽车电子控制设备,汽车电子控制设备须和车上机械系统进行配合使用,即所谓"机电一体化"的汽车电控系统;另一类是车载电子设备,车载电子设备是在汽车环境下能够独立使用的电子装置,它和汽车本身的性能并无直接关系。

1) 汽车电子控制装置

按控制对象的不同,可以把汽车电子控制装置划归为发动机控制、底盘控制、车身控制和电源控制四大体系。已实现的电子控制装置有:

(1) 发动机控制体系:包括电控燃油喷射(EFI)、电控点火装置(ESA)、怠速控制(ISC)、进气与增压控制、排放控制、自我诊断与报警系统、失效保护与备用系统等。

(2) 底盘控制体系:包括传动控制、制动控制、转向控制及悬架控制四类。其中,传动控制包括:电子控制自动变速器、无级变速器 CVT、四轮驱动控制(4WD)、牵引力控制、驱动防滑系统(ASR)、防滑差速器控制(ASD)、轮胎压力控制系统等;制动控制包括:防抱死制动系统(ABS)、电子制动力分配(EBD)及缓速器控制;转向控制包括:电子助力转向系统、四轮转向系统(4WS)、自动转向系统等;悬架控制包括:电子控制空气悬架、电子控制油气悬架,又分为电子控制主动式悬架、半主动悬架等。

(3) 车身控制体系:包括安全性、方便性、舒适性三类。其中,安全性方面包括:安全气囊系统、安全带系统、电子仪表、电子防撞装置、防盗装置、电气系统监测、汽车黑匣子、汽车报警装置、电子式红外防睡器、车内酒敏探测报警器、后视镜自动调节系统、车灯自动调节系统、倒车测距系统等;方便性方面包括:座椅自动调节、无钥匙开门及车门锁定、室内自动照明、自动刮水器、自动开闭式车窗、自动扰流器等;舒适性方面包括:自动空调器、车内噪声控制、太阳能通风装置等。

(4) 电源控制体系:包括发电机电压调节和过压保护、锂电池管理等。

2) 车载电子装置

车载电子装置可分为三类:

(1) 数字式收音机、音响、冰箱、电视、CD、DVD 等;

(2) 车载通信系统、语音信息系统、上网设备等;

(3) 导航系统和智能运输管理系统的有关设备等。

就目前而言,车载电子设备还少有与汽车电子控制设备相结合,但逐步在进行结合,如车联网运管系统。

4. 汽车电控系统的组成与控制方式

如果对汽车电控系统的工作过程加以分析就可以看出,所有的汽车电控系统都由三大部分组成:第一部分是信号获取部分,它们通常是由若干个具有相同或不同功能的传感器或开关信号所组成,它们要将被测量的有关物理量(如速度、加速度、温度、湿度等)转换成电信号,传输给下一部分;第二部分是对传感器的各种输入信号进行分析处理,并根据存储在其中的有关程序进行运算,继而向被控制装置输出控制信号的电控单元(简称 ECU),它由输入回路、A/D 转换器、微型电子计算机、输出回路四个部分组成;第三部分是根据 ECU 的输出信号具体完成对控制对象(如喷油器)进行操作的执行器。

11.2 汽车电子控制系统简介

国外汽车应用电子控制技术是 20 世纪 60 年代开始的,而大批量的应用是从 1980 年以后。从每辆汽车所使用的电子产品绝对价值来看,1994 年美国汽车大约是 1400 美元,欧洲汽车大约是 1100 美元,中国汽车大约是 120 美元。从世界汽车电子市场销售来看,1991 年单车平均消耗电子产品费用占整车的 10%,1998 年将近 15%,2003 年提高到 20%,2007 年超过 25%,有的车型更高,可见电子技术在汽车上的应用和发展速度是惊人的。

国外汽车电子控制技术在过去 20 年中所以能够得到迅猛发展,其中很重要的一个原因是不断发展的电子新技术为汽车工业解决了大量实际而且难度很大的问题,在节能、环保、安全、舒适和便捷等方面取得了长足地进步。

11.2.1 汽车发动机电子控制系统简介

发动机是汽车的心脏,它对汽车性能的影响是举足轻重、显而易见的,评价发动机性能的指标主要有三个方面,即动力性、经济性和排放污染程度。电子技术在发动机领域中的应用,大大提高了汽车发动机的动力性,大大降低了汽车的燃油消耗量,同时也使排放污染程度降低到了最低点甚至零污染。具体说来,目前电子技术在这一领域中的应用主要有以下七个方面且已经实现了集中控制,即用一个 ECU 控制管理以下内容:①燃油喷射(EFI);②点火控制(ESA);③怠速控制(ISC);④进气与增压控制;⑤排放控制;⑥自我诊断与报警系统;⑦失效保护与备用控制系统。

1. 电子燃油喷射(EFI)

发动机燃油供给系统的主要任务是根据发动机不同工况的要求,配制相应空燃比和数量的可燃混合气连续不断地供入发动机各汽缸中,从而保证发动机的正常运转。目前,汽油发动机的燃油供给方式有化油器式和喷射式两种。

燃油喷射控制系统(Electronic Fuel Injection,EFI)俗称电喷,是对燃油量进行精确控制的电控系统,它根据直接或间接测量的空气进气量,确定燃烧所需的汽油量并通过控制喷油器(又称喷油嘴)开启时间来进行精确配制,使一定量的汽油以一定压力通过喷油器喷射到发动机的进气道或汽缸内与吸入的空气形成可燃混合气。特别强调的是,不管汽车运行地区的气压、气温、空气密度如何变化,也不管汽车行驶过程中加速、减速、怠速状态如何变化,这一系统最突出的优势是都能实现对空燃比的高精度控制。由于燃油喷射式的燃油配给方式可以精确控制可燃混合气的空燃比,所以可有效提高和改善发动机的动力性、经济性,达到排气净化的目的。

与传统的化油器方式相比,可以提高发动机功率 5% ~ 10%,降低油耗 5% ~ 15%,减少废气排放量 20%。由于转矩特性的明显改善,瞬时响应快,汽车的加速性能大大提高,汽车起动更容易,暖机更迅速。

汽油喷射系统发展至今,已有多种类型,根据其结构特点分为以下几种类型。

(1)按系统控制模式分类,可分为开环控制系统和闭环控制系统两大类。

①开环控制就是把根据实验确定的发动机各种运行工况所对应的最佳供油量的数据事先存入计算机中,发动机在实际运行过程中,主要根据各个传感器的输入信号,判断发动机所处的运行工况,找出最佳供油量数据,并发出控制信号。控制信号经功率放大器放大后,再驱动电磁喷油器动作,以控制混合气的空燃比,使发动机处于最佳运行状态。

②闭环控制就是在排气管上加装了氧传感器,可根据排气中含氧量的变化,测出发动机燃烧室内混合气的空燃比值,并把它输入到计算机中再与设定的目标空燃比值进行比较,将偏差信号经功率放大器放大后再驱动电磁喷油器喷油,使空燃比保持在设定目标值附近。因此,闭环控制可达到较高的空燃比控制精度,并可消除因产品差异和磨损等引起的性能变化对空燃比的影响,工作稳定性好,抗干扰能力强。

(2)按喷油器的喷射部位分类,可分为缸内喷射和缸外喷射两种形式。

(3)按喷油器数目分类,又可分为单点喷射(Single Point Injection,SPI)和多点喷射(Multi Point Injection,MPI)两种形式。

①所谓单点喷射就是在进气管的节气门体上或稳压箱内安装一个中央喷射装置,用一只或两只喷油器集中向进气总管喷射燃油,喷射的燃油与空气一道被吸入汽缸内形成可燃混合气。

②所谓多点喷射就是在每单个汽缸进气门附近安装一个喷油器,所以各缸之间的混合气较均匀,而且在设计进气管时可以充分利用进气惯性的脉动效应以实现高功率化设计。

(4)按喷油器的喷射方式可分为连续喷射和间歇喷射两种形式。

①连续喷射又称稳定喷射。汽油被连续不断地喷入进气歧管内,并在进气歧管内蒸发后形成可燃混合气再被吸入汽缸内。

②间歇喷射又称脉冲喷射或同步喷射。其特点是喷油频率与发动机转速同步,且喷油量只取决于喷油器的开启时间(喷油脉冲宽度)。由于间歇喷射方式的控制精度较高,故被现代发动机集中控制系统广泛采用。

(5)按喷油实现的方式进行分类,可分为机械式燃油喷射系统、机电混合式燃油喷射系统和电子控制式燃油喷射系统三种,它们分别又被称为K系统、KE系统和E系统。

(6)按空气进气量的检测方式,可分为直接检测方式和间接检测方式两种。直接检测方式称为质量流量(Mass-Flow)方式,间接检测方式又可分为速度—密度(Speed-Density)方式和节气门—速度(Throttle-Speed)方式。

2. 电子点火控制(ESA)

点火系统的功用主要有两方面:①将电源的低电压转换成高电压,为发动机缸内的火花塞提供脉冲高压电,产生电火花。②将所产生的电火花适时、按次序地送到各个汽缸之中,点燃压缩混合气使发动机做功,以获得高效的燃烧。为了保证在各种工况和使用条件下发动机混合气均能准确着火,从而为汽车正常运行提供所需动力,点火装置应该满足以下三个基本要求,即提供足以击穿火花塞电极间隙的高电压、提供足够的电火花能量与持续时间、提供适时的点火时机。

1)电子点火装置的分类。

电子点火装置一般有下述三种分类法。

(1)按储能方式分类。电子点火装置按照点火能量存储方式的不同可分为电感储能式电子点火装置和电容储能式电子点火装置两大类。

电感储能式是用点火线圈作为储能元件,初级线圈断电后由电感线圈磁场能量的快速泄放产生点火高压。电容储能式是用电容作储能元件,点火线圈仅起电压变换作用,初级线圈断电后由电容器电场能量的快速泄放在点火线圈上产生的高压实现点火。

(2)按电子元器件形式分类。电子点火装置按控制点火线圈初级电流的电子元器件的不同可分为晶体管点火装置、晶闸管点火装置、集成电路点火装置和微机控制的点火装置四种类型。由于采用了数字技术,微机控制的点火系统一般又称数字点火控制系统。

(3)按有无断电气触点分类。电子点火装置按点火装置初级控制电路中有无断电气触点可分为触点式点火装置和无触点式点火装置两种类型。

2)电子点火控制的工作原理

电子点火控制原理以微机式点火系统为例进行说明。

(1)系统简介。在微机点火控制系统中,点火控制包括点火提前角的控制、通电时间控制和爆震控制三个方面,并具有以下三个特点:

①在各种工况及环境条件下,均可获得最佳点火提前角,从而使发动机在动力性、经济性、排放性及工作稳定性等方面均处于最理想情况。

②在全部工作范围内,均可对点火线圈的导通时间进行控制,从而使线圈中存储的点火能量保持恒定不变,提高了点火的可靠性,有效地防止点火线圈过热,减少了能源消耗。此外,该系统可很容易实现在全部工作范围内提供稀薄燃烧所需恒定点火能量的目标。

③通过采用闭环控制技术,可使各缸点火提前角控制在刚好不发生爆震的临界状态,从而获得较高的燃烧效率,有利于提高发动机的各种性能。

微机式点火/喷油控制系统一般由传感器、电子控制系统(ECU)、电子点火控制模块、电磁喷油器等组成,如图11-7所示。

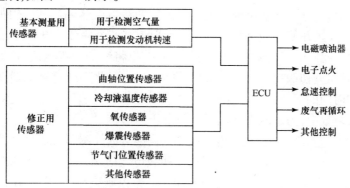

图11-7 微机式点火/喷油控制系统

(2)系统工作原理。点火提前角对发动机的性能有很大的影响,对现代汽车而言,我们希望汽车每一次点火都是在最佳的点火提前角点火,这样不仅能保证发动机的动力性和燃油经济性都达到最佳值,还能保证排放污染最小,而影响最佳点火提前角的因素,主要有发动机转速、进气歧管绝对压力(负荷),还有发动机燃烧室形状、温度、空燃比、进气压力、冷却液温度、汽油品质等,针对这些情况,电子点火控制(ESA,Electronic Spark Advance)包括点火提前角控制、通电时间控制和爆震控制三个方面。

3)点火提前角控制过程及原理

发动机运行时,ECU不断地采集发动机的转速、负荷、冷却液温度、进气温度等信号,并根据存储器ROM中存储的有关程序与数据,确定出该工况下最佳点火提前角和初级电路的最佳导通角,并以此向点火控制模块发出控制指令:点火正时信号(IGt),控制点火器点火。点火提前角的控制包括两种基本情况:在发动机起动时的点火提前角不经 ECU 计算,点火时刻直接由传感器信号控制一个固定的初始点火提前角,与发动机的工况无关。当发动机转速超过一定值时,自动转换为由 ECU 的点火正时信号 IGt 控制,此时,ECU 根据进气歧管压力(或进气量)和发动机转速,从存储器存储的数据中找到相应的基本点火提前角,再根据有关传感器信号加以修正,得出实际的点火提前角。

实际点火提前角 = 初始点火提前角 + 基本点火提前角 + 修正点火提前角(或延迟角)。
所谓初始点火提前角是为了确定点火正时,ECU 根据上止点位置确定的点火时刻。在有些发动机中,ECU 把零点定为上止点前 10°,作为计算点火正时的参考点,其大小随发动机而异。而修正点火提前角一般根据其他传感器传来的信号进行修正。常见的修正量有:暖机修正量、稳定怠速修正量、空燃比反馈修正量、过热修正量、爆震修正量、最大提前/延迟控制等。

4) 通电时间控制过程及原理

点火控制模块根据 ECU 的点火指令,控制点火线圈初级回路的导通和截止。当电路导通时,有电流从点火线圈中的初级线圈通过,点火线圈此时将点火能量以磁场的形式储存起来。当初级线圈中电流被切断时,在其次级线圈中将产生很高的感应电动势(15~20kV),经分电器送至工作汽缸的火花塞,点火能量被瞬间释放,并迅速点燃汽缸内的可燃混合气,发动机完成做功过程。

对电感储能式电子点火系统,当点火线圈的初级电路接通后,其初级电流是按指数规律增长的。初级电路被断开瞬间初级电流所能达到的值(即断开电流)与初级电路接通的时间长短有关,只有通电时间达到一定值时,初级电流才能达到饱和。而次级电压最大值是与断开电流成正比的。因此,必须保证通电时间能使初级电流达到饱和。但如果通电时间过长,点火线圈又会发热并使电能消耗增大。因此要控制一个最佳通电时间,必须兼顾上述两方面的要求。而与此同时,当蓄电池的电压变化时,也将影响初级电流,比如当蓄电池电压下降时,在相同时间里初级电流所达到的值将会减小,因此必须对通电时间进行修正。图 11-8 所示为喷油时间的修正图。

在有些点火装置中,为了减少转速对次级电压的影响,提高点火能量,采用了初级线圈电阻很小的高能点火线圈,其饱和电流可达 30A 以上。为了防止初级电流过大烧坏点火线圈,在点火控制电路中增加了恒流控制电路,保证在任何转速下初级电流都能达到规定值——8A,改善了点火性能,又能防止初级电流过大而烧坏点火线圈。

5) 爆震控制

爆震是汽油机运行中最有害一种故障现象。发动机工作时如果持续产生爆震,火花塞电极或活塞就可能产生过热、熔损等现象,造成严重故障,因此必须防

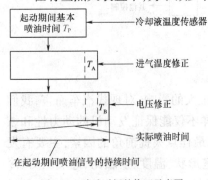

图 11-8 喷油时间的修正示意图

止爆震的产生。但爆震产生时,往往又能获得较大的输出转矩。

因此,在带有爆震传感器的点火提前角闭环控制系统中,ECU 可根据爆震传感器的输入信号来判断发动机的爆震程度,并将点火提前角控制在轻微爆震的范围内,使发动机能获得较高的燃烧效率。

爆震和点火时刻有密切关系,同时还与汽油的辛烷值有关。爆震传感器安装在汽缸体

上,利用压电晶体的压电效应,把爆震传到汽缸体上的机械振动转换成电信号输入 ECU,ECU 把爆震传感器输出的信号进行滤波处理并判定有无爆震及爆震强弱,推迟点火时间。爆震强,推迟点火角度大;爆震弱,推迟的角度小。每次调整都以一固定的角度递减,直到爆震消失为止。而后又以一固定的角度提前,当发动机再次出现爆震时,ECU 又使点火提前角再次推迟,调整过程如此反复进行。

以上所有的控制过程都是由发动机 ECD 进行协调控制的,发动机 ECD 的原理框图如图 11-9 所示。

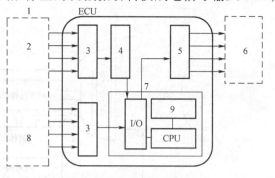

图 11-9 发动机 ECD 原理框图

1-传感器;2-模拟信号;3-输入回路;4-A/D 转换器;5-输出回路;6-执行元件;7-微机;8-数字信号;9-ROM-RAM 存储器

11.2.2 汽车变速器电子控制系统简介

1. 自动变速器概述

汽车自动变速器经过 70 多年的发展,使汽车传动系统发生了革命性的变化。它的研究和应用可以追溯到 20 世纪 30 年代。其采用电子控制系统始于 20 世纪 60 年代中期,但电子控制自动变速器的真正飞跃发展是在 1982 年,这一年丰田公司将微机技术应用于电子控制变速器系统,实现了自动变速器的智能控制,首先应用于豪华型皇冠牌轿车上。随着科学技术的不断发展进步和市场的需求,自动变速器的应用越来越广泛。

2. 电子控制自动变速器的结构与工作原理

电子控制自动变速器由液力变矩器、辅助变速器与电液换挡控制系统三大部分组成。它是通过各种传感器,将发动机转速、节气门开度、车速、发动机冷却液温度、自动变速器油温度等参数转变为电信号,并输入计算机。其原理如图 11-10 所示:

1)液力变矩器

液力变矩器(Hydraulic Torque Converter,HTC),它是通过工作轮叶片的相互作用,引起机械能与液体能的相互转换来传递动力的。液力传动装置的基本形式为液力耦合器与液力变矩器。

2)行星齿轮变速器

由于行星齿轮传动易于实现自动化、结构紧凑、质量轻,特别是其具有与液力变矩器可实现功率分流的长处,故目前电子控制自动变速器中多为此型。显然机械传动在电子控制自动变速器中属于辅助地位,故又称其为辅助变速器。

行星齿轮传动类型很多,最简单的行星齿轮传动由太阳轮 S、齿圈 R、行星架 C 和行星架上的行星齿轮组成。

3)液压系统

在电子控制自动变速器中,采用的是电控式液压系统。电控式液压系统由动力源、执行机构、控制机构、冷却润滑系统等组成。

液压控制系统工作原理(以 4 挡自动变速器为例):有 4 个前进挡的自动变速器通常有 3 个换挡阀。这 3 个换挡阀可以分别由 3 个换挡电磁阀来控制,也可以只用两个电磁阀来控制,并通过 3 个换挡阀之间油路的互锁作用实现 4 个挡位的变换。目前大部分电子控制自动变速器采用由两个电磁阀操纵3个换挡阀的控制方式。

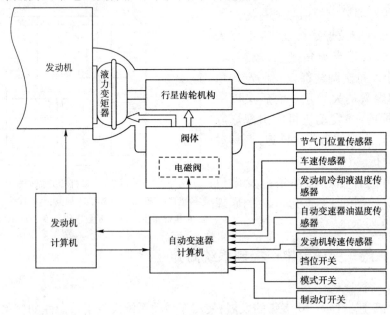

图11-10　电子控制自动变速器的工作原理

4）电子控制系统

电子控制自动变速器采用电液式控制系统，即电控液压操纵系统。电液式控制系统的核心是电子控制系统，电子控制系统由信号输入装置（传感器、控制开关）、电子控制装置（ECU）、执行机构三部件组成。

电子控制系统工作原理：传感器将汽车及发动机的各种运动参数转变为电信号，ECU根据这些电信号，按照设定的控制程序发出控制信号，通过各种电磁阀（换挡电磁阀、油压电磁阀等）来操纵阀体总成中各个控制阀的工作，以完成各种控制任务。

其中ECU的功能包括，控制换挡时刻、控制超速行驶、控制闭锁离合器、控制换挡品质、故障诊断与失效保护等功能。

3．电控机械式自动变速器

电控机械式自动变速器（Automatic Mechanical Transmission，AMT）是在传统的手动齿轮式变速器基础上改进的。它结构简单，保留了干式离合器与手动变速器的绝大部分总成部件，只将其中的手动操作系统的变速杆部分，改为自动控制机构。

电控机械式自动变速器生产继承性好，改造投入费用少，易于被生产厂接受，是融合了电子控制自动变速器与MT（手动）变速器两者优点的机—电—液一体化产品。

1）AMT基本原理

起步与换挡是控制功能的主要内容，驾驶人通过加速踏板和操纵杆向ECU传递控制信号，大量的传感器时刻监测着车辆的行驶状态。

2）AMT的电子控制系统

电子控制单元的控制功能包括变速控制、离合器控制、发动机供油控制、起步控制。

3）AMT的液压系统

电控机械式自动变速器有电—液式、电—气式和全电式三种控制方式，其中采用最多的是电控—液动系统。它不仅可用于高转矩范围，有最快的换挡速度而且与其他液压系统可实现最佳配合(如与液力变矩器的匹配)。

电控—液压执行机构主要由离合器执行机构、变速器执行机构、发动机执行机构组成。

4．电控自动变速器的检验

1)基础检查

(1)发动机怠速检查:检查当自动变速器操纵杆置于 P 位或 N 位时,汽车发动机的怠速转速是否在规定的范围内。

(2)自动变速器油液位检查:主要检查自动变速器油位是否在规定值范围内,同时一并检查油液的品质。

(3)节气门全开检验:检查在发动机的节气门全开时,发动机的输出功率是否在规定的范围内。

(4)空挡起动开关检验:检查汽车发动机是否仅在自动变速器操纵杆置于 N 位或 P 位时方可起动,以及倒车灯开关是否仅在操纵杆置于 R 位时才接通,从而使倒车灯点亮。

(5)超速挡控制开关检验:确认自动变速器的超速挡电控系统是否工作正常。

2)失速试验

在前进挡或倒挡中,踩住制动踏板并完全踩下加速踏板时,发动机处于最大转矩工况。而此时自动变速器的输出轴及输入轴均静止不动,变矩器的涡轮不动,只有变矩器壳及泵轮随发动机一同转动,此工况称为失速工况,此时发动机的转速称为失速转速。失速试验的目的是检查发动机输出功率、变矩器及自动变速器中制动器和离合器等换挡执行元件的工作是否正常。

3)时滞试验

在发动机怠速运转时将操纵杆从空挡拨至前进挡或倒挡后,需要有一段短时间的迟滞或延时才能使自动变速器完成换挡工作,这一时间称为自动变速器换挡迟滞时间。

4)油压试验

测量液压控制系统管路中的油压,用以判断油泵、阀、离合器和制动器的工作性能好坏。

5)道路试验

由于自动变速器最终是以其在车辆行驶状态下所表现出来的使用性能和换挡性能的优劣来加以评价的,所以,道路试验很重要,是必须的试验。

6)手动换挡试验

本试验用于确定电控自动变速器故障出在电子控制系统还是其他部位。

11.2.3 汽车底盘电子控制系统简介

在汽车底盘中应用电子技术,主要是为了实现低油耗、减少振动与冲击,减轻驾驶人的疲劳,提高汽车的动力性、经济性、操纵稳定性、舒适性及安全性。常见的电子控制系统有:汽车防抱死制动系统(ABS)、牵引力控制系统(TCS)、电控动力转向(ECPS)、四轮转向系统(4WS)、四轮驱动系统(4WD)、主动/半主动悬架及车身高度自动调节系统等。

1．汽车防抱死制动系统(ABS)

汽车防抱死制动系统(Anti-Lock Braking System)是指汽车在制动过程中能实时判定车轮的滑移率,自动调节作用在车轮上的制动力矩,防止车轮抱死并取得最佳制动效能的电子装置。它大大提高了汽车制动时的制动性能,体现在两个方面:一方面,保证了汽车制动时的操纵性和方向稳定性,特别是在路面较滑、潮湿的道路上以及弯道上制动时,可以防止跑偏、侧滑以及失去转向力的现象;另一方面从理论上说可以提高汽车制动平均减速度,缩短制动距离。因此,ABS获得了大量的商业应用。

1) 汽车防抱死制动系统的分类

汽车防抱死制动系统按制动系统的工作介质来划分,可分为液压式 ABS、气压式 ABS、气顶液式 ABS 三大类。按实施防抱死作用轮数的多少,汽车防抱死制动系统分为两轮 ABS 和四轮 ABS 两大类。下面按后一种划分方式就液压制动四轮形式为例进行详细说明。

2) 四轮系统 ABS

在四轮的前后两轴、四个车轮都装有防抱死制动系统。这样可以做到制动距离短、保持转向能力并防止后轴侧滑甚至汽车急转。现代轿车多采用四轮系统,根据其车轮的传感器数目以及控制通道数目又可分为:四传感器四通道 ABS、三传感器三通道 ABS、四传感器三通道 ABS、四传感器二通道 ABS。

具有四个传感器和四个液压控制通道(即具有四个独立的单轮液压控制系统)的 ABS 如图 11-11 所示。由于每个车轮都具有一个轮速传感器和一个液压通道,因而可对每个车轮实现任意目标的控制,使 ABS 总体性能达到最佳状态。四传感器四通道是 ABS 最完备的配置系统,但必须配合相应的控制方式,才能达到预期的效果。

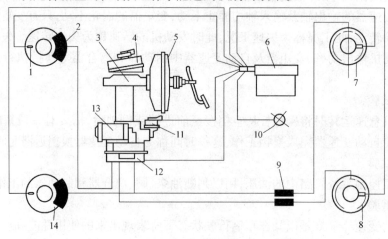

图 11-11 四通道式 ABS

1-轮速传感器;2-右前制动器;3-制动主缸;4-储液室;5-真空助力器;6-电子控制装置(ECU);7-右后制动器;8-左后制动器;9-比例阀;10-ABS 警示灯;11-储液器;12-调压电磁阀总成;13-电动泵总成;14-左前制动器

3) ABS 的组成与压力调节器工作原理

任何一辆汽车的防抱死制动系统都是由轮速传感器、电控单元(ECU)和执行器——制动压力调节器三大部分组成。

制动压力调节器用于接收 ECU 的指令,通过电磁阀的动作自动调节制动器制动压力。制动压力调节器主要有液压式、气压式和空气液压加力式等形式。

液压式制动压力调节器主要由电磁阀、液压泵和储液器组成,通过电磁阀和液压泵产生的液压力控制制动力。每个车轮或每个系统内部都有电磁阀,压力调节器通过电磁阀直接控制制动压力的,称为循环式制动压力调节器;间接控制制动压力的压力调节器,称为可变容积式制动压力调节器。

采用循环调压方式进行防抱死制动系统的制动压力调节时,通过使制动轮缸中的制动液流回制动主缸或储液器(也称蓄能器),实现制动压力减小;通过制动主缸或蓄能器中的制动液流入制动轮缸,实现制动压力的增大。

(1) 常规制动过程。常规制动过程如图11-12所示,防抱死制动装置不起作用,防抱死制动系统的ECU控制磁化线圈不通电。三位电磁换向阀阀芯在复位弹簧推动下处在最下端的工作位置,此时B孔保持打开状态,C孔保持关闭状态。当踩下制动踏板时,制动主缸中的制动液压力升高,制动液经B孔和A孔流至车轮制动轮缸中,推动制动轮缸中的柱塞将车轮制动盘夹紧。这时止回阀2、5和11关闭,液压泵和电动机总成不工作。当松开制动踏板时,制动轮缸中的制动液一部分经A孔和B孔流回制动主缸,另一部分经A孔和止回阀11流回制动主缸。

(2) 减压过程。随着压力的升高,车轮即将抱死,这时轮速传感器把该信号传给ECU,ECU控制执行器磁化线圈通入电流,从而产生电磁力使三位电磁阀阀芯移动到上端。如图11-13所示,这时B孔关闭,C孔打开,结果使车轮制动轮缸中的一小部分制动液通过A孔和C孔进入储液罐。同时ECU给液压泵和电动机总成发出信号,使其开始工作,将储液罐中的制动液送回制动主缸。由于止回阀11是关闭的,所以制动主缸中的制动液不能进入三位电磁换向阀中,因此车轮制动轮缸中的制动液压力降低,从而达到防止车轮抱死的目的。

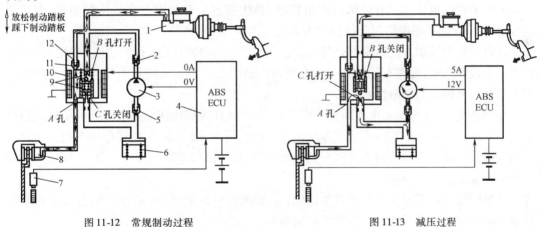

图11-12 常规制动过程   图11-13 减压过程

1-制动主缸;2、5、11-止回阀;3-液压泵和电动机总成;
4-ECU;6-储液罐;7-前轮轮速传感器;8-盘式制动轮缸;
9-复位弹簧;10-磁化线圈;12-三位电磁换向阀

(3) 保压过程。当制动轮缸中的制动管路压力降低(或在升压过程中压力升高),使车速达到预定值时,轮速传感器给ECU传送相应信号,ECU控制磁化线圈通入较小的电流,磁化线圈产生的磁力将相应减小,三位电磁换向阀阀芯在复位弹簧的作用下移至中间位置。如图11-14所示,B孔和C孔都关闭,同时止回阀2、5和11也都关闭,所以制动轮缸中的制动液被封闭,制动器制动压力保持不变。

(4) 增压过程。只有制动轮缸中的制动液压力升高时,才能产生更大的制动力,从而使车速尽快降低。为此,ECU使磁化线圈断电,三位电磁换向阀被复位弹簧拉下,如图11-15所示,此时B孔打开,C孔关闭,制动主缸中的制动液经B孔和A孔流至车轮制动轮缸中,从而使制动主缸中的制动液压力升高,制动力增大。当制动力增大到一定程度时,车轮又会出现即将抱死的状态,这时又需对制动主缸降压,从而开始下一个降压—保压—升压循环。

防抱死制动装置是以脉冲的形式(脉冲频率为 4~10Hz)对制动压力进行调节,始终将车轮的滑移率控制在 10%~30%,防止车轮抱死拖滑,最大限度地保证了制动时汽车的稳定性,缩短了制动距离。

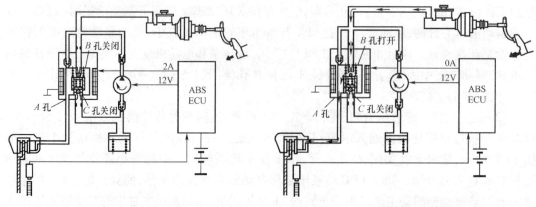

图 11-14　保压过程　　　　　　　图 11-15　增压过程

4) ABS 的控制方法与工作过程

ABS 的控制方法主要有逻辑门限值控制、最优控制和滑动模态变结构控制等,但目前绝大多数 ABS 都采用逻辑门限值控制方式。

逻辑门限值控制方式通常都是将车轮的减速度(或角减速度)和加速度(或角加速度)作为主要控制门限,而将车轮滑移率作为辅助控制门限。因为采用其中任何一种门限作为控制都存在着较大的局限性。

控制系统中,车轮加速度或减速度信号可以由 ECU 根据轮速传感器输入的信号经过计算确定。制动时确定车轮中心的实际纵向速度相当困难,通常由 ECU 根据各车轮转速传感器输入的信号按一定的逻辑确定汽车的参考速度,再计算出车轮的参考滑移率,此值与实际滑移率存在一定的差异。

逻辑门限值控制方法中的车轮加速度(角加速度)、减速度(角减速度)、参考滑移率等控制门限值都是通过反复试验获得的经验数据。

系统的工作过程是这样的:ABS 的 ECU 不断接收轮速传感器及其他传感器输入的信号,并对它们进行放大、计算、比较,按照特定的控制逻辑,分析判断后输出控制指令,控制制动压力调节器进行压力调节。压力调节的方式目前主要有增压、保压和减压三种。

2. 电子控制动力转向系统(EPS)

电子控制动力转向系统(EPS)可以在低速时减轻转向力,以提高转向系统的操纵舒适性;在高速时则可适当加重转向力,以提高操纵稳定性。

1) 液压式电子控制动力转向系统

液压式电子控制动力转向系统是在传统液压动力转向系统的基础上增设电子控制装置而构成的。

根据控制方式的不同,液压式电子控制动力转向系统又可分为流量控制式、反力控制式和阀灵敏度控制式三种形式。

(1) 流量控制式 EPS。流量控制式电子控制动力转向系统是一种通过轮速传感器信号来调节动力转向装置的压力油供应,改变压力油的输入、输出流量,以控制转向力的大小。

比如,丰田雷克萨斯轿车电子控制动力转向系统,该系统主要由轮速传感器、电磁阀、整体式动力转向控制阀、动力转向液压泵和电子控制单元等组成。该系统工作原理:当车速越高,流过电磁阀电磁线圈的平均电流值越大,电磁阀阀针的开启程度越大,旁路液压油流量越大,而液压助力作用越小,使转动转向盘的力也随之增加。

(2)反力控制式EPS。反力控制式EPS主要由转向控制阀、分流阀、电磁阀、转向动力缸、转向油泵、储油箱、轮速传感器及电子控制单元(ECU)等组成。工作原理:转向时,转向盘上的转向力通过扭力杆传递给小齿轮轴。当转向力增大,扭力杆发生扭转变形时,控制阀体和转阀阀杆之间将发生相对转动,于是就改变了阀体和阀杆之间油道的通、断和工作油液的流动方向,从而实现转向助力作用。

以丰田汽车公司"马克Ⅱ"型车用反力控制式动力转向系统为例,输入到电磁阀中的信号是通、断脉冲信号,改变信号占空比(信号导通时间所占的比例)就可以控制流过电磁阀线圈平均电流值的大小。当车速升高时,受输出电流特性的限制,输入到电磁阀线圈的平均电流值减小,所以电磁阀的开度也减小,这样,根据车速的高、低就可以调整油压室反力,从而得到最佳的转向操纵力。

(3)阀灵敏度控制式EPS。阀灵敏度控制式EPS是根据车速控制电磁阀,直接改变动力转向控制阀的油压增益(阀灵敏度)来控制油压的。这种转向系统结构简单、部件少、价格便宜,而且具有较大的选择转向力的自由度。与反力控制式转向相比,转向刚性差,但可以最大限度提高原来的弹性刚度来加以克服,从而获得自然的转向手感和良好的转向特性。

阀灵敏度可变控制式动力转向系统对转向控制阀的转子阀做了局部改进,并增加了电磁阀、轮速传感器和电子控制单元等。其中电磁阀设有按控制上下流量的旁通油道,是可变的节流阀;电子控制单元接收来自轮速传感器的信号,控制向电磁阀和电磁线圈输出的电流。

图11-16所示为控制系统的回路图。

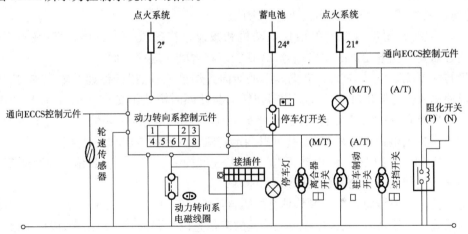

图11-16 控制系统的回路图

2)电动式电子控制动力转向系统

近年来随着微机在汽车上的广泛应用,出现了电动式电子控制动力转向系统,简称电动式EPS。

(1)电动式EPS的组成、原理与特点。电动式EPS通常由转矩传感器、轮速传感器、电子控制单元(ECU)、电动机和电磁离合器等组成。

电动式EPS原理可概括如下:当操纵转向盘时,装在转向盘轴上的转矩传感器不断地测出转向轴上的转矩信号,该信号与车速信号同时输入到ECU,ECU根据这些输入信号,确定助力转矩的大小和方向,即选定电动机的电流和转向,调整转向辅助动力的大小,电动机的转矩由电磁离合器通过减速机构减速增扭后,加在汽车的转向机构上,得到一个与汽车工况相适应的转向作用力。

(2)电动式EPS主要部件的结构及工作原理。

①转矩传感器。工作原理:采用应变片电测技术,在弹性轴上组成应变桥,向应变桥提供电源即可测得该弹性轴受扭的电信号。将该应变信号放大后,经过压/频转换,变成与扭应变成正比的频率信号。

结构(以滑动可变电阻式转矩传感器为例)有:小齿轮、集电环、轴、转矩输出端、外壳、电位计。

②电动机。电动式EPS用电动机与起动用直流电动机原理上基本相同,但一般采用永久磁场。

③电磁离合器。工作原理:当电流通过集电环进入电磁离合器线圈时,主动轮产生电磁吸力,带花键的压板被吸引与主动轮压紧,于是电动机的动力经过轴、主动轮、压板、花键、从动轴传递给执行机构。

结构(单片干式电磁离合器为例):由集电环、线圈、压板、花键、从动轴、主动轮、滚动轴承组成。

④减速机构。目前,实用的减速机构有多种组合方式,一般采用蜗轮蜗杆与转向轴驱动组合式,也有的采用两级行星齿轮与传动齿轮组合式。

为了抑制噪声和提高耐久性,减速机构中的齿轮有的采用特殊齿形,有的采用树脂材料制成。

(3)电动式EPS实例。以奥拓(Alto)牌汽车电动式EPS配件为例,该系统由转矩传感器、轮速传感器、ECU、电动机和减速机构组成。

转矩传感器(滑动可变电阻型)、电动机和减速机构制成一个整体,安装在转向柱上。电磁离合器安装在电动机的输出端旁,ECU安装在驾驶人座椅下面。

当转向系统工作时,施加在转向盘上的转向力经输入轴、扭杆传递给输出轴,扭杆的扭曲变形使输入轴与输出轴之间发生相对扭转。与此同时滑块沿轴向移动,控制臂将滑块的轴向移动变换成电位器的旋转角度,即将转矩值变换成电压量,并输入到电子控制单元。ECU根据传感器输出电压的高低,就可以判定转向盘的转动方向和转动角度。

电动式EPS控制内容有:电动机电流控制、速度控制、临界控制、自诊断和安全控制。

3)电子控制动力转向系统故障诊断和检修

电子控制动力转向系统一般都具有故障自诊断功能,以监测、诊断系统的工作情况。

当系统出现故障时,电子控制单元将其故障信息以代码形式显示出来,以使维修人员快速、准确地判断出故障类型及故障部位。

一般包括以下的操作:警告灯的检查、自诊断检查的操作、转矩传感器的检查、电磁离合器的检查、直流电动机的检查、轮速传感器的检查。

3.电子控制悬架系统

随着电子技术、传感器技术和各种柔性适时控制技术的发展,现代汽车悬架系统既使汽车的乘坐舒适性达到了令人满意的程度,又促使汽车的操纵稳定性得到了可靠的保证。现在,某些计算机控制的悬架系统已具有在 10~12ms 即能对路面和行驶条件做出反应的能力,以改善行驶时的平稳性和操纵性。悬架系统性能的控制是通过改变主要特性参数(如减振器的阻尼力、弹簧的刚度等)来实现的,其控制方式有机械式和电子控制式两种。

1)电控半主动悬架的结构和工作原理

大部分半主动悬架采用了手动控制方式,由驾驶人根据路面状况和汽车的行驶条件,手动控制相关的动作,对减振器的阻尼力进行变换。如果当减振器的阻尼力被调整为"硬"时,还可增强汽车在转弯或在不平道路上行驶时抗侧倾的能力,提高汽车操纵的稳定性。如果当减振器的阻尼力被调整为"软"时,使汽车行驶时的上下颠簸幅度减少,提高汽车乘坐的舒适性。

电控半主动悬架的一般工作原理是:利用传感器把汽车行驶时路面的状况和车身的状态进行检测,检测到的信号经输入接口电路处理后,传输给计算机进行处理,再通过驱动电路控制悬架系统的执行器动作,完成悬架特性参数的调整。其工作原理如图11-17所示。

图11-17 半主动悬架系统的工作原理

2)电子控制主动悬架系统

(1)电子控制主动悬架系统的功能。装备电子控制主动悬架系统的汽车能够根据本身的负载情况、行驶状态和路面情况等,主动地调节包括悬架系统的阻尼力、汽车车身高度和行驶姿势、弹性元件的刚度在内的多项参数。

这类悬架系统大多采用空气弹簧或油气弹簧作为弹性元件,通过改变弹簧的空气压力或油液压力的方式来调节弹簧的刚度,使汽车的相关性能始终处于最佳状态。

(2)电子控制主动悬架系统的组成。如三菱GALANT轿车上装备电控空气主动悬架系统(A-ECS),它能系统地控制汽车的车身高度、行驶姿势和悬架系统的阻尼力特性,如图11-18所示。

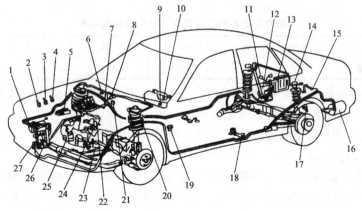

图11-18 三菱主动电子控制悬架系统

1-前储气筒;2-回油液压泵继电器;3-空气压缩机继电器;4-电磁阀;5-ECS电源继电器;6-加速度计开关;7-节气门位置传感器;8-制动灯开关;9-轮速传感器;10-转角传感器;11-右后车门开关;12-后电磁阀总成;13-电子控制单元;14-阻尼力转换执行器;15-左后车门开关;16-后储气筒;17-后高度传感器;18-左前车门开关;19-ECS开关;20-阻尼力转换执行器(步进电动机型);21-加速度计位置;22-空气压缩机总成;23-G传感器;24-前高度传感器;25-系统禁止开关;26-空气干燥器;27-流量控制电磁阀总成

该系统主要由空气弹簧、普通螺旋弹簧、电子控制单元、轮速传感器、G传感器、转角传感器、节气门位置传感器、高度传感器、阻尼力转换执行器、电磁阀、空气压缩机、储气筒、空气管路和继电器等组成。

(3) 电子控制悬架系统的检修。电子控制悬架系统一般都设有自诊断系统，随时监测系统的工作情况，当系统出现故障时，可通过自诊断系统获取故障信息，以帮助维修人员检修。

11.2.4 汽车车身电子设备简介

电子技术除了在发动机、底盘领域得到广泛应用之外，也在汽车的车身领域得到了迅猛发展，主要是为了增强汽车的安全、舒适和方便。如电子控制安全气囊、安全带、全球卫星定位系统GPS、行车记录仪（汽车黑匣子）、雷达式距离报警器、中央控制门锁、自动空调、自动车窗、自动车门、自动座椅、自动刮水器、自动车灯控制、主动式汽车防撞系统、汽车导航系统、汽车防盗系统、汽车监测和自诊断系统。还有为了和外部联络以及协调整车各个部分的电子控制功能而使用的汽车视听系统、通信系统等。本书仅向读者简要介绍安全气囊系统（SRS）及卫星定位系统（GPS）。

1. 安全气囊系统（SRS）

汽车交通事故往往是意外发生的，发生时间极短，人们不可能有反应时间来主动保护自己，只有靠被动安全装置来减少事故对人体的伤害。除汽车安全带这种被动安全装置以外，目前许多国家又研制出来另一种被动安全装置，即汽车安全气囊，又称SRS（Supplemental Restraint System）即辅助乘员保护系统。

车辆碰撞时，车与车（或与固定物体）的碰撞称为一次碰撞。乘员撞在车内结构物上称为二次碰撞。乘员的伤害程度取决于二次碰撞的程度。车辆的速度越高，二次碰撞的加速度越大，伤害越严重。

表11-1是在没有各种被动安全装置时，人体各部位在汽车事故中受伤的概率统计表。

车内人体各部位在汽车事故中受伤概率表　　　　表11-1

部位	头部	颈部	胸部	背部	腰腹部	上肢	下肢	其他
概率(%)	65.7	4.7	7.1	1.1	3.6	11.1	10.5	1.2

从表11-1中的统计结果可以看出，汽车发生事故时，胸部以上受伤的概率高达78.6%，而且汽车的行驶速度越高，这种概率也就越高。所以，为保证车内驾乘人员的安全，减少人体上部的伤害，特别是头部和颈部的安全而在汽车中广泛采用SRS。

1) SRS的分类

当车辆发生正面撞碰时（与车辆或墙壁等物），加速度传速器检测车辆加速度，若从前向后的减速度超过预定值，前排乘员前的安全气囊迅速充气膨胀，形成缓冲气囊，与此同时，安全带预紧装置引爆，收缩安全带，从而减少二次冲击对前排乘员的伤害。

它有多种分类方法。根据系统构成的不同，它有四种类型的系统：

(1) 单安全带系统——仅驾驶人及前排乘客用，也就是全车只有安全气带，没有安全气囊。

(2) 单气囊系统——一般给驾驶人用，也就是转向盘式安全气囊系统，全车只有安全气囊。

(3) 普通 SRS——一般由安全气囊(air bag)和普通安全带组成,安全带没有预紧装置。

(4) 高档 SRS——由安全气囊与带预紧装置的安全带(belt pretensioner)组成。

根据工作时动作次数可分为单动作 SRS 和双动作 SRS。

① 单动作 SRS——在车辆发生冲撞时,不管汽车速度高低,汽车的安全气囊及安全带预紧器同时动作的系统。

② 双动作 SRS——在汽车冲撞时,能根据汽车速度和减速度的大小,自动选择只是安全带预紧器动作,还是安全带预紧器和气囊同时动作。在汽车低速发生碰撞时,SRS 只使用安全带即能足够保护驾乘人员安全以免浪费气囊,如果汽车速度大于 30km/h 发生碰撞时,安全带和气囊同时动作,以确保驾乘人员的安全。这些都是由传感器和电子电路自动控制的。

根据保护人数的多少可分为单人 SRS、双人 SRS 及多人 SRS。

① 单人 SRS 由单气囊系统 + 安全带预紧器系统组成。除去单气囊外,为了更安全还增加了电控的安全带预紧器系统。

② 双人 SRS 由双气囊系统 + 双安全带预紧器系统组成。即两个气囊和两个安全带预紧系统。一般驾驶人位置固定放一对(即气囊和安全带),另外一对有的放在前排,有的放在后排。

③ 多人 SRS 由多气囊系统 + 多安全带预紧器系统组成,一般在每个乘员座位都安放一个气囊和一个安全带。

安全气囊是一个可吹胀的气囊。当汽车受到撞击而急剧减速时,气囊就迅速膨胀以防止乘员的身体向前冲撞转向盘、风窗玻璃等物。安全气囊系统有助于防止碰撞过程中头部和胸部的损害。特别是在汽车正面碰撞和前侧碰撞时,其保护作用尤为明显。

根据碰撞保护类型,安全气囊可分为正面碰撞防护安全气囊系统、侧面碰撞防护安全气囊系统、追尾碰撞三种防护安全气囊系统及防侧翻滚安全气囊系统四种。

在安全气囊系统开发中,就安全气囊和安全带的主、从关系不同,有被动安全气囊和主动安全气囊之分。被动安全气囊系统主要针对未系安全带的乘员设计,主动安全气囊系统则将安全气囊作为安全带保护能力的扩充。

安全气囊系统按控制类型不同,可分为机械式和电子控制式两类。电子控制式又有分立元件型、集成电路型、微机控制型之分。此外电子控制式还可以分为集中控制式,即一个电子控制器控制两个以上的气囊,以及分散控制式,即一个电子控制器只控制一个气囊。现代汽车都采用电子控制式安全气囊。

按安全气囊安装部位的不同,可分为车内安全气囊系统和车外安全气囊系统两种。目前,绝大部分安全气囊是安装在车内,主要起保护车内乘员的作用。国内外也有研究保护车外行人的安全气囊的,如保险杠内藏式安全气囊,安装在汽车前保险杠内。在汽车正面碰撞行人时,保险杠内藏推板迅速落下,阻止行人辗压在车底下,同时装在保险杠内的传感器和充气泵发挥作用,使内藏楔状气囊快速充气向前张开,托起被碰撞的行人。与此同时,保险杠两侧的翼状气囊充气后向两侧举升,防止行人跌向两侧,并控制汽车紧急制动。目前,这种安全气囊正在研制阶段。

2) SRS 工作原理

(1) 安全带。普通无预紧装置的安全带发挥作用主要是靠碰撞发生后卷带装置的锁止作用来实现的,从而将乘员约束在座椅上。

安全带预紧装置与安全带收紧机构制成一体。安全带预紧装置由气体发生器、汽缸、活塞及一端连在活塞上的缆绳组成,缆绳的另一端盘绕在转盘上。气体发生器由封装在金属壳体内的电爆管与气体发生物质组成。当系统满足触发条件时,电流流入电爆管,点燃点火药粉,并随即点燃气体发生物质,产生高压气体,高压气体推动活塞向下移动,由于缆绳与活塞相连,同时拖动转盘旋转,咬死安全带收紧轮轴的外缘,迫使安全带收紧轮朝着安全带收紧方向旋转,从而将安全带从预紧装置触发前的位置收紧一定长度。

(2)安全气囊。目前国外已开发出比电子式气囊更简单更廉价的全机械式安全气囊系统。其气囊、充气泵、传感器等部件集中装在转向盘内。当汽车遭受碰撞且加速度达到设定值时,SRS ECU发出控制指令将气囊组件中的点火器(电雷管)电路接通,电雷管引爆使点火剂(引药)受热爆炸(即电热丝通电发热引爆炸药);点火剂引爆时,迅速产生大量热量,使充气剂(叠氮化钠固体药片)受热分解并释放出大量氮气充入气囊,气囊便冲开气囊组件上的装饰盖板鼓向驾驶人和乘员(图11-19);使驾驶人和乘员面部和胸部压靠在充满气体的气囊上,在人体与车内构件之间铺垫一个气垫,将人体与车内构件之间的碰撞变为弹性碰撞。这种安全气囊主要用于保护驾驶人的头部,同时配合三点式安全带减轻撞车时对驾驶人的面部损伤。

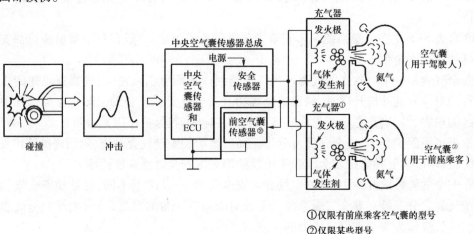

图11-19 安全气囊工作过程示意图

电子式安全气囊分类较多,但其基本结构与原理都是大同小异的,下面以较复杂的双动作双气囊和双安全带预紧器为例进行说明。

电子式气囊自动化工作完全由微机程序控制,按照人们事先设计的工作内容与步骤,逐条执行。其工作过程及原理如下:

汽车的点火开关闭合以后,气囊开始工作,首先把CPU等电子电路复位,作好工作准备;紧接着自检,由自检子程序对各传感器、引爆器、RAM、ROM、电源等部件进行逐个检查,如发现问题,执行故障显示子程序,使故障灯发出闪烁亮灯信号。驾驶人发现气囊有故障后,迅速把故障码读取开关合上(或用线接好)。根据故障灯亮的时间长短与个数确定故障码的多少,查故障码表即可知道气囊故障的部位。

如果自检气囊无故障,启动传感器采集子程序,对所有的传感器进行巡回检测,如没有达到碰撞的速度(例如10km/h),这时程序又返回到自检子程序。如果一直没有碰撞,则程序一直循环下去。

如有碰撞,经CPU判断碰撞速度小于30km/h时,CPU发出引爆双安全带预紧器的指令,启动双安全带预紧器,拉紧安全带,保护乘员。并且CPU发出光、电报警指令。

如果碰撞速度大于30km/h时,则CPU内所有的引爆器发出引爆指令,使两个安全带拉紧,两个气囊张开,同时CPU发出光、电报警指令。

如果在较大速度碰撞后,主电源断线,则电源监控器自动启动故障备用电源,使整个系统的工作能照常进行,并且报警,直至备用电源耗尽。

汽车安全气囊的工作时间极短,当汽车发生碰撞时,由传感器对碰撞程度进行感应,将感应信号送给电控单元(ECU),由电控单元(ECU)对碰撞信号进行识别。对中等程度和严重程度的碰撞,电控单元(ECU)发出信号,指示气体发生器内的点火器点火,使气体发生器在很短的时间内向气囊充气,形成一枕头状气囊,当人体的脸部一接触气囊,气囊的泄气孔就逐渐泄气,从而达到对驾乘人员的缓冲保护。其引爆过程如图11-20所示,控制组件的内部结构如图11-21所示。

a)　　　　　　b)　　　　　　c)　　　　　　d)

图11-20　安全气囊引爆过程

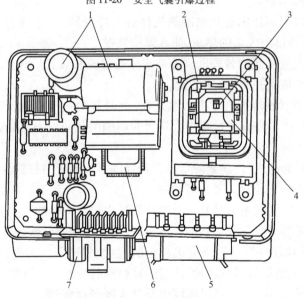

图11-21　SRS控制组件的内部结构

1-能量储存装置(电容);2-保险传感器总成;3-传感器触点;4-传感器平衡块;5-四端子插接器;6-逻辑模块;7-SRS ECU插接器

一般碰撞发生在1/8s之内,而安全气囊达到峰值膨胀度所需的时间为1/25s稍多一点,比眨一下眼还快,也就是说在人体头部撞到车内其他部位之前,安全气囊有充分的时间充气并达到峰值膨胀度。

2. 汽车空调系统

1) 汽车空调系统的基本结构及主要部件

汽车空调的特点:汽车在行驶过程中,空调由于受冲击、频繁的振动易使管道连接处损坏,因此汽车空调采用软管接头;汽车空调的动力来自于发动机,这势必在一定程度上影响汽车的动力性、经济性;汽车发动机转速变化范围很大,空调的安全控制、舒适性控制难度大;汽车空间小,要求汽车空调体积小、质量轻;汽车车内人员密度大,人体热量大,要求制冷能力大。温度、湿度、流速和洁净度是汽车空调的四个评价指标。

汽车空调主要由制冷装置、暖风装置、通风装置、加湿装置和空气净化装置等组成。汽车空调制冷装置对车内空气或由外部进入车内的新鲜空气进行冷却或除湿,使车内空气变得凉爽舒适。暖风装置主要用于取暖,对车内空气或由外部进入车内的新鲜空气进行加热,达到取暖、除湿的目的。通风装置的作用是在汽车运行中从车外引入一定量的新鲜空气,并将车内的污浊空气排出厢外,同时还可以防止风窗玻璃起雾。加湿装置在空气湿度较低的时候,对车内空气加湿,以提高车内空气的相对湿度。空气净化装置可除去车内空气的尘埃、异味、烟气以及有毒气体,使车内空气变得清洁。

汽车空调系统的分类:按驱动方式分可分为非独立式汽车空调系统和独立式汽车空调系统;按结构形式分可分为整体式、分体式和分散式空调;按送风方式分可分为直吹式和风道式。

制冷系统主要部件是压缩机、冷凝器、蒸发器、膨胀阀以及储液干燥器。制冷系统工作时,制冷剂以不同的状态在这个密闭系统内循环流动,每个循环有四个基本过程:

(1)压缩过程:压缩机吸入蒸发器出口处的低温低压的制冷剂气体,把它压缩成高温高压的气体排出压缩机。

(2)散热过程:高温高压的过热制冷剂气体进入冷凝器,由于压力及温度的降低,制冷剂气体冷凝成液体,并排出大量的热量,流入膨胀装置。

(3)节流过程:温度和压力较高的制冷剂液体通过膨胀装置后体积变大,压力和温度急剧下降,以雾状(细小液滴)排出膨胀装置。

(4)吸热过程:雾状制冷剂液体进入蒸发器,此时制冷剂沸点远低于蒸发器内温度,故制冷剂液体蒸发成气体。在蒸发过程中大量吸收周围的热量,而后低温低压的制冷剂蒸气又进入压缩机。

上述过程周而复始的进行,达到降低蒸发器周围空气温度的目的。

2)汽车空调系统控制原理以及故障诊断

目前中高档汽车空调的主流是基于微型计算机为控制中心的全自动汽车空调系统。这种空调结合各种传感器对汽车发动机的有关运行参数、车内外气候条件、空调的送风模式以及制冷压缩机的开停状况、制冷循环有关部位的温度、制冷剂压力等诸多参数进行实时检测,并与操作面板传来的信号进行比较,通过运算处理后判断,然后调节输出,通过执行机构对压缩机的开停状况、送风方式、送风温度以及热水阀开度等进行调整和修改,以实现对车内环境进行全季节全方位多功能的最佳调节和控制。

微机空调系统主要包括点火开关、A/C 开关、电磁离合器、鼓风机开关及调速电阻器、各种温度传感器、空调控制器、制冷剂高低压力开关、温度控制器、送风模式控制装置、各种继电器等组成。

(1)微机控制空调系统的基本原理。计算机空调系统包括硬件系统和软件系统。硬件系统负责计算、记忆、判断、计时,I/O 接口输入设备模拟开关和转换器,将人工输入温度通过模拟开关输入主机,而传感器送来的信息通过 A/D 转换器输入主机。软件部分主要是通过微机控制的空调输入信息和数据,输出指令,以进行对环境调节。

输入信号大致有四类:

①车内温度、大气温度和热敏传感器输入的信号。
②驾驶人预定的调节温度信号和选择功能信号。
③风门温度信号,以及蒸发器温度传感器和冷却液温度传感器信息。
④压缩机的工作参数,如转速、制冷剂、压力和温度等。
计算机根据这些输入信息进行计算、比较和判断,并发出工作指令和故障警告。

(2) 汽车空调系统故障检测。汽车空调系统检修的基本操作一般包括制冷系统工作压力的检测、制冷系统的检漏、从制冷系统内放制冷剂、抽真空、加注和补充制冷剂、加注和补充冷冻油等。

①制冷系统工作压力的检测。要了解汽车空调制冷系统工作循环进行的情况,必须测量制冷系统工作时高压侧和低压侧的压力。

②制冷系统内放出制冷剂。由于修理或者其他原因需将系统内的制冷剂放掉。第一,直接将制冷剂排放到大气中,这会污染环境;第二,回收制冷剂,这需要回收装置。排放需在通风的环境,不能接近明火,否则会产生有毒的气体。

③制冷剂充注程序。对于新安装的空调制冷系统,因修理或更换制冷系统零部件而放空后的制冷系统在完成安装或维修作业后要重新充注制冷剂。

④制冷剂的补充。汽车空调经过一段时间运行后,由于汽车振动等原因,使某些部位松动,制冷剂泄漏,制冷效果变差。经过查漏、排漏后,需要从低压侧向系统补充制冷剂。

⑤制冷系统内空气的排出主要利用制冷剂的物理性能(密度小)进行排出。
⑥空调系统需要定性和定量检测。

3. 电子导航系统

对飞机和轮船来说,由于周围无参照物,故需具备确定本身在地图上位置的手段,这些手段称为导航器。汽车的情况虽有不同,但是当汽车在生疏地带行驶,特别是在难以看清道路标志和周围景色的夜间行驶时,有时也会同样迷失方向。所以也需要各种导向装置来确定本身的位置。这种技术就是汽车自动导航(导向)技术。

所谓汽车导航系统,就是将显示器装到仪表板上,除在显示器上显示地图外,还显示汽车的位置、运动轨迹、目的地方向和距离等,为驾驶人提供大量信息。与印刷地图相比,显示的是移动地图,所以具有容易辩认的特点。在此基础上,还可以将以汽车流动方向为主的交通信息等反映到上述地图上,为进一步向目的地行进时指示最佳行驶路线,达到指导行驶的目的。新一代导航系统能根据目前的交通和道路状态确定汽车行驶的最佳路线。例如,先进的导航系统将监听目前和已规划好的交通信息广播,以便该电子导航系统能够根据交通状况调整路线。

1) 汽车导航系统的分类:
目前,已经在汽车上得以应用的导航系统主要有以下三种类型。
(1) 地磁导向行驶系统。某公司开发的导向行驶系统中利用地磁作为导向的基准,它有一个双线圈发动机型地磁矢量传感器,作为方位定位器。地磁水平分量的磁感应强度十分微弱,对外界干扰很敏感,故抗干扰、误差修正是该系统的关键。一旦把目的地位置输入,则行驶中由方向及距离传感器可以检测出已经走过的两个方向的距离,与原输入的距离相减即可得到随时随地距目的地的所剩距离和应驶方向。

该系统具有两个功能,一是导向功能,即一旦把目的地位置输入(即从键盘输入东西和南北两个方向即 X、Y 两方向的距离),则行驶中由方向及距离传感器可以检测出已走过的两个方向的距离,与原输入的距离相减即可得出随时随地距目的地所剩距离和应行驶的方向。二是罗盘功能,若把键盘从"选择"位置变为"罗盘"位置,输入欲知的方位,显示器的箭头即显示出该方向与汽车行进方向的关系。

(2)惯性行驶系统。惯性行驶系统实际上是一个电子陀螺仪,是一种与波音747等大型客机上所用导航装置相同的仪器。它不是利用地磁,而是利用封入氦气的气体速度陀螺(方向传感器)的惯性来检测方位。

(3)无线电导航系统。无线电导航系统可分为卫星导航系统和地面无线电固定导航台导航系统两类。这种"汽车导航系统"由控制器、导航计算机、卫星信号接收机、车内的磁性探测仪和卫星天线组成。该系统计算机存储器存储所有汽车干线、公共地图和城市交通图,并装有一个电视接收机调谐装置。行车前,驾驶人把要去的城市和街道名称输入计算机。导向计算机协助卫星系统,或地面无线电导向台信号,并根据各种传感器提供的数据确定所去地点的方位,并在地图上精确地显示出汽车任意时刻的位置。在输入数字地图资料后,可查明要去地点的最佳行车路线。

2)卫星导航系统

卫星定位系统(GPS,Global Position System)全称为导航卫星授时和测距全球定位系统。该系统是美国继阿波罗登月计划、航天飞机之后的第三大航天工程,是当今世界航天航空技术、无线电通信技术和计算机技术的综合结晶。目前,GPS已经成为目前世界上应用范围最广泛、最实用的全球精密授时(对时)、测距、导航定位系统。该系统可提供七维信息,即三维定位、三维速度和一维时间。并且有如下优点:①覆盖全球,可连续定位、导航和计时;②全天候检测,测量方法多样;③精度高,定位速度快,用户众多,价格较低,操作简便;④可与其他传感器接口产生各种更为理想的综合应用系统;⑤抗干扰能力强,使地面系统不但精度高,而且工作可靠。

GPS的用途大致由三大部分,即导航定位、测量测绘、时间同步与授时。该系统的应用涉及诸多领域,是一个综合性、立体化、大范围、多学科、又与国民经济紧密相关的应用课题。在我国,GPS技术具有极大发展潜力的应用是汽车引导系统(APS)和移动目标的定位、监控指挥、调度和防盗等。

GPS的出现和发展已带动起一个潜力巨大、竞争日趋激烈的新兴市场,它已发展成为一个重要的产业。我国GPS市场虽然落后于美国和日本,也在飞速发展;据保守估计,2005年我国GPS市场达到50亿元的规模。随着汽车工业的发展和交通管理的智能化,车辆GPS导航定位将成为全球卫星定位系统应用的最大潜力市场之一。

GPS由三部分组成,即空间部分、地球控制部分和用户部分。空间部分由24颗位于地球上空20183km轨道即b-h轨道上的卫星组成的卫星网,卫星分布于6个圆形轨道上,仰角55°,周期为12h,使地球任何地方都能同时看到4颗卫星。每颗卫星都连续不断地发射导航地位信号。卫星控制部分由一个主控站和数个监控站组成,控制部分每天3次向卫星发射信息,以保证卫星导航数据和时钟数据的准确度。用户部分则是适用于各种用途的接收装置,其构成视用途而异。下面以北京大恒汽车卫星定位系统为例介绍其组成和工作原理。

(1)卫星定位系统的组成。卫星定位系统的组成包括:

①移动单元(装在汽车上)。主要负责接收卫星信号、计算坐标并通过无线电台发送移动单元的相关数据。内含抗遮蔽的并行8通道GPS接收机、有源卫星天线、无线专用调制解调器、报警及控制电路、车载无线电台。其中除车载无线电台外,其余部分均集成在

60mm×105mm×60mm 的高强度铸铝机壳内。车载无线电台可选用 UHF/VHF 段的市售产品。可选用 150、200、400、800MHz 的频段。该系统与日本键伍、ICOM、美国摩托罗拉(Motorola)等多家产品进行过连接测试。

②基地单元。主要负责根据接收到的移动单元的坐标数据,按车辆代码在计算机屏幕的电子地图上显示出来。本单元由高增益全向天线、通信控制器、计算机系统、无线调制解调器、无线电台、声光报警器及控制电路等组成。系统软件以中文窗口系统为基础。可将多辆车的实际运行状态实时显示于电子地图上。可动态跟踪、监控系统内的每一辆车,可多窗口管理、记录、回放多目标,也可多终端联机工作。该单元的电子地图可根据需要,随时进行放大、缩小、平移、地址查询、报警监听、车辆数据库联机查询等功能。支持单车呼叫或多车轮询等通信方式,并保留了随时关闭运行车辆发动机的功能。可动态显示每辆车的坐标、速度、运动方向等参数。

(2)系统工作原理。移动单元(如汽车)上的接收机接收卫星发来的不同卫星信号,可根据卫星信号到达接收机的时间差算出接收机(汽车)到卫星的距离及接收机(汽车)海拔高度。另外,卫星的位置是已知的,接收机对同时接收的 3~4 颗卫星的导航信息,对其"伪距离与载波相位"的解算,即可精确地定出用户(汽车)的精确经纬度(位置)。有的接收信息与信息处理都放在一个较小的匣内,即可对汽车进行定位、导航。国外的同类系统还可以在汽车上实时地显示汽车目前的纬度、经度、高度、速度和方向,并将这些数据叠放在车载电子地图上,供驾驶人参考,作为一种导向系统使用。然而,这一卫星导向系统在城市地区要受到不同因素的影响,因为城市里高楼大厦会干扰高频信号,在这些环境中的用户不得不利用其他导向系统来弥补卫星系统的不足。

车载移动单元接收卫星每秒发来的定位数据,并根据从三颗以上的不同卫星传来的数据计算出自身所在位置的坐标。将坐标等数据经无线调制解调器从无线电台发射给基地单元。基地单元接收信息后通过无线调制解调器将移动单位发回的坐标数据等信息还原,并进行各种数据处理,最后在基地计算机系统的电子地图上,把移动单元(汽车)的正确位置,即经纬度、海拔高度等参数显示出来,以便基地人员调度指挥、防盗。

在国外,GPS 导向技术有了更大的发展,体现在前述电子地图导向技术、地磁导向技术、惯性导向技术与无线导向技术四种技术的相互融合、贯通上。

11.3 汽车总线技术简介

11.3.1 汽车 CAN 总线技术简介

随着电子技术的发展、汽车性能的提高和功能的增加,汽车上的电子电气装置越来越多,传统的汽车电子电气系统大多采用点对点的单一控制方式,车上线束庞大复杂,线束的质量也增加了整车整备质量,汽车电气的维修也日趋复杂。因此越来越多的整车制造厂和汽车电气制造厂开始采用总线技术。比如,CAN(Controller area network)总线,就是一种在车上日益广泛运用的现场总线系统。为规范 CAN 总线在车辆上的运用,1993 年 11 月 ISO 颁布了道路交通运输工具数据信息交换高速通信局域网(CAN)的国际标准 ISO11898,为控制器局域网的标准化和规范化铺平了道路。美国汽车工程师学会(SAE)于 2000 年提出的 SAE J1939 通信协议,成为客车和货车中 CAN 总线的通用标准。

1. CAN 总线特点

控制器局域网(CAN)是德国博世公司在 20 世纪 80 年代初为汽车业开发的一种串行数据通信总线。CAN 总线是一种可靠性高并能有效支持分布式控制或实时控制的串行通信网络。CAN 总线如图 11-22 所示,它具有如下特点:

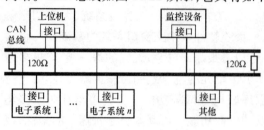

图 11-22 CAN 总线示意图

(1) CAN 总线为多主工作方式,即网络上的任意节点在任意时刻,都可以主动地向其他节点发送信息,不分主从,方式灵活。

(2) CAN 网络节点可以安排优先级顺序,以满足和协调各自不同的实时性要求。

(3) 非破坏性的总线仲裁技术,当多点同时发送信息时,按照优先级的顺序进行通信,节省了总线冲突的仲裁时间。

(4) 可以进行点对点、一点对多点和全局广播方式传递信息。

(5) 通信速率最高可达 1Mbit/s(40m 以内),最长传输距离达 10km(速率为 5kbit/s 以下),一般车内使用的速率是 500kbit/s 到 200kbit/s。

(6) 通信介质可以采用双绞线、同轴电缆或光纤,结构简单,易于维护,经济性好。

(7) 严格的错误检测和界定:节点在错误严重的情况下具有自动关闭输出的功能,以使总线上其他节点的操作不受影响。

经过多次修订,1991 年 9 月 CAN 技术规范修订为 Version 2.0,该技术规范包括 A 和 B 两部分。2.0 A 给出了 CAN 报文帧的标准格式,而 2.0 B 给出了标准和扩展两种格式。标准帧采用 11 位标识符(ID),而扩展帧采用 29 位标识符。CAN 扩展格式的数据帧见表 11-2,它由 7 个不同的位场组成:帧起始(SOF)、仲裁场、控制场、数据场、循环冗余校验场(CRC)、应答场(ACK)、帧结束(EOF)。仲裁场中,SRR 为远程代替请求位,IDE 为标识符扩展位,RTR 为远程请求位。控制场中,r1、r0 为保留位,DLC 为数据长度控制位。

CAN 扩展格式的数据帧 表 11-2

场位	SOF	仲裁场				控制场			数据场	CRC 场		ACK	EOF
		11 位基本标识符	SRR	IDE	18 位扩展标识符	RTR	r1	r0	DLC	数据场	CRC	CRC 分界符		
位数	1	11	1	1	18	1	1	1	4	0~64	15	1	2	7

2. SAE J1939 协议介绍

SAE J1939 协议是在 CAN 2.0 B 基础之上构建的,对 CAN 2.0 B 的 29 位标识符重新进行了定义,见表 11-3。

J1939 的 29 位标识符定义 表 11-3

SOF	11 位标识符				SRR	IDE	18 位扩展标识符			RTR
名称	优先级 P	R	DP	PDU 格式			PDU 格式	PDU 专用	源地址	
位数	3	1	1	6			2	8	8	

J1939 的 29 位标识符中,优先级 P 占用 3 位,数值越小,优先级别越高。在实际通信运用中,根据系统的实时性要求,设置不同的优先级。R 为保留位,留作将来 SAE 委员会定义其他目的使用,在传输报文时,此位置为 0。DP 为数据页位,用于选择两页参数组中的其

一页,0页包含现在被定义的所有报文,1页预备将来的扩展报文,在0页用完后才被分配。PDU(Protocol Data Unit)是协议数据单元,PDU 格式(PDU Format)识别能被传送的两个 PDU 格式。PDU 专用(PDU Specific)的含义由 PF 的值决定:如果 PF 的值在 0~239 (PDU1),PS 场为一个目的地址;如果 PF 的值在 240~255(PDU2),PS 场为一个对 PF 的组扩展,以提供更大的一组值,用于标识网络中能被广播的所有报文。在 J1939 标准下,PDU1 格式的报文,用于直接将信息传输到一个目的地址;PDU2 格式的报文,则用于广播信息。源地址(Source Address)为传送报文的 ECU 地址,对于一个给定的网络,每一个地址必须是唯一的,两个不同的 ECU 不能使用同一个地址。这就能保证信息传输到确定的目的地址,因此在车上得到广泛应用。

3. CAN 总线的网关

许多汽车具有动力系统 CAN(高速)和舒适系统 CAN(低速),并且设置了网关,将这两个 CAN 连为一体形成了车载网络系统,如图 11-23 所示。通过网关,可从一个 CAN 读取所接收的信息、翻译信息,并向另一个 CAN 发送信息,即进行高速 CAN 和低速 CAN 的信息交换。

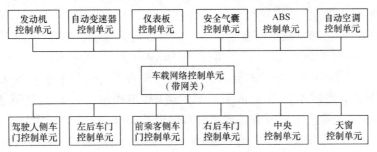

图 11-23 CAN 系统连接图

11.3.2 汽车电控系统的主要通信协议

早期提出的汽车总线协议基本都集中于汽车电子控制系统,但由于对于汽车的控制和监测系统,在传输速率和实时性方面提出了越来越高的要求,使得新的协议不断被提出。下面就针对电控系统的几种主要总线协议作一些比较分析。

1. 总线协议比较及技术特征简介

在车内,还有许多 ECU 的控制并不需要 CAN 这样高速率和高安全的通信,局部互联网络 LIN(Local Interconnect Network)就是为适应这类应用而设计的低成本解决方案。LIN 是一个公开的协议,它基于 SCI(UART)串行通信的格式,结合了汽车应用的特点。LIN 是单一主机系统,不但降低了硬件成本,而且在软件和系统设计上也能更容易地兼容其他网络协议,比如 CAN。LIN 的传输速率最高可到 20kbit/s,主要是受到 EMI 和时钟同步的限制。LIN 的传输速率较 CAN 总线慢,是一种成本较低的串行通信总线,设计用于汽车车身的分布式电子单元之间的连接,这些系统包括仪表板管理、空调系统、座椅位置调节、自动天窗、后视镜、照明、车门控制装置等。

作为 CAN 协议的一种延伸,TTCAN(Time Triggered Communication Protocol for CAN)协议执行的是一个混合、时间触发、按照 TDMA 方式同时适用于"事件"触发的通信。TTCAN 的提出是希望满足汽车线控系统的新概念,但是目前仍缺乏支持厂商和广泛应用。

在 MOST(Media Oriented Systems Transport)网内,用光纤将各个装置进行点到点连接,

形成环行。每个接入的装置均有一对端口，可以即插即用。类似其他网络协议，MOST 也从应用层到物理层分为七层。信号发送均和网络主时钟同步，可以使用无缓冲的简单发收器，可以传送同步数据和异步数据。这种环形网络结构可根据装置需要而进行单向或双向传输，支持多达 64 个装置。

在 IDB-1394（Intelligent Transport System）网中，也可以采用光纤连接装置，但各装置相互间为分支排列，其拓扑结构是星形的，也可以即插即用。装置之间连接用两根光缆，一根用于发送数据，另一根用于接收数据，可以处理串行数据和异步信号数据。网络分层也是从应用层到物理层，共七层。它是从通用消费市场的 IEEE-1394 标准发展而来的，针对汽车市场的一种总线协议。但是节点成本较 MOST 为低。较有吸引力的是开发者设想通过采用一个定义了 IDB-1394 的客户便利端口，现有的 1394 便携终端就能够直接插入到新型车用多媒体总线中。

Byte-flight 的协议结构能保证以一段固定的等待时间专门用于来自安全元件的高优先级信息，而允许低优先级信息使用其余的时段。这种决定性的措施对安全是至关重要的。该协议和塑料光纤相结合，已经在宝马新型车上应用于安全气囊的控制。

FlexRay 支持先进的汽车高速控制应用的未来要求，通信协议由"TDMA"和"事件"两部分构成。"TDMA"在启动时根据所有后续参与的节点定义，是唯一的传输通道标识符。"事件"部分的节点采用 Byte-fligh 协议。可以说 FlexRay 是从 Byte-flight 之上发展起来的。FlexRay 即保证了系统对于安全性的要求，设计了很高的通信带宽水平和容错能力，又尽量保持灵活性，降低节点成本。系统非常便于扩展（从单通道总线到双通道多星型拓扑结构）；甚至允许在一个系统中同时有单通道和双通道的节点。

不同于 FlexRay，原先应用于航空产品的 TTP（Time-triggered Protocol）协议安全性设计非常严格，基于严格的 TDMA 时序安排，具有非常可靠和容错的特性。系统中包含的每一个节点都和其他节点由两个重复的通道连接。这些节点可以被复制，并分组成为容错单元（FTUs）来弥补通信错误。由于重复信息同时在两个不同的通道上发送，所以传输信息的时间和量值都被复制。该协议的节点成本比其他协议的成本更高。其中 TTP/C 属于 C 类协议，用于实时控制。

2. 汽车电控系统通信协议的未来发展趋势

如前文所述，CAN、LIN 已得到具体应用。至今 CAN 系统仍被认为是通用的汽车总线。对于小心谨慎的汽车制造商来说，如果能够继续沿用已有的设计，在成本和设计周期上都能更加有利。LIN 不但定义了物理层和数据层，还定义了相关的应用软件层。这些都为 LIN 方案提供商解决了设备兼容的问题，很有利于汽车工业的规模生产，相信 LIN 协议会是汽车低端控制网络的未来标准。

但是作者认为汽车制造商将会抓住新的技术发展点，新的协议将会在越来越多的应用方面取代旧的协议，而明显的是 FlexRay 比 TTP 更具有生命力。因为汽车制造业对于成本的要求非常敏感，原先 Daimler Chrysler 公司是 TTP 协议的倡导者之一，但是由于 TTP 认为有损于安全性，从而拒绝了一些灵活性的更改建议，Daimler Chrysler 转变了对该协议的支持，转而支持 FlexRay。严格的 TTP 或许适用于航空工业，但是如果它不能满足汽车工业对于低成本的要求，也会逐步丧失支持者。因此，汽车总线及其协议将向更高的通信带宽、更低的成本等方向发展。

11.4 汽车电控系统的故障诊断

11.4.1 车载自动诊断系统(OBD)简介

OBD(On-Board Diagnostics)为"车载自动诊断系统"。当与控制系统有关的系统和或相关部件发生故障时,可以向驾驶人发生警告。

OBD 的应用是欧Ⅲ排放标准中最大的特点,功能正确的发挥对于用车排放的控制十分重要。OBD 技术最早起源于 20 世纪 80 年代的美国,初期的 OBD 技术,是通过恰当的技术方式提醒驾驶人发生的失效或是故障。欧盟和日本在 2000 年以后引入 OBD 技术,2004 年之后,汽车发达国家的 OBD 技术进行第三个阶段。欧洲和美国在 OBD 检测的项目和限值方面,存在一定差别,具体差别内容不再详述。美国 OBD 监控的目的在于成为高排放标准车辆之前发现故障;欧洲 OBD 监控的目的在于发现高排放车辆。

1. OBD 发展历程

OBD 经历了 OBD Ⅰ(第一代车载诊断系统)和 OBD Ⅱ(第二代车载诊断系统)、EOBD 两个阶段。OBD Ⅰ最早在 1991 年由美国加州规定使用,功能相对简单,主要是诊断与排放有关的零部件的完全失效。OBD Ⅰ没有统一的标准,OBD 插接器插口、故障码、通信协议等形式内容大都不同,给电控汽车的故障诊断和维修带来了诸多不便。第二阶段 OBD Ⅱ、EOBD 系统则非常复杂。OBD Ⅱ、EOBD 除了对排放有关的部件完全失效诊断外,还要对由于部件老化、部分失效引起的排放超标进行诊断。因此,OBD Ⅱ、EOBD 系统才是真正意义上的实现对在用车整个使用寿命范围内的排放控制。OBD Ⅱ、EOBD 使用统一的标准,只要用一台仪器即可对各种车辆进行诊断检测,这给全球汽车维修检测提供了极大的方便。

因为美国和欧洲采用了两种不同的排放法规体系,所以第二代车载诊断系统有OBD Ⅱ、EOBD 两种形式。美国实施OBD Ⅱ,而采用欧洲排放法规的国家则实施 EOBD 系统。从根源上来说,美国的 OBD Ⅱ 系统实施得更早,标准更严格。美国环保局规定 1996 年以后生产的轿车和轻型货车(载质量在 11.5t 以下)的电控系统都要求配置OBD Ⅱ系统,并在 2000 年1 月 1 日开始所有汽车制造商生产的轿车及轻型货车都必须配置 OBD Ⅱ 系统。加拿大于1998 年开始实施OBD Ⅱ系统。欧洲则从 2000 年开始逐步实施 EOBD 系统,2001 年欧洲所有新生产的轿车(载质量2.5t 以下)仅限于汽油发动机配置 EOBD 系统,而对于柴油发动机轿车要求到 2004 年必须强制配置 EOBD 系统。

2. OBD 系统的工作原理

OBD 装置监测多个系统和部件,包括发动机、催化转换器、颗粒捕集器、氧传感器、排放控制系统、燃油系统、EGR 等。OBD 是通过各种与排放有关的部件信息,连接到电控单元(ECU),ECU 具备检测和分析与排放相关故障的功能。当出现排放故障时,ECU 记录故障信息和相关代码,并通过故障灯发出警告,告知驾驶人。ECU 通过标准数据接口,保证对故障信息的访问和处理。

3. OBD 的作用

配置 OBD 的目的就是用以经常监测发动机的废气排放各部件及子系统、汽车底盘、车身附属装置和设备及部件的工作状况,同时还可用作汽车故障诊断及网络故障诊断的物理条件。

例如：汽车电控发动机的 OBD 通过对车辆与排放相关的控制子系统和零部件的在线监测，判断各排放控制子系统及零部件是否由于部分或完全失效而导致车辆的排放超过法规规定的相应 OBD 限值。如果排放超标，OBD 应诊断出特定的故障，设置故障码，根据要求点亮发动机故障灯，通知驾驶人对车辆进行维护。

4. OBD 的组成

图 11-24　宝马 OBDⅡ 的插接器插口

OBD 主要由软件和硬件共同组成实现其功能。软件主要实现控制策略、故障诊断、故障码和系统标定，与发动机控制部分一起构成整个发动机控制系统的软件包。在一个典型的发动机控制系统软件包中，OBD 部分的代码占整个软件内容的一半。典型的 EOBD 软件包括 6 万行代码和 1.5 万个标定。OBD 的硬件主要由各传感器、ECU（Electronic Control Unit：电子控制单元）、OBD 插接器插口、故障显示灯、执行器及线路等与发动机废气控制相关的子系统组成。图 11-24 是宝马 OBDⅡ 的插接器插口。

11.4.2　OBD 诊断检测模式

1. 诊断模式分类

OBDⅡ 有 6 种检测模式，即参数检测、读取故障码产生时现场数据记录（访问冻结帧数据）、读取诊断故障码、动力系统控制重新起动监测、氧传感器检测结果输出和对执行器控制输出状态诊断测试。

2. 监测循环模式

OBDⅡ 标准要求发动机管理系统对每个受监视的电路，根据专门设置的运行条件检测其故障，设置故障码并控制 MIL 的状态（亮或熄）以及擦除故障码。通过预热循环、驱动循环、OBDⅡ 行程、OBDⅡ 驱动循环、I/M 自检循环以及相似条件等测试循环过程实现故障检测。

3. OBD 诊断信息及输出方式

车载诊断系统可提供用于汽车故障诊断的信息主要包括：故障状态提示、故障码、与车辆运行状态相关的参数数据及执行器状态等。输出方式有故障灯、故障码、数据流、执行器控制输出状态等。

11.4.3　基于 OBD 信息的诊断方法

OBDⅡ 可以检测汽车运行状态和控制参数等数据，这些数据包含着可用于故障诊断的信息。在应用这些故障信息进行故障诊断时，无论是应用故障码还是检测数据，都应针对故障症状所对应的工况，掌握工作状况检测机制和控制过程原理，使故障诊断建立在系统工作原理和传感器作用基础之上。但是，车载诊断系统仍有检测不到的地方，需进一步使用别的仪器进行协同检测。

1. 故障码分析

故障码的设定主要由厂家结合通用规则和自身条件来设定的。故障码存储在随机存储器中，它既可长久保存，又可随时清除。读取故障码的主要方式有：按照一定程序触发 ECU，由仪表板上的故障灯闪烁故障码；由仪表板上的显示屏直接显示故障码的数字和信息资料;跨接诊断座上某两个端子,用跨接指示灯的闪烁来读取故障码;用专门检测仪连接到诊断座上,直接读取故障码。

故障码分为历史故障码和当前故障码。历史故障码是过去发生但还未被清除的故障码;当前故障码是当前存在的故障所产生的故障码。

根据检测到的故障码,结合所提供的维修手册可确定其故障部位。但是有时需根据具体实际情况进一步检测,因为故障码也具有一定的局限性。例如,故障码与故障现象之间的关系有不确定的因素(同一个故障码,会有不同的现象)。有故障时也不一定有故障码等。

2. 数据流分析

数据流是指用检测仪器在特定时间所检测到的车辆运行状况参数记录数组,都是通过列表的形式描述出来。数据流中的参数有两种类型,即数值型参数和状态型参数。数值型参数是有单位和变化范围的参数,它通常反映出电控系统各部件的电压、压力、温度、时间、速度等;状态型参数是那些反应执行状态的参数,如开或关、闭合和断开、高或低、是或否等,通常表示电控系统中的开关和电磁阀等执行元件的工作状态。

关于故障码问题请同学们多参考相关资料,以进一步深入了解。

1. 试分析汽车电子的发展趋势。
2. 汽车发动机和自动变速器的电控系统分别有哪些传感器?并说明这些传感器的功用。
3. 汽车底盘控制体系、车身控制体系主要有哪些电子控制设备?并说明其功用。

参 考 文 献

[1] 周云山,钟勇.汽车电子控制技术[M].北京:机械工业出版社,2004.
[2] 冯崇毅.汽车电子控制技术(上册)[M].北京:机械工业出版社,2002.
[3] 付百学.汽车电子控制技术(下册)[M].北京:机械工业出版社,2000.
[4] 郝沭平,等.汽车电控技术简明教程[M].北京:北京理工大学出版社,2002.
[5] 邹长庚,赵琳.现代汽车电子控制系统构造原理与故障诊断(上册)[M].北京:北京理工大学出版社,2004.
[6] 邹长庚,顾金亭,马伯夷.现代汽车电子控制系统构造原理与故障诊断(下册)[M].北京:北京理工大学出版社,2006.
[7] 赵福堂.汽车电气与电子设备[M].北京:北京理工大学出版社,2004.
[8] 孟嗣宗,庄一方.现代汽车电子控制[M].北京:北京理工大学出版社,1997.
[9] 庄继德.汽车电子控制系统工程[M].北京:北京理工大学出版社,1998.
[10] 孙仁云,付百学.汽车电气与电子技术[M].北京:机械工业出版社,2006.
[11] 施树明,任有.汽车电气与电子控制[M].北京:人民交通出版社,2009.
[12] 马均,等.汽车金融服务[M].北京:北京理工大学出版社,2007.
[13] 张勇,等.汽车保险与理赔[M].重庆:重庆大学出版社,2006.
[14] 段钟礼,等.汽车营销实用教程[M].北京:机械工业出版社,2006.
[15] 毕全国.中国汽车金融业发展模式研究[J].黑龙江对外经贸,2007(9).
[16] 杨雪.论在汽车营销模式中营销新思维的应用[J].商场现代化,2007(10).
[17] 杜建.汽车评估[M].北京:人民交通出版社,2008.
[18] 徐雯霞.汽车物流与信息技术[M].北京:北京理工大学出版社,2007.
[19] 刘文静.当前经济形势下汽车营销策略研究[J].企业导报,2011(17).
[20] 崔心存.现代汽车新技术[M].北京:人民交通出版社,2001.
[21] 蔡兴旺,汽车概论[M].北京:机械工业出版社,2005.
[22] 松本廉平.汽车环保新技术[M].曹秉刚,等,译.西安:西安交通大学出版社,2005.
[23] 崔胜民.新能源汽车技术[M].北京:北京大学出版社,2009.
[24] 吴基安,吴洋.新能源汽车知识读本[M].北京:人民邮电出版社,2009.
[25] 庞昌乐,上官文斌.二手车评估与交易实务[M].北京:北京理工大学出版社,2007.
[26] 朱军.汽车故障诊断方法[M].北京:人民交通出版社,2008.
[27] 陈焕江.汽车检测与诊断(上册)[M].北京:机械工业出版社,2007.